新公司法
条文对照与重点解读

——— 侯小兵　李亚峰◎编著 ———

电子工业出版社
Publishing House of Electronics Industry
北京·BEIJING

内 容 简 介

2023年修订的新《公司法》于2024年7月1日起正式生效。为了帮助读者快速、深入地理解这一重要法律文件的更新，本书细致地对比了《公司法》的新旧版本，并对每一条文的变化进行了详尽的解析。

本书的编撰立足于公司法律实务的视角，旨在使公司法务人员及法律专业人士迅速把握新《公司法》的核心变化，并在第一时间更新专业知识。

本书特别适合那些需要深入了解新《公司法》的公司法务人员、创业者、企业管理者及其他法律专业人士阅读。

通过本书的阅读，读者将能够更加有效地应对法律环境的变化，为自己的职业发展或企业经营提供坚实的法律支持。

未经许可，不得以任何方式复制或抄袭本书之部分或全部内容。
版权所有，侵权必究。

图书在版编目（CIP）数据

新公司法条文对照与重点解读 / 侯小兵，李亚峰编著. -- 北京：电子工业出版社，2024. 7. -- ISBN 978-7-121-48127-7

Ⅰ. D922.291.915

中国国家版本馆CIP数据核字第2024T7D632号

责任编辑：张　毅
印　　刷：三河市兴达印务有限公司
装　　订：三河市兴达印务有限公司
出版发行：电子工业出版社
　　　　　北京市海淀区万寿路173信箱　邮编：100036
开　　本：720×1000　1/16　印张：21　字数：334千字
版　　次：2024年7月第1版
印　　次：2024年7月第1次印刷
定　　价：99.00元

凡所购买电子工业出版社图书有缺损问题，请向购买书店调换。若书店售缺，请与本社发行部联系，联系及邮购电话：（010）88254888，88258888。

质量投诉请发邮件至zlts@phei.com.cn，盗版侵权举报请发邮件至dbqq@phei.com.cn。
本书咨询联系方式：（010）68161512，meidipub@phei.com.cn。

前　言

随着社会经济的蓬勃发展和商业环境的日新月异，《中华人民共和国公司法》（以下简称《公司法》）作为规范企业行为、保障各方权益的重要法律，也在不断与时俱进、修订完善。作为公司法务人员，及时了解和掌握最新的法律法规，对于保障公司的合法权益、规范公司的经营行为具有重要意义。

2023年修订的新《公司法》即将正式实施，为了帮助您更好地理解和应用新《公司法》，我们特地编写了这本书。我们希望为您提供一本内容准确、权威的指南，使您能够在新《公司法》实施之后全面了解该法律的核心要点和意义，帮助您更好地应对法律变化，为企业经营决策和合规管理提供有益的指导。

本书的核心内容是新《公司法》与2018年《公司法》条文的一一对比分析。通过逐条对比，我们深入剖析了新旧法律条文之间的差异，并针对变化进行了详细解读。我们希望通过这种新旧对照、对比分析的方式，帮助您更直观地把握《公司法》的变化之处，以及理解变化背后的立法意图和社会背景。

《公司法》的修订是为了适应社会经济发展的需要，更好地保护企业各方权益，促进市场经济的健康发展。我们相信，通过本书的解读和指导，您能够更好地理解和应用新《公司法》，为企业的发展提供坚实的法律保障。

在编写本书的过程中，我们倾听了各界专家学者和从业人员的意见

新公司法条文对照与重点解读

和建议，力求使内容准确、权威、实用。然而，由于法律的复杂性和多变性，我们无法保证本书所包含的信息完全正确。因此，您在实际操作中应谨慎使用，并在需要时咨询专业人士的权威法律意见。

最后，感谢您选择阅读这本书。我们希望本书能帮助您更好地理解和应用新《公司法》，为企业的未来发展奠定坚实的基础。如果您对本书有任何疑问或建议，请随时与我们联系。

本书编者

2024年5月

目 录

第1章 总则 ········· 001

  1.1 立法目的、调整对象与公司界定 ········· 001

    第一条　立法目的 ········· 001

    第二条　调整对象 ········· 002

    第三条　公司界定与权益保护 ········· 003

  1.2 公司股东、章程、名称、住所与经营范围 ········· 004

    第四条　股东责任与权利 ········· 004

    第五条　公司章程 ········· 005

    第六条　公司名称权 ········· 006

    第七条　公司名称要求 ········· 007

    第八条　公司住所 ········· 007

    第九条　经营范围 ········· 008

  1.3 法定代表人、组织形式变更、分公司与子公司、转投资与担保 ········· 010

    第十条　法定代表人的选任与辞任 ········· 010

    第十一条　法定代表人的行为后果 ········· 012

    第十二条　公司组织形式变更 ········· 013

    第十三条　分公司与子公司 ········· 014

    第十四条　转投资 ········· 015

　　　　第十五条　转投资与担保 ………………………………………… 016
　1.4　职工权益保护、工会与党组织 ……………………………………… 018
　　　　第十六条　职工权益保护与职业教育 …………………………… 018
　　　　第十七条　工会与民主管理 ……………………………………… 019
　　　　第十八条　党组织 ………………………………………………… 020
　1.5　经营原则、社会责任、禁止行为与人格否认 ……………………… 022
　　　　第十九条　经营活动的原则 ……………………………………… 022
　　　　第二十条　公司社会责任 ………………………………………… 022
　　　　第二十一条　股东禁止行为 ……………………………………… 023
　　　　第二十二条　禁止关联交易 ……………………………………… 024
　　　　第二十三条　公司法人人格否认 ………………………………… 026
　1.6　会议召开、表决及决议无效的情形 ………………………………… 027
　　　　第二十四条　会议召开与表决方式 ……………………………… 027
　　　　第二十五条　公司决议无效 ……………………………………… 028
　　　　第二十六条　公司决议撤销 ……………………………………… 029
　　　　第二十七条　公司决议不成立 …………………………………… 030
　　　　第二十八条　决议无效、撤销、不成立的法律后果 …………… 031

第2章　公司登记 …………………………………………………………… 033

　2.1　公司设立登记相关规定 ……………………………………………… 033
　　　　第二十九条　设立登记和设立审批 ……………………………… 033
　　　　第三十条　公司设立登记材料提交 ……………………………… 034
　　　　第三十一条　公司设立准则 ……………………………………… 036
　　　　第三十二条　公司登记事项及公示 ……………………………… 037
　2.2　营业执照、变更、换发相关规定 …………………………………… 038
　　　　第三十三条　营业执照 …………………………………………… 038
　　　　第三十四条　变更登记 …………………………………………… 039
　　　　第三十五条　变更登记的申请材料 ……………………………… 040
　　　　第三十六条　营业执照换发 ……………………………………… 041
　2.3　注销、设立分公司、虚假撤销的相关规定 ………………………… 042

第三十七条　注销登记 ··· 042
第三十八条　设立分公司登记 ································· 042
第三十九条　虚假登记的撤销 ································· 043
2.4 信息公示系统与优化登记服务的相关规定 ························ 044
第四十条　信息公示系统公示 ··································· 044
第四十一条　优化公司登记服务 ································· 045

第3章 有限责任公司的设立和组织机构 ························· 047
3.1 设立 ·· 047
第四十二条　股东数 ··· 047
第四十三条　设立协议 ··· 048
第四十四条　设立行为的法律后果 ······························· 048
第四十五条　章程制定 ··· 049
第四十六条　有限责任公司章程的内容 ··························· 050
第四十七条　注册资本认缴与出资期限 ··························· 052
第四十八条　股东出资方式 ······································· 054
第四十九条　未按期足额出资的赔偿责任 ························· 055
第五十条　出资不足或出资不实的连带责任 ······················· 057
第五十一条　董事会资本充实责任 ······························· 058
第五十二条　催缴出资及失权制度 ······························· 059
第五十三条　股东抽逃出资的责任 ······························· 060
第五十四条　出资加速到期制度 ································· 061
第五十五条　出资证明书 ··· 061
第五十六条　股东名册 ··· 063
第五十七条　股东知情权 ··· 064
3.2 组织机构 ··· 066
第五十八条　股东会的组成及地位 ······························· 066
第五十九条　股东会职权 ··· 067
第六十条　一人公司股东决议 ··································· 069
第六十一条　首次股东会会议 ··································· 070

VII

第六十二条　股东会会议制度 ·· 071
第六十三条　股东会会议的召集与主持 ·· 072
第六十四条　股东会会议的通知与记录 ·· 074
第六十五条　股东表决权 ·· 075
第六十六条　股东会的议事方式和表决程序 ···································· 075
第六十七条　董事会职权 ·· 076
第六十八条　董事会及其人员构成 ·· 078
第六十九条　审计委员会 ·· 080
第七十条　董事任期及辞任 ·· 080
第七十一条　董事无因解除 ·· 081
第七十二条　董事会会议召集和主持 ·· 082
第七十三条　董事会的议事方式和表决程序 ···································· 083
第七十四条　经理的设立与职权 ··· 084
第七十五条　董事会设置例外 ·· 086
第七十六条　监事会和监事的设立 ·· 087
第七十七条　监事的任期 ·· 088
第七十八条　监事会的职权 ·· 090
第七十九条　监事的质询建议权与调查权 ······································ 091
第八十条　董事、高级管理人员对监事会的义务 ································ 092
第八十一条　监事会会议制度 ·· 093
第八十二条　监事会行使职权费用承担 ·· 094
第八十三条　监事会设置例外 ·· 095

第4章　有限责任公司的股权转让 ·· 097

4.1　股权转让与强制执行 ·· 097

第八十四条　股权转让 ·· 097
第八十五条　强制执行程序下的股权转让 ······································ 099
第八十六条　股权转让变更登记 ··· 100
第八十七条　股权转让的变更记载 ·· 101
第八十八条　股东出资补足义务 ··· 102

4.2 股权回购与继承 ··· 103
第八十九条　股权收购请求权 ·· 103
第九十条　股东资格继承 ··· 105

第5章　股份有限公司的设立和组织机构 107

5.1 设立 ·· 107
第九十一条　设立方式 ·· 107
第九十二条　发起人的限制 ·· 108
第九十三条　发起人的义务 ·· 109
第九十四条　公司章程的制订 ·· 110
第九十五条　公司章程法定记载事项 ···································· 110
第九十六条　注册资本 ·· 113
第九十七条　发起人认购股份 ·· 114
第九十八条　发起人出资义务 ·· 115
第九十九条　发起人出资违约责任 ·· 116
第一百条　公开募集股份 ·· 117
第一百零一条　验资程序 ·· 118
第一百零二条　股东名册 ·· 119
第一百零三条　公司成立大会召开 ·· 120
第一百零四条　成立大会职权与表决程序 ···························· 122
第一百零五条　返还股款及抽回股本 ···································· 123
第一百零六条　申请设立登记 ·· 125
第一百零七条　与有限责任公司的参照适用条款 ················ 126
第一百零八条　公司性质变更 ·· 127
第一百零九条　有关文件置备 ·· 128
第一百一十条　股东知情权 ·· 129

5.2 股东会 ··· 131
第一百一十一条　股东会组成和地位 ···································· 131
第一百一十二条　股东会职权 ·· 132
第一百一十三条　股东会年会与临时会议 ···························· 133

第一百一十四条　股东会会议的召集与主持 ············ 134
第一百一十五条　股东会会议通知与提案 ············ 136
第一百一十六条　股东表决权 ······················ 138
第一百一十七条　累积投票制 ······················ 140
第一百一十八条　股东表决权代理行使 ·············· 141
第一百一十九条　股东会会议记录 ·················· 142

5.3 董事会、经理 ·· 143
第一百二十条　董事会设立 ························ 143
第一百二十一条　审计委员会 ······················ 144
第一百二十二条　董事长的产生与职责 ·············· 146
第一百二十三条　董事会会议的召开 ················ 147
第一百二十四条　董事会会议议事规则与会议记录 ···· 149
第一百二十五条　董事会会议出席与责任承担 ········ 150
第一百二十六条　经理的产生与职权 ················ 151
第一百二十七条　董事兼任经理 ···················· 152
第一百二十八条　董事会设置例外 ·················· 153
第一百二十九条　高管薪酬披露 ···················· 154

5.4 监事会 ·· 155
第一百三十条　监事会设置与组成 ·················· 155
第一百三十一条　监事会职权与费用承担 ············ 158
第一百三十二条　监事会议事规则 ·················· 159
第一百三十三条　监事会设置例外 ·················· 160

5.5 上市公司组织机构的特别规定 ······················ 161
第一百三十四条　上市公司的定义 ·················· 161
第一百三十五条　上市公司重大资产交易、担保事项的决议 ··· 162
第一百三十六条　独立董事和专门委员会 ············ 163
第一百三十七条　上市公司审计委员会 ·············· 165
第一百三十八条　董事会秘书 ······················ 166
第一百三十九条　关联董事回避制度 ················ 167
第一百四十条　信息披露义务及禁止违法代持 ········ 168

　　　　第一百四十一条　禁止交叉持股 169

第6章　股份有限公司的股份发行和转让 171

- 6.1 股份发行 171
  - 第一百四十二条　面额股和无面额股 171
  - 第一百四十三条　同股同权 172
  - 第一百四十四条　类别股 173
  - 第一百四十五条　章程中关于类别股的记载事项 174
  - 第一百四十六条　类别股股东的双重表决 175
  - 第一百四十七条　股份形式 176
  - 第一百四十八条　股票的发行价格 177
  - 第一百四十九条　股票的形式及载明的事项 178
  - 第一百五十条　交付股票 180
  - 第一百五十一条　发行新股的决议 181
  - 第一百五十二条　授权董事会发行股份 182
  - 第一百五十三条　新股发行的董事会决议程序 183
  - 第一百五十四条　公开募集股份 184
  - 第一百五十五条　股票承销 186
  - 第一百五十六条　代收股款 187
- 6.2 股份转让 188
  - 第一百五十七条　股份转让规则 188
  - 第一百五十八条　股份转让的方式 189
  - 第一百五十九条　股票转让方式 190
  - 第一百六十条　股份转让限制 191
  - 第一百六十一条　异议股东回购请求权 193
  - 第一百六十二条　股份回购及质押 195
  - 第一百六十三条　禁止财务资助 198
  - 第一百六十四条　股票丢失的救济 199
  - 第一百六十五条　上市公司股票交易 200
  - 第一百六十六条　上市公司信息披露 201

　　　　第一百六十七条　股东资格的继承 ························ 202

第7章　国家出资（原国有独资）公司组织机构的特别规定 ······ 203

7.1　国家出资公司概述 ································· 203
　　　　第一百六十八条至第一百六十九条　范围及其管理体制 ······ 203
　　　　第一百七十条　党对国家出资公司的领导 ·················· 205

7.2　国家出资公司的章程、董事会、经理、董事、高管、审计、合规 ··· 206
　　　　第一百七十一条　国有独资公司章程制定 ·················· 206
　　　　第一百七十二条　国有独资公司重大事项决定权 ············ 207
　　　　第一百七十三条　国有独资公司的董事会 ·················· 208
　　　　第一百七十四条　国有独资公司的经理 ···················· 210
　　　　第一百七十五条　国有独资公司董事、高级管理人员兼职限制 ··· 211
　　　　第一百七十六条　国有独资公司的审计委员会 ·············· 212
　　　　第一百七十七条　国家出资公司的合规管理 ················ 213

第8章　公司董事、监事、高级管理人员的资格和义务 ·········· 215

8.1　任职资格与基本义务 ····························· 215
　　　　第一百七十八条　任职资格限制 ·························· 215
　　　　第一百七十九条至第一百八十条　守法义务和忠实勤勉义务 ··· 217

8.2　禁止与限制行为 ································· 219
　　　　第一百八十一条至第一百八十五条　禁止、限制与回避行为 ··· 219
　　　　第一百八十六条　公司归入权 ···························· 223

8.3　义务、责任与诉讼 ······························· 223
　　　　第一百八十七条　董事、监事、高级管理人员列席股东会的义务 ··· 223
　　　　第一百八十八条　董事、监事、高级管理人员的赔偿责任 ····· 224
　　　　第一百八十九条　股东代表诉讼 ·························· 225
　　　　第一百九十条　股东自己诉讼 ···························· 228

　　　　　第一百九十一条　董事、高级管理人员执行职务造成损害的
　　　　　　　　　　　　　责任承担 ··· 229
　　　　　第一百九十二条　控股股东、实际控制人的连带责任 ················ 229
　　　　　第一百九十三条　董事责任保险 ··· 230

第9章 公司债券 ··· 232
9.1 公司债券及其募集办法 ··· 232
　　　　　第一百九十四条　公司债券的定义、发行方式及法律适用 ······· 232
　　　　　第一百九十五条　公司债券募集办法 ···································· 234
9.2 公司债券的发行与转让 ··· 236
　　　　　第一百九十六条　公司债券的记载事项 ································· 236
　　　　　第一百九十七条　记名公司债券 ··· 237
　　　　　第一百九十八条　公司债券持有人名册 ································· 238
　　　　　第一百九十九条　公司债券的登记结算 ································· 239
　　　　　第二百条　公司债券的转让 ·· 241
　　　　　第二百零一条　公司债券的转让方式 ·· 242
9.3 可转换公司债券 ·· 243
　　　　　第二百零二条　可转换公司债券的发行 ································· 243
　　　　　第二百零三条　可转换公司债券转换股票 ······························ 245
　　　　　第二百零四条　债券持有人会议 ··· 246
　　　　　第二百零五条　债券受托管理人 ··· 247
　　　　　第二百零六条　债券受托管理人的义务与责任 ······················· 248

第10章 公司财务、会计 ·· 250
10.1 公司财务、会计制度概述 ··· 250
　　　　　第二百零七条　公司财务、会计制度 ·· 250
　　　　　第二百零八条　公司财务会计报告的编制 ································ 251
　　　　　第二百零九条　公司财务会计报告的公示 ································ 251
10.2 公司利润分配制度 ·· 253
　　　　　第二百一十条至第二百一十一条　税后利润分配及违规责任 ··· 253

第二百一十二条　公司利润分配的时限 255
10.3　公司公积金制度 256
第二百一十三条　公司资本公积金 256
第二百一十四条　公司公积金的用途 257
10.4　外部审计与其他规则 258
第二百一十五条　聘用、解聘会计师事务所 258
第二百一十六条　公司提供真实信息的义务 259
第二百一十七条　公司的会计账簿与资产 260

第11章　公司合并、分立、增资、减资 261

11.1　公司合并 261
第二百一十八条　公司合并形式 261
第二百一十九条　公司简易合并 262
第二百二十条　合并公告 263
第二百二十一条　合并后的债的承继 264

11.2　公司分立 264
第二百二十二条　分立公告 264
第二百二十三条　公司分立前的债务承担 265

11.3　公司减少注册资本 266
第二百二十四条　公司一般减资 266
第二百二十五条　公司简易减资 268
第二百二十六条　违法减资的法律责任 269

11.4　公司增加注册资本 269
第二百二十七条　股东优先认购权 269
第二百二十八条　股东认缴新增资本的出资 271

第12章　公司解散和清算 273

12.1　解散、存续与强制解散 273
第二百二十九条　公司解散原因 273
第二百三十条　公司存续 275

　　　　第二百三十一条　强制解散公司 …… 276
　12.2　清算与破产相关规定 …… 277
　　　　第二百三十二条　清算组的成立与组成 …… 277
　　　　第二百三十三条　申请法院指定清算组 …… 277
　　　　第二百三十四条　清算组的职权 …… 279
　　　　第二百三十五条　债权人申报债权 …… 281
　　　　第二百三十六条　清算程序 …… 282
　　　　第二百三十七条　破产申请 …… 283
　　　　第二百三十八条　清算组成员的义务和责任 …… 284
　12.3　公司注销与依法破产清算 …… 285
　　　　第二百三十九条　公司注销 …… 285
　　　　第二百四十条　简易注销登记 …… 286
　　　　第二百四十一条　强制注销登记 …… 287
　　　　第二百四十二条　宣告破产及破产清算 …… 288

第13章　外国公司的分支机构 …… 290
　13.1　外国公司与分支机构设立 …… 290
　　　　第二百四十三条　外国公司的概念 …… 290
　　　　第二百四十四条　外国公司分支机构的设立程序 …… 291
　　　　第二百四十五条　外国公司分支机构的设立条件 …… 292
　13.2　分支机构名称与法律地位 …… 293
　　　　第二百四十六条　外国公司分支机构的名称 …… 293
　　　　第二百四十七条　外国公司分支机构的法律地位 …… 293
　13.3　活动原则与撤销清算 …… 294
　　　　第二百四十八条　外国公司分支机构的活动原则 …… 294
　　　　第二百四十九条　外国公司分支机构的撤销与清算 …… 295

第14章　法律责任 …… 297
　14.1　虚假、抽逃出资的法律责任 …… 297
　　　　第二百五十条　虚报注册资本的法律责任 …… 297

　　　　第二百五十一条　未依法公示的法律责任……298
　　　　第二百五十二条　虚假出资的法律责任……299
　　　　第二百五十三条　抽逃出资的法律责任……301
　14.2　经营中的法律责任……302
　　　　第二百五十四条　另立会计账簿、提供虚假财会报告的
　　　　　　　　　　　　法律责任……302
　　　　第二百五十五条　公司分立、合并、减资、清算中违法行为
　　　　　　　　　　　　的法律责任……303
　　　　第二百五十六条　妨害清算行为的法律责任……304
　　　　第二百五十七条　资产评估、验资或者验证机构违法的
　　　　　　　　　　　　法律责任……305
　　　　第二百五十八条　公司登记机关违法的法律责任……307
　　　　第二百五十九条　假冒公司名义的法律责任……308
　　　　第二百六十条　　逾期开业、停业、不依法办理变更登记的
　　　　　　　　　　　　法律责任……309
　14.3　公司其他法律责任……310
　　　　第二百六十一条　外国公司擅自设立分支机构的法律责任……310
　　　　第二百六十二条　从事危害国家安全、社会公共利益行为的
　　　　　　　　　　　　法律责任……311
　　　　第二百六十三条　民事赔偿优先……311
　　　　第二百六十四条　刑事责任……312

第15章　附则……314
　　　　第二百六十五条　本法相关用语的含义……314
　　　　第二百六十六条　施行日期及出资期限过渡期……316

第1章
总则

1.1 立法目的、调整对象与公司界定

第一条 立法目的

第一条 为了规范公司的组织和行为,保护公司、股东、职工和债权人的合法权益,完善中国特色现代企业制度,弘扬企业家精神,维护社会经济秩序,促进社会主义市场经济的发展,根据宪法,制定本法。

【新旧条文对照】

2018年《公司法》	2024年《公司法》
第一条 为了规范公司的组织和行为,保护公司、股东和债权人的合法权益,维护社会经济秩序,促进社会主义市场经济的发展,制定本法。	第一条 为了规范公司的组织和行为,保护公司、股东、职工和债权人的合法权益,完善中国特色现代企业制度,弘扬企业家精神,维护社会经济秩序,促进社会主义市场经济的发展,根据宪法,制定本法。

【重点解读】

本条是关于《公司法》立法目的的规定。

与2018年《公司法》相比,新《公司法》在该条增加了"保护职工的合法权益""完善中国特色现代企业制度,弘扬企业家精神"和"根据宪法"的内容。

增加"保护职工的合法权益"的目的是维护公司、股东、职工、债权人之间的权利义务平衡。把对职工权益的保护纳入新《公司法》的视野下，有助于统一规范公司法律制度和劳动合同法律制度，减少法律适用的冲突和不确定性。在过往的实践中，《公司法》与《中华人民共和国劳动合同法》（以下简称《劳动合同法》）之间的规定存在差异，时常导致司法机关在案件审理过程中面临选择困境。这不仅损害了法律的权威性，也降低了人们对法律后果的可预见性。因此，统一两个法律制度的规范，可以更好地协调相关规定，提高法律制度的整体性和一致性。

增加"完善中国特色现代企业制度，弘扬企业家精神"是对党的二十大报告中所提及的"完善中国特色现代企业制度，弘扬企业家精神，加快建设世界一流企业"的要求的回应与贯彻。这一立法宗旨的变化，一方面强调要不断发展和完善中国特色现代企业制度，使其适应社会经济的变革和发展需求；另一方面，则是为了激发企业家的创业热情和创新意识，鼓励他们投身于经济建设和社会发展，为经济增长和就业提供更多机会。

新增"根据宪法"的表述是为了更加明确《公司法》制定的依据和原则。《中华人民共和国宪法》（以下简称《宪法》）具有最高的法律效力，对其他法律具有统领和约束作用，因此将《宪法》作为《公司法》制定的依据，可以更好地保障《公司法》实施的合法性、公正性和规范性。同时，这一表述还意味着《公司法》应当与《宪法》相一致，遵循《宪法》所确定的基本原则和价值观念，符合国家发展方向和社会主义市场经济的要求。

第二条　调整对象

第二条　本法所称公司，是指依照本法在中华人民共和国境内设立的有限责任公司和股份有限公司。

【新旧条文对照】

2018年《公司法》	2024年《公司法》
第二条　本法所称公司是指依照本法在中国境内设立的有限责任公司和股份有限公司。	第二条　本法所称公司，是指依照本法在中华人民共和国境内设立的有限责任公司和股份有限公司。

【重点解读】

本条是关于《公司法》调整对象的规定。

与2018年《公司法》相比，新《公司法》本条规定的调整对象需注意两个限定，一是"依照本法"，即《公司法》设立的公司，二是在中华人民共和国境内设立的公司。同时，《公司法》适用的公司只有两种：一种是有限责任公司，另一种是股份有限公司。其他类型公司由相应的法律法规规范和调整。另外值得注意的是，与2018年《公司法》相比，新《公司法》在表述上统一将"中国"调整为"中华人民共和国"。

第三条　公司界定与权益保护

第三条　公司是企业法人，有独立的法人财产，享有法人财产权。公司以其全部财产对公司的债务承担责任。

公司的合法权益受法律保护，不受侵犯。

【新旧条文对照】

2018年《公司法》	2024年《公司法》
第三条第一款　公司是企业法人，有独立的法人财产，享有法人财产权。公司以其全部财产对公司的债务承担责任。 第五条第二款　公司的合法权益受法律保护，不受侵犯。	第三条　公司是企业法人，有独立的法人财产，享有法人财产权。公司以其全部财产对公司的债务承担责任。 公司的合法权益受法律保护，不受侵犯。

【重点解读】

本条是关于公司界定及公司权益保护的规定。

与2018年《公司法》相比，新《公司法》将公司权益、股东权益的表述重新调整顺序，使得第三条专注于公司权益，第四条专注于股东权益，法条表述更为集中、精准。

本条专注于公司权益，第一款强调了公司作为法人实体的独立地位。这包括其拥有独立的财产权，并且当面临债务问题时，需要用其全部财产来承担债务。这种表述更加清晰地定义了公司的法律地位和责任，有助于保护债权人的权益。第二款强调了公司作为法人实体所享有的法律保护。任何侵犯公司权益的行为都会受到法律的制裁。其中公司的合法权益包括但不限于财产权、经营权、名称权、名誉权和荣誉权。

1.2 公司股东、章程、名称、住所与经营范围

第四条　股东责任与权利

第四条　有限责任公司的股东以其认缴的出资额为限对公司承担责任；股份有限公司的股东以其认购的股份为限对公司承担责任。

公司股东对公司依法享有资产收益、参与重大决策和选择管理者等权利。

【新旧条文对照】

2018年《公司法》	2024年《公司法》
第三条第二款　有限责任公司的股东以其认缴的出资额为限对公司承担责任；股份有限公司的股东以其认购的股份为限对公司承担责任。 第四条　公司股东依法享有资产收益、参与重大决策和选择管理者等权利。	第四条　有限责任公司的股东以其认缴的出资额为限对公司承担责任；股份有限公司的股东以其认购的股份为限对公司承担责任。 公司股东对公司依法享有资产收益、参与重大决策和选择管理者等权利。

【重点解读】

本条是关于股东责任及股东权利的规定。

与2018年《公司法》相比,新《公司法》在该条只增加了"对公司"三个字,是为了强调股东所享有的权利和承担的责任是针对"公司"的。这样的表述更加清晰,可避免产生歧义。

1. 股东的责任

有限责任公司和股份有限公司的股东以他们认缴的出资额或认购的股份为限对公司承担责任。这意味着,如果公司出现债务风险或其他责任问题,股东的清偿责任仅限于他们认缴的出资额或认购的股份。

2. 股东的权利

公司股东依法享有资产收益、参与重大决策和选择管理者等权利。这意味着,公司股东有权分享公司创造的利润,并参与公司的经营管理和决策过程。

第五条 公司章程

第五条 设立公司应当依法制定公司章程。公司章程对公司、股东、董事、监事、高级管理人员具有约束力。

【新旧条文对照】

2018年《公司法》	2024年《公司法》
第十一条 设立公司必须依法制定公司章程。公司章程对公司、股东、董事、监事、高级管理人员具有约束力。	第五条 设立公司应当依法制定公司章程。公司章程对公司、股东、董事、监事、高级管理人员具有约束力。

【重点解读】

本条是关于公司章程的规定。

与2018年《公司法》相比,新《公司法》在条文顺序上作了调整,将原来的第十一条拉上来变成现在的第五条,将原来的第五条打散分别置于其他条。同时，新《公司法》还将原来的"必须"修改为"应当"。

公司章程，是指公司依法制定的，规定公司名称、注册信息、经营范围、公司治理等重大事项的基础文件。公司章程对于保障公司的合法权益，规范组织行为，确保公司稳定运营具有重要作用，是公司的"宪法"。

本条虽然将原来的"必须"修改为"应当"，但订立公司章程依旧是设立公司的条件之一。

第六条　公司名称权

第六条　公司应当有自己的名称。公司名称应当符合国家有关规定。

公司的名称权受法律保护。

【重点解读】

本条是关于公司名称权的规定。

新《公司法》的本条属于新增条款。

本条强调了公司必须拥有自己的名称，并且这个名称必须符合国家的有关规定。这确保了公司在商业活动中的唯一性和合法性，也有助于消费者和其他商业伙伴识别和区分不同的公司。

本条明确了公司的名称权受到法律的保护。这意味着公司对其名称拥有特定的权利，未经授权的个体或组织不得使用或模仿该名称，否则可能会面临法律责任。这一规定是为了保护公司的商业利益和形象，防止市场混淆和消费者误认。

这也意味着公司名称是一种重要的商业资产，可以为公司带来品牌价值和竞争优势。因此，公司应当珍惜和维护其名称权，采取必要的措施来保护这一重要资产。

第七条　公司名称要求

第七条　依照本法设立的有限责任公司，应当在公司名称中标明有限责任公司或者有限公司字样。

依照本法设立的股份有限公司，应当在公司名称中标明股份有限公司或者股份公司字样。

【新旧条文对照】

2018年《公司法》	2024年《公司法》
第八条　依照本法设立的有限责任公司，必须在公司名称中标明有限责任公司或者有限公司字样。依照本法设立的股份有限公司，必须在公司名称中标明股份有限公司或者股份公司字样。	第七条　依照本法设立的有限责任公司，应当在公司名称中标明有限责任公司或者有限公司字样。依照本法设立的股份有限公司，应当在公司名称中标明股份有限公司或者股份公司字样。

【重点解读】

本条是关于公司名称中标明公司组织形式的规定。

与2018年《公司法》相比，新《公司法》在条文顺序上作了调整，将原来的第八条拉上来变成现在的第七条。同时，新《公司法》将原来的"必须"修改为"应当"。

根据本条规定，依法设立的有限责任公司，应当在公司名称中标明"有限责任公司"或者"有限公司"字样；依法设立的股份有限公司，应当在公司名称中标明"股份有限公司"或者"股份公司"字样。

除此之外，公司在确定名称时还要注意不得使用禁用词、易产生歧义的词等。

第八条　公司住所

第八条　公司以其主要办事机构所在地为住所。

新公司法条文对照与重点解读

【新旧条文对照】

2018年《公司法》	2024年《公司法》
第十条　公司以其主要办事机构所在地为住所。	第八条　公司以其主要办事机构所在地为住所。

【重点解读】

本条是关于公司住所的规定。

与2018年《公司法》相比，新《公司法》只是在条文顺序上作了调整，将原来的第十条拉上来变成现在的第八条。

"主要办事机构所在地"指的是公司日常经营管理和决策的核心地，这通常是公司的总部、管理中心或注册地。本条文将"主要办事机构所在地"作为公司的住所，赋予了公司一个固定的、可识别的身份标识，这一规定不仅有助于相关政府部门对公司的监管和管理，也能为债权人提供法律保障，确保他们在需要时能够找到公司的确切位置。

此外，本条文还从另一个角度强调了公司住所的重要性，即一旦公司的住所发生变更，公司必须及时向相关部门进行报备和登记。这一要求旨在确保公司的注册住所与实际经营场所始终保持一致，从而避免因地理位置信息不清晰或不准确而引发法律争议和纠纷。通过及时更新住所信息，公司能够维护其法律地位的准确性，保障内外部利益相关者的权益，并促进公司业务的顺利进行。

第九条　经营范围

第九条　公司的经营范围由公司章程规定。公司可以修改公司章程，变更经营范围。

公司的经营范围中属于法律、行政法规规定须经批准的项目，应当依法经过批准。

【新旧条文对照】

2018年《公司法》	2024年《公司法》
第十二条　公司的经营范围由公司章程规定，并依法登记。公司可以修改公司章程，改变经营范围，但是应当办理变更登记。 公司的经营范围中属于法律、行政法规规定须经批准的项目，应当依法经过批准。	第九条　公司的经营范围由公司章程规定。公司可以修改公司章程，变更经营范围。 公司的经营范围中属于法律、行政法规规定须经批准的项目，应当依法经过批准。

【重点解读】

本条是关于公司经营范围的规定。

与2018年《公司法》相比，新《公司法》在条文顺序上作了调整，将原来的第十二条拉上来变成现在的第九条，同时，删除了关于登记的要求，将原来的"改变"修改为"变更"。

1. 公司章程的重要性

公司章程规定了公司的基本运营规则和经营范围。它不仅对公司内部运营具有约束力，同时也是公司对外展示其经营业务、法律地位等重要信息的依据。因此，公司章程的制定和修改都需要经过严格的程序和审查。

2. 经营范围的灵活性与限制性

根据该条文，公司有权修改公司章程，从而变更经营范围。这体现了公司经营范围的灵活性，表明公司能够根据市场变化、业务需求等因素及时调整经营范围。然而，这种灵活性并非无限制。对属于法律、行政法规规定须经批准的项目，公司在变更经营范围时必须依法经过批准。这体现了国家对特定行业的监管和控制，确保公司的经营活动符合法律法规的要求。同时，将"改变经营范围"修改为"变更经营范围"，体现了法律用语的准确性和规范性。从语义上来看，"变更"一词更强调变化的过程和结果，而"改变"则更侧重于变化本身。在法律语境中，经营范围的变化不仅仅是一个简单的改变，而是一个需要经过正式程序，可能涉及多方利益并产生法律效力的过程。因此，"变更经营范围"这一表述更能体现这一过程的重要性和严肃性。

3. 法律与行政法规的约束力

该条文强调了法律、行政法规对公司经营范围的约束力。这意味着公司在制定和修改经营范围时，必须充分考虑相关法律法规的要求，确保公司的经营活动合法合规。否则，公司可能会面临法律处罚、声誉损失等风险。

4. 公司自主经营与政府监管的平衡

从更宏观的角度看，该条文还体现了公司自主经营与政府监管之间的平衡。一方面，公司有权自主决定公司的经营范围，并可以根据市场的变化进行变更；另一方面，政府通过法律、行政法规等手段对公司的经营活动进行监管，确保市场秩序和公共利益均不受损害。这种平衡有助于创造一个既充满活力又规范有序的市场环境。

1.3 法定代表人、组织形式变更、分公司与子公司、转投资与担保

第十条 法定代表人的选任与辞任

第十条 公司的法定代表人按照公司章程的规定，由代表公司执行公司事务的董事或者经理担任。

担任法定代表人的董事或者经理辞任的，视为同时辞去法定代表人。

法定代表人辞任的，公司应当在法定代表人辞任之日起三十日内确定新的法定代表人。

【新旧条文对照】

2018年《公司法》	2024年《公司法》
第十三条　公司法定代表人依照公司章程的规定，由董事长、执行董事或者经理担任，并依法登记。公司法定代表人变更，应当办理变更登记。	第十条　公司的法定代表人按照公司章程的规定，由代表公司执行公司事务的董事或者经理担任。担任法定代表人的董事或者经理辞任的，视为同时辞去法定代表人。法定代表人辞任的，公司应当在法定代表人辞任之日起三十日内确定新的法定代表人。

【重点解读】

本条是关于公司法定代表人选任与辞任的规定。

与2018年《公司法》相比，新《公司法》在条文顺序上作了调整，将原来的第十三条拉上来变成现在的第十条，同时，将法定代表人的担任范围改为"代表公司执行公司事务的董事或经理"，并删除了关于登记的要求，将相关内容都统一移到了有关公司设立的部分，新增了关于法定代表人辞任及新任法定代表人的确定的内容。

对于近年来在司法实务中，尤其是执行程序中备受关注的法定代表人辞任问题，《公司法》的相关修订确实提供了明确且务实的解决方案。这一修改不仅回应了现实中的问题，更在法律层面上进行了巧妙的制度设计。

首先，这一修订正视了"挂名法定代表人"现象的普遍存在。在过去，一些公司的法定代表人仅仅是名义上的，他们并不实际参与公司的经营管理，也不承担相应的责任。当公司出现问题时，这些"挂名人"往往成为替罪羊，被纳入失信被执行人名单，承受不应有的法律后果。新《公司法》通过明确法定代表人的辞任程序和公司的责任，为这些"挂名法定代表人"提供了救济途径。

其次，这一修订强调了确定法定代表人是公司的责任。这意味着，公司不能简单地将责任推给"挂名法定代表人",而必须承担起选任和更换法定代表人的责任。这有助于促使公司更加审慎地选择法定代表人,确保他们能够真正代表公司行使职权、承担责任。

此外,《公司法》的修订还有助于解决其与《劳动合同法》之间的衔接问题。在过去,由于法律规定的不明确,导致在法定代表人的任免和辞任问题上存在诸多争议和冲突。新《公司法》通过明确相关规定,为实际不能履行法定代表人职责的人员提供了及时辞任退出的法律途径,从而消除了这一制度上的障碍。

最后,这一修订还有助于减少执行程序中的"错杀"现象。在过去,由于"挂名法定代表人"现象的存在,一些无辜的人员往往被错误地纳入失信被执行人名单,承受不应有的法律制裁。新《公司法》明确了法定代表人的责任和辞任程序,有助于确保执行程序的准确性和公正性,避免对无辜人员的错误打击。

第十一条 法定代表人的行为后果

第十一条 法定代表人以公司名义从事的民事活动,其法律后果由公司承受。

公司章程或者股东会对法定代表人职权的限制,不得对抗善意相对人。

法定代表人因执行职务造成他人损害的,由公司承担民事责任。公司承担民事责任后,依照法律或者公司章程的规定,可以向有过错的法定代表人追偿。

【重点解读】

本条是关于法定代表人的行为后果的规定。

与2018年《公司法》相比,新《公司法》本条属于新增条款,是在吸收《中华人民共和国民法典》(以下简称《民法典》)相关规定的基础上形成的,与《民法典》保持一致,旨在明确法定代表人的法律地位和责任。

本条第一款规定了法定代表人以公司名义从事的民事活动（法定代表人代表行为）产生的法律后果由公司承担。这与《民法典》第六十一条第二款的规定相一致，强调了法定代表人的职务性质，并确立了其职务行为与公司之间的直接关联。

本条第二款指出，公司章程或股东会对法定代表人职权的限制，不得对抗善意相对人。这源于《民法典》第六十一条第三款，旨在保护交易安全，确保善意第三方的合法权益不受公司内部限制的不利影响。

本条第三款明确了法定代表人职务侵权行为的责任承担及公司行使的追偿权。这是对《民法典》第六十二条第一款、第二款的整合，旨在增强法定代表人对企业和股东的责任意识，避免其行使职权时出现不当行为。**公司可依据法律或公司章程规定，在法定代表人存在过错的情况下，向其追偿已支付的赔偿款项。**

值得注意的是，公司向法定代表人**追偿的要件包括两点：一是有法律或者公司章程的规定；二是法定代表人有过错**。只有满足这两个条件，公司才能向有过错的法定代表人追偿。

第十二条　公司组织形式变更

第十二条　有限责任公司变更为股份有限公司，应当符合本法规定的股份有限公司的条件。股份有限公司变更为有限责任公司，应当符合本法规定的有限责任公司的条件。

有限责任公司变更为股份有限公司的，或者股份有限公司变更为有限责任公司的，公司变更前的债权、债务由变更后的公司承继。

【新旧条文对照】

2018年《公司法》	2024年《公司法》
第九条　有限责任公司变更为股份有限公司，应当符合本法规定的股份有限公司的条件。股份有限公司变更为有限责任公司，应当符合本法规定的有限责任公司的条件。 有限责任公司变更为股份有限公司的，或者股份有限公司变更为有限责任公司的，公司变更前的债权、债务由变更后的公司承继。	第十二条　有限责任公司变更为股份有限公司，应当符合本法规定的股份有限公司的条件。股份有限公司变更为有限责任公司，应当符合本法规定的有限责任公司的条件。 有限责任公司变更为股份有限公司的，或者股份有限公司变更为有限责任公司的，公司变更前的债权、债务由变更后的公司承继。

【重点解读】

本条是关于公司组织形式变更的规定。

与2018年《公司法》相比，新《公司法》在条文顺序上作了调整，将原来的第九条变成现在的第十二条，内容上未作任何修改。

本条第一款规定了公司组织形式变更的条件，即有限责任公司与股份有限公司可以相互变更，但变更时应当符合本法规定的新的公司组织形式的法定条件。

本条第二款明确指出，公司组织形式的变更不会对公司既有的债权和债务产生任何影响，即公司变更前的债权、债务由变更后的公司承继。这一规定从法律上确立了公司组织形式变更后债权和债务的归属，从而为债权人和债务人提供法律上的确定性，减少可能出现的纠纷。

第十三条　分公司与子公司

第十三条　公司可以设立子公司。子公司具有法人资格，依法独立承担民事责任。

公司可以设立分公司。分公司不具有法人资格，其民事责任由公司承担。

【新旧条文对照】

2018年《公司法》	2024年《公司法》
第十四条　公司可以设立分公司。~~设立分公司，应当向公司登记机关申请登记，领取营业执照。~~分公司不具有法人资格，其民事责任由公司承担。 公司可以设立子公司，子公司具有法人资格，依法独立承担民事责任。	第十三条　公司可以设立子公司。子公司具有法人资格，依法独立承担民事责任。 公司可以设立分公司。分公司不具有法人资格，其民事责任由公司承担。

【重点解读】

本条是关于分公司与子公司的规定。

与2018年《公司法》相比，新《公司法》在条文顺序上进行了调整，将原来的第十四条调整至第十三条。

新《公司法》删除了"设立分公司，应当向公司登记机关申请登记，领取营业执照"的内容，实际上相关内容被调整至新《公司法》第三十八条，因此此处修改无实质性变动。

第十四条　转投资

第十四条　公司可以向其他企业投资。

法律规定公司不得成为对所投资企业的债务承担连带责任的出资人的，从其规定。

【新旧条文对照】

2018年《公司法》	2024年《公司法》
第十五条　公司可以向其他企业投资；但是，除法律另有规定外，不得成为对所投资企业的债务承担连带责任的出资人。	第十四条　公司可以向其他企业投资。法律规定公司不得成为对所投资企业的债务承担连带责任的出资人的，从其规定。

【重点解读】

本条是关于公司转投资及其限制的规定。

与2018年《公司法》相比，新《公司法》在条文顺序上进行了调整，将原来的第十五条调整至第十四条。

新《公司法》改变了2018年《公司法》对公司对外投资的限制，对于公司是否能成为对所投资企业债务承担连带责任的出资人，文字表述逻辑上由原则上禁止变为原则上允许，除非法律另有规定。

第十五条　转投资与担保

第十五条　公司向其他企业投资或者为他人提供担保，按照公司章程的规定，由董事会或者股东会决议；公司章程对投资或者担保的总额及单项投资或者担保的数额有限额规定的，不得超过规定的限额。

公司为公司股东或者实际控制人提供担保的，应当经股东会决议。

前款规定的股东或者受前款规定的实际控制人支配的股东，不得参加前款规定事项的表决。该项表决由出席会议的其他股东所持表决权的过半数通过。

【新旧条文对照】

2018年《公司法》	2024年《公司法》
第十六条　公司向其他企业投资或者为他人提供担保，~~依照~~公司章程的规定，由董事会或者股东会~~、股东大会~~决议；公司章程对投资或者担保的总额及单项投资或者担保的数额有限额规定的，不得超过规定的限额。 公司为公司股东或者实际控制人提供担保的，~~必须~~经股东会~~或者股东大会~~决议。 前款规定的股东或者受前款规定的实际控制人支配的股东，不得参加前款规定事项的表决。该项表决由出席会议的其他股东所持表决权的过半数通过。	第十五条　公司向其他企业投资或者为他人提供担保，按照公司章程的规定，由董事会或者股东会决议；公司章程对投资或者担保的总额及单项投资或者担保的数额有限额规定的，不得超过规定的限额。 公司为公司股东或者实际控制人提供担保的，应当经股东会决议。 前款规定的股东或者受前款规定的实际控制人支配的股东，不得参加前款规定事项的表决。该项表决由出席会议的其他股东所持表决权的过半数通过。

【重点解读】

本条是关于公司转投资及其担保的规定。

与2018年《公司法》相比，新《公司法》在条文顺序上进行了调整，将原来的第十六条调整至第十五条。

在内容上，新《公司法》适当调整了措辞，将"依照公司章程的规定"调整为"按照公司章程的规定"，将"必须经股东会或者股东大会决议"调整为"应当经股东会决议"。其中，"股东大会"与"股东会"已在新《公司法》中统一为"股东会"，内容无实质性变化。"依照"变为"按照"，"必须"变为"应当"，是语言表述的微调，而非实质性法律义务的改变。

1.4 职工权益保护、工会与党组织

第十六条 职工权益保护与职业教育

第十六条 公司应当保护职工的合法权益，依法与职工签订劳动合同，参加社会保险，加强劳动保护，实现安全生产。

公司应当采用多种形式，加强公司职工的职业教育和岗位培训，提高职工素质。

【新旧条文对照】

2018年《公司法》	2024年《公司法》
第十七条 公司必须保护职工的合法权益，依法与职工签订劳动合同，参加社会保险，加强劳动保护，实现安全生产。 公司应当采用多种形式，加强公司职工的职业教育和岗位培训，提高职工素质。	第十六条 公司应当保护职工的合法权益，依法与职工签订劳动合同，参加社会保险，加强劳动保护，实现安全生产。 公司应当采用多种形式，加强公司职工的职业教育和岗位培训，提高职工素质。

【重点解读】

本条是关于职工权益保护与职业教育的规定。

与2018年《公司法》相比，新《公司法》在条文顺序上作了调整，将原来的第十七条变成现在的第十六条，内容上未作重大修改，仅对用词进行了调整，将"必须"修改为"应当"。

从法律条文的演变和修订角度来看，新《公司法》将"必须"改为"应当"可能是为了与最新的法律法规和司法解释保持一致。在实践中，《中华人民共和国劳动法》《劳动合同法》等法律法规已经对职工权益保护作出了详细的规定，而公司法中的相关规定更多体现为一种原则性的指引。修改后的用词有助于《公司法》与其他法律法规有效衔接，构筑起严密的法律框架。

需要注意的是，本条中使用的是"职工"而非"劳动者"，主

要原因是公司与职工之间的关系不仅仅是劳动关系，还包括其他形式的用工关系。使用"职工"一词能够更好地涵盖这些非劳动关系的人员，从而确保他们的权益得到保护。

第十七条　工会与民主管理

第十七条　公司职工依照《中华人民共和国工会法》组织工会，开展工会活动，维护职工合法权益。公司应当为本公司工会提供必要的活动条件。公司工会代表职工就职工的劳动报酬、工作时间、休息休假、劳动安全卫生和保险福利等事项依法与公司签订集体合同。

公司依照宪法和有关法律的规定，建立健全以职工代表大会为基本形式的民主管理制度，通过职工代表大会或者其他形式，实行民主管理。

公司研究决定改制、解散、申请破产以及经营方面的重大问题、制定重要的规章制度时，应当听取公司工会的意见，并通过职工代表大会或者其他形式听取职工的意见和建议。

【新旧条文对照】

2018年《公司法》	2024年《公司法》
第十八条　公司职工依照《中华人民共和国工会法》组织工会，开展工会活动，维护职工合法权益。公司应当为本公司工会提供必要的活动条件。公司工会代表职工就职工的劳动报酬、工作时间、福利、保险和劳动安全卫生等事项依法与公司签订集体合同。 公司依照宪法和有关法律的规定，通过职工代表大会或者其他形式，实行民主管理。 公司研究决定改制以及经营方面的重大问题、制定重要的规章制	第十七条　公司职工依照《中华人民共和国工会法》组织工会，开展工会活动，维护职工合法权益。公司应当为本公司工会提供必要的活动条件。公司工会代表职工就职工的劳动报酬、工作时间、休息休假、劳动安全卫生和保险福利等事项依法与公司签订集体合同。 公司依照宪法和有关法律的规定，建立健全以职工代表大会为基本形式的民主管理制度，通过职工代表大会或者其他形式，实行民主管理。

度时，应当听取公司工会的意见，并通过职工代表大会或者其他形式听取职工的意见和建议。	公司研究决定改制、解散、申请破产以及经营方面的重大问题、制定重要的规章制度时，应当听取公司工会的意见，并通过职工代表大会或者其他形式听取职工的意见和建议。

【重点解读】

本条是关于公司工会与民主管理的规定。

与2018年《公司法》相比，新《公司法》在条文顺序上进行了调整，将原来的第十八条调整至第十七条。

新《公司法》对职工合法权益的规定更加详细与明确，补充了"休息休假"等内容，强调了新《公司法》关于维护职工合法权益这一基本立法目的。

新《公司法》强化了职工代表大会的地位，明确提出公司要"建立健全以职工代表大会为基本形式的民主管理制度"，并继续强调公司可通过其他形式实施民主管理。

在重大问题决策听取意见上，新《公司法》在2018年《公司法》的基础上增加了"解散"和"申请破产"两项重大事项，强调在这些关键节点上必须充分听取职工的意见，这进一步强化了对职工权益的保护。

第十八条　党组织

第十八条　在公司中，根据中国共产党章程的规定，设立中国共产党的组织，开展党的活动。公司应当为党组织的活动提供必要条件。

【新旧条文对照】

2018年《公司法》	2024年《公司法》
第十九条　在公司中，根据中国共产党章程的规定，设立中国共产党的组织，开展党的活动。公司应当为党组织的活动提供必要条件。	第十八条　在公司中，根据中国共产党章程的规定，设立中国共产党的组织，开展党的活动。公司应当为党组织的活动提供必要条件。

【重点解读】

本条是关于党组织的规定。

与2018年《公司法》相比，新《公司法》在条文顺序上作了调整，将原来的第十九条变成现在的第十八条，内容上未作任何修改。

根据本条规定，公司在遵守国家法律法规的前提下，应当根据中国共产党章程的规定，设立中国共产党的组织，开展党的活动，并为党组织的活动提供必要条件。

《中国共产党章程》第三十条规定，企业、农村、机关、学校、医院、科研院所、街道社区、社会组织、人民解放军连队和其他基层单位，凡是有正式党员三人以上的，都应当成立党的基层组织。公司是企业的一种组织形式，当公司内有三人以上的正式党员时，应当按照规定成立党的基层组织。

需要注意的是，在2018年《公司法》中，并未特别突出党对国有企业的领导作用。然而，通过此次修订，新《公司法》第一百七十条新增了国家出资公司中党的组织对公司发挥领导作用的内容，这反映了国家深化国有企业改革的决心，同时也进一步强化了党的领导地位。

1.5 经营原则、社会责任、禁止行为与人格否认

第十九条 经营活动的原则

第十九条 公司从事经营活动，应当遵守法律法规，遵守社会公德、商业道德，诚实守信，接受政府和社会公众的监督。

【新旧条文对照】

2018年《公司法》	2024年《公司法》
第五条第一款 公司从事经营活动，必须遵守法律、行政法规，遵守社会公德、商业道德，诚实守信，接受政府和社会公众的监督，承担社会责任。	第十九条 公司从事经营活动，应当遵守法律法规，遵守社会公德、商业道德，诚实守信，接受政府和社会公众的监督。

【重点解读】

本条是关于公司经营活动的原则的规定。

与2018年《公司法》相比，新《公司法》最显著的变动是删除了"行政""承担社会责任"的表述。

条文将"必须遵守法律、行政法规"修改为"应当遵守法律法规"，这一变化进一步简化并精确了与法律法规相关的表述。

条文删除了"承担社会责任"这一表述，但是新增了第二十条。这一变化体现了新《公司法》对公司应当承担的社会责任的重视。

第二十条 公司社会责任

第二十条 公司从事经营活动，应当充分考虑公司职工、消费者等利益相关者的利益以及生态环境保护等社会公共利益，承担社会责任。国家鼓励公司参与社会公益活动，公布社会责任报告。

【新旧条文对照】

2018年《公司法》	2024年《公司法》
第五条第一款　公司从事经营活动，~~必须遵守法律、行政法规，遵守社会公德、商业道德，诚实守信，接受政府和社会公众的监督，~~承担社会责任。	第二十条　公司从事经营活动，应当充分考虑公司职工、消费者等利益相关者的利益以及生态环境保护等社会公共利益，承担社会责任。 国家鼓励公司参与社会公益活动，公布社会责任报告。

【重点解读】

本条是关于公司社会责任的规定。

对比2018年《公司法》，新《公司法》在条文顺序上进行了调整，将原来的第五条第一款有关内容调整至第二十条。

2018年《公司法》第五条第一款规定了公司从事经营活动的基本原则，要求公司必须遵守法律法规，遵守社会公德和商业道德，诚信经营，并接受政府和社会公众的监督。新《公司法》第二十条则更加具体地指出公司在从事经营活动时应当兼顾公司职工、消费者等利益相关者的利益，以及生态环境保护等社会公共利益，这体现了新《公司法》对多元利益主体的关注和对企业伦理的更高要求。

但这并不代表新《公司法》取消了对公司遵法守法、合规经营等方面的要求，实际上这方面的要求在新《公司法》第十九条中有所体现。

第二十一条　股东禁止行为

第二十一条　公司股东应当遵守法律、行政法规和公司章程，依法行使股东权利，不得滥用股东权利损害公司或者其他股东的利益。

公司股东滥用股东权利给公司或者其他股东造成损失的，应当承担赔偿责任。

新公司法条文对照与重点解读

【新旧条文对照】

2018年《公司法》	2024年《公司法》
第二十条　公司股东应当遵守法律、行政法规和公司章程，依法行使股东权利，不得滥用股东权利损害公司或者其他股东的利益；~~不得滥用公司法人独立地位和股东有限责任损害公司债权人的利益。~~ 公司股东滥用股东权利给公司或者其他股东造成损失的，应当依法承担赔偿责任。 公司股东滥用公司法人独立地位和股东有限责任，逃避债务，严重损害公司债权人利益的，应当对公司债务承担连带责任。	第二十一条　公司股东应当遵守法律、行政法规和公司章程，依法行使股东权利，不得滥用股东权利损害公司或者其他股东的利益。 公司股东滥用股东权利给公司或者其他股东造成损失的，应当承担赔偿责任。

【重点解读】

本条是关于股东的义务和禁止滥用股东权利的规定。

与2018年《公司法》相比，新《公司法》在条文顺序上进行了调整，将原来的第二十条调整至第二十一条。

新《公司法》依旧要求股东应当遵守法律、行政法规和公司章程，不得滥用股东权利损害公司或其他股东的利益，并明确了滥用股东权利给公司或其他股东造成损失的，股东应当承担赔偿责任。

新《公司法》在此处没有直接提及股东滥用公司法人独立地位和股东有限责任逃避债务、损害债权人利益时的连带责任规定，是因为相关规定被调整至新《公司法》第二十三条。

第二十二条　禁止关联交易

第二十二条　公司的控股股东、实际控制人、董事、监事、高级管理人员不得利用关联关系损害公司利益。

违反前款规定，给公司造成损失的，应当承担赔偿责任。

【新旧条文对照】

2018年《公司法》	2024年《公司法》
第二十一条　公司的控股股东、实际控制人、董事、监事、高级管理人员不得利用~~其~~关联关系损害公司利益。 违反前款规定，给公司造成损失的，应当承担赔偿责任。	第二十二条　公司的控股股东、实际控制人、董事、监事、高级管理人员不得利用关联关系损害公司利益。 违反前款规定，给公司造成损失的，应当承担赔偿责任。

【重点解读】

本条是关于禁止关联交易的规定。

与2018年《公司法》相比，新《公司法》只是在条文顺序上作了调整，将原来的第二十一条变成现在的第二十二条，删除了"其"。

根据本条第一款的规定，与公司有关联关系的五种人不得利用关联关系损害公司利益，他们是公司的控股股东、实际控制人、董事、监事、高级管理人员。

（1）"控股股东"是指其出资额占有限责任公司资本总额超过百分之五十或者其持有的股份占股份有限公司股本总额超过百分之五十的股东；出资额或者持有股份的比例虽然低于百分之五十，但依其出资额或者持有的股份所享有的表决权已足以对股东会的决议产生重大影响的股东。

（2）"实际控制人"是指通过投资关系、协议或者其他安排，能够实际支配公司行为的人。

（3）"董事"是指公司的董事会成员。

（4）"监事"是指公司的监事会成员。

（5）"高级管理人员"是指公司的经理、副经理、财务负责人，以及上市公司董事会秘书和公司章程规定的其他人员。

而"关联关系"是指公司的控股股东、实际控制人、董事、监事、高级管理人员与其直接或者间接控制的企业之间的关系，以及可能导致公司利益转移的其他关系。但是，国家控股的企业之间不因为同受国家控股而具有关联关系。

本条第二款规定了对公司关联交易的处理。违反本条第一款规定，给公司造成损失的，应当承担赔偿责任。

《最高人民法院关于适用〈中华人民共和国公司法〉若干问题的规定（五）》（2020修正）第一条也规定，关联交易损害公司利益，原告可以依据《民法典》《公司法》的有关规定请求控股股东、实际控制人、董事、监事、高级管理人员赔偿所造成的损失，被告仅以该交易已经履行了信息披露、经股东会或者股东大会同意等法律、行政法规或者公司章程规定的程序为由抗辩的，人民法院不予支持。

第二十三条　公司法人人格否认

第二十三条　公司股东滥用公司法人独立地位和股东有限责任，逃避债务，严重损害公司债权人利益的，应当对公司债务承担连带责任。

股东利用其控制的两个以上公司实施前款规定行为的，各公司应当对任一公司的债务承担连带责任。

只有一个股东的公司，股东不能证明公司财产独立于股东自己的财产的，应当对公司债务承担连带责任。

【新旧条文对照】

2018年《公司法》	2024年《公司法》
第二十条第三款　公司股东滥用公司法人独立地位和股东有限责任，逃避债务，严重损害公司债权人利益的，应当对公司债务承担连带责任。	第二十三条　公司股东滥用公司法人独立地位和股东有限责任，逃避债务，严重损害公司债权人利益的，应当对公司债务承担连带责任。

第六十三条 一人有限责任公司的股东不能证明公司财产独立于股东自己的财产的，应当对公司债务承担连带责任。	股东利用其控制的两个以上公司实施前款规定行为的，各公司应当对任一公司的债务承担连带责任。 只有一个股东的公司，股东不能证明公司财产独立于股东自己的财产的，应当对公司债务承担连带责任。

【重点解读】

本条是关于公司法人人格否认的规定。

与2018年《公司法》相比，新《公司法》在条文顺序上进行了调整，将原来的第二十条第三款、第六十三条内容整合调整至第二十三条。

新《公司法》第二十三条增加了新内容，明确指出股东如果利用其控制的两个以上公司实施前述滥用行为，那么各个公司应当对彼此的债务承担连带责任。这是对原有规定的一种补充和扩展，增强了对股东恶意逃避债务行为的打击力度。

2018年《公司法》第六十三条关于一人有限责任公司股东责任的规定被融合进了新《公司法》第二十三条的末尾部分，即"只有一个股东的公司，股东不能证明公司财产独立于股东自己的财产的，应当对公司债务承担连带责任"。这条规定在两个版本中都强调了股东不能证明公司财产和自身财产独立时，股东应对一人有限公司的债务承担连带责任，这确保了一人有限公司的股东不能滥用有限责任制度规避债务。

1.6　会议召开、表决及决议无效的情形

第二十四条　会议召开与表决方式

第二十四条　公司股东会、董事会、监事会召开会议和表决可以采

用电子通信方式，公司章程另有规定的除外。

【重点解读】

本条是关于会议召开及表决方式的规定。

与2018年《公司法》相比，本条属于新增条款，是对传统会议形式的一种重要补充和拓展，旨在适应现代商业实践和技术发展的需求。

通过电子通信方式召开股东会、董事会、监事会并进行表决，不仅降低了会议成本，还极大提升了决策效率，体现了法律对技术进步的积极回应。这一变革适应了数字化时代的需求，使公司治理更加便捷与高效。

同时该规定也强调了公司章程的自治权，"公司章程另有规定的除外"这一规定既保证了公司能够根据自身情况选择最适合的会议召开和表决方式，又避免了法律对公司内部事务的过度干预。

第二十五条　公司决议无效

第二十五条　公司股东会、董事会的决议内容违反法律、行政法规的无效。

【新旧条文对照】

2018年《公司法》	2024年《公司法》
第二十二条第一款　公司股东会或者股东大会、董事会的决议内容违反法律、行政法规的无效。	第二十五条　公司股东会、董事会的决议内容违反法律、行政法规的无效。

【重点解读】

本条是关于股东会、董事会决议无效的规定。

与2018年《公司法》相比，新《公司法》在条文顺序上作了调整，将原来的第二十二条第一款调整至现在的第二十五条，同时在内容上作了微妙的调整，即删除了"或者股东大会"。这一调整并未改变本条文的核心要义，即着重强调了公司股东会、董事会所作出决议的合法性要求。决议内容必须符合法律、行政法规的明确规定，不得有任何违反之处。一旦决议内容被认定为违反了法律、行政法规，该决议将被视为自始无效，即不具有任何法律效力。

值得一提的是，这次调整对法律术语进行了简化和统一，将有限公司"股东会"与股份公司"股东大会"统一为"股东会"，实现了法律条文的精简和明晰。

第二十六条　公司决议撤销

第二十六条　公司股东会、董事会的会议召集程序、表决方式违反法律、行政法规或者公司章程，或者决议内容违反公司章程的，股东自决议作出之日起六十日内，可以请求人民法院撤销。但是，股东会、董事会的会议召集程序或者表决方式仅有轻微瑕疵，对决议未产生实质影响的除外。

未被通知参加股东会会议的股东自知道或者应当知道股东会决议作出之日起六十日内，可以请求人民法院撤销；自决议作出之日起一年内没有行使撤销权的，撤销权消灭。

【新旧条文对照】

2018年《公司法》	2024年《公司法》
第二十二条第二款　股东会或者股东大会、董事会的会议召集程序、表决方式违反法律、行政法规或者公司章程，或者决议内容违反公司章程的，股东可以自决议作出之日起六十日内，请求人民法院撤销。	第二十六条　公司股东会、董事会的会议召集程序、表决方式违反法律、行政法规或者公司章程，或者决议内容违反公司章程的，股东自决议作出之日起六十日内，可以请求人民法院撤销。但是，股东会、董事会的会议召集程序或者表决方式仅有轻微瑕疵，对决议未产生实质影响的除外。

新公司法条文对照与重点解读

	未被通知参加股东会会议的股东自知道或者应当知道股东会决议作出之日起六十日内，可以请求人民法院撤销；自决议作出之日起一年内没有行使撤销权的，撤销权消灭。

【重点解读】

本条是关于公司股东会、董事会决议撤销的规定。

新《公司法》在2018年《公司法》第二十二条第二款规定的基础上进行了修改和补充。

新《公司法》增加了决议可撤销的特定例外情况，即股东会、董事会的会议召集程序或者表决方式仅有"轻微瑕疵"且对决议未产生实质影响时，该决议不可被撤销。

这一修订来源于《最高人民法院关于适用〈中华人民共和国公司法〉若干问题的规定（四）》中的"轻微瑕疵"处理原则。此次将其写进了《公司法》的规定中，是为了增强其法律效力，旨在平衡股东权益与保证公司的正常运营。

新《公司法》新增了未被通知参加股东会会议的股东撤销权的特别规定，一是撤销权行使期限为股东知道或者应当知道股东会决议作出之日起六十日内，二是股东撤销权的存续期间为自决议作出之日起一年内。

这一修订强化了对未能参与股东会议的股东权益的保护，确保他们的知情权得到尊重，并防止股东在行使权利时出现不合理的延迟。

需要强调的是，这一特别规定仅适用于股东会决议，不适用于董事会决议。

第二十七条　公司决议不成立

第二十七条　有下列情形之一的，公司股东会、董事会的决议不成立：

（一）未召开股东会、董事会会议作出决议；

（二）股东会、董事会会议未对决议事项进行表决；

（三）出席会议的人数或者所持表决权数未达到本法或者公司章程规定的人数或者所持表决权数；

（四）同意决议事项的人数或者所持表决权数未达到本法或者公司章程规定的人数或者所持表决权数。

【重点解读】

本条是关于股东会、董事会决议不成立的规定。

与2018年《公司法》相比，本条属于新增条款。新增了关于股东会、董事会决议不成立的四种情形。进一步规范公司的决策过程，可以防止公司中的决议事项遭受恶意插手或者不正当干预；可以防止出现无效或有争议的决议，避免少数人的决议对大多数股东的权益产生不利影响；增加了公司决策的透明度和公正性，有利于公司的健康发展。

第二十八条　决议无效、撤销、不成立的法律后果

第二十八条　公司股东会、董事会决议被人民法院宣告无效、撤销或者确认不成立的，公司应当向公司登记机关申请撤销根据该决议已办理的登记。

股东会、董事会决议被人民法院宣告无效、撤销或者确认不成立的，公司根据该决议与善意相对人形成的民事法律关系不受影响。

新公司法条文对照与重点解读

【新旧条文对照】

2018年《公司法》	2024年《公司法》
第二十二条第四款　公司根据股东会或者股东大会、董事会决议已办理变更登记的，人民法院宣告该决议无效或者撤销该决议后，公司应当向公司登记机关申请撤销变更登记。	第二十八条　公司股东会、董事会决议被人民法院宣告无效、撤销或者确认不成立的，公司应当向公司登记机关申请撤销根据该决议已办理的登记。 股东会、董事会决议被人民法院宣告无效、撤销或者确认不成立的，公司根据该决议与善意相对人形成的民事法律关系不受影响。

【重点解读】

本条是关于决议无效、撤销、不成立的法律后果的规定。

新《公司法》在2018年《公司法》的基础上进行了重要修订和补充。

本条第一款在原第二十二条第四款的基础上，增加了决议"确认不成立"的情形。这一补充与原有的"无效"和"撤销"情形共同构成了决议瑕疵的完整范畴。

同时，本条还将"公司应当向公司登记机关申请撤销变更登记"修改为"公司应当向公司登记机关申请撤销根据该决议已办理的登记"。这属于文字性修改，使表述更为精准、全面，涵盖了所有基于该决议而进行的登记，而不仅限于变更登记。

本条第二款属于新增内容，主要源于《民法典》第八十五条和《公司法解释四（2020修正）》第六条的相关规定。这里的"善意相对人"指的是在与公司交易时不知情且没有过错的第三方。这一规定旨在保护善意第三方的合法权益，确保他们的交易安全。

第 2 章
公司登记

2.1 公司设立登记相关规定

第二十九条 设立登记和设立审批

第二十九条 设立公司，应当依法向公司登记机关申请设立登记。

法律、行政法规规定设立公司必须报经批准的，应当在公司登记前依法办理批准手续。

【新旧条文对照】

2018年《公司法》	2024年《公司法》
第六条第一款 设立公司，应当依法向公司登记机关申请设立登记。~~符合本法规定的设立条件的，由公司登记机关分别登记为有限责任公司或者股份有限公司；不符合本法规定的设立条件的，不得登记为有限责任公司或者股份有限公司。~~ 第六条第二款 法律、行政法规规定设立公司必须报经批准的，应当在公司登记前依法办理批准手续。	第二十九条 设立公司，应当依法向公司登记机关申请设立登记。 法律、行政法规规定设立公司必须报经批准的，应当在公司登记前依法办理批准手续。

【重点解读】

本条是关于公司设立登记和设立审批的规定。

与2018年《公司法》相比，新《公司法》将原来的第六条第一款第二句移至现在的第三十一条，原第六条第二款第一句和第二款变为现在的第二十九条，内容不变。

新《公司法》将2018年《公司法》第六条第一款第二句移动至新《公司法》第三十一条，使法律条文更加清晰、逻辑更加严密。

本条第一款和第二款反映了新《公司法》在处理公司成立问题上的基本立场，即以设立登记为常规途径，以行政批准为特殊情形。除法律、行政法规规定设立必须报经批准的以外，其他公司可以直接向公司登记机关申请设立登记。对于必须先经过行政批准手续的公司，只有在获得有关政府部门的批准文件后，才能继续进行设立公司的相关步骤。

需要注意的是，公司设立登记通常由市场监督管理部门负责，而审批则是由法律、行政法规指定的政府主管部门或者其授权部门来执行。

第三十条　公司设立登记材料提交

第三十条　申请设立公司，应当提交设立登记申请书、公司章程等文件，提交的相关材料应当真实、合法和有效。

申请材料不齐全或者不符合法定形式的，公司登记机关应当一次性告知需要补正的材料。

【新旧条文对照】

2018年《公司法》	2024年《公司法》
第二十九条 ~~股东认足公司章程规定的出资后，由全体股东指定的代表或者共同委托的代理人向公司登记机关报送~~公司登记申请书、公司章程等文件，申请设立登记。 ~~第九十二条 董事会应于创立大会结束后三十日内，向公司登记机关报送下列文件，申请设立登记：~~ ~~（一）公司登记申请书；~~ ~~（二）创立大会的会议记录；~~ ~~（三）公司章程；~~ ~~（四）验资证明；~~ ~~（五）法定代表人、董事、监事的任职文件及其身份证明；~~ ~~（六）发起人的法人资格证明或者自然人身份证明；~~ ~~（七）公司住所证明。~~ ~~以募集方式设立股份有限公司公开发行股票的，还应当向公司登记机关报送国务院证券监督管理机构的核准文件。~~	第三十条 申请设立<u>公司</u>，<u>应当提交</u>设立登记申请书、公司章程等文件，<u>提交的相关材料应当真实、合法和有效。</u> <u>申请材料不齐全或者不符合法定形式的，公司登记机关应当一次性告知需要补正的材料。</u>

【重点解读】

本条是关于公司设立登记材料提交的规定。

与2018年《公司法》相比，新《公司法》对原第二十九条和第九十二条关于"有限责任公司和股份有限公司的申请材料"的规定进行了整合和优化，旨在减少重复性规定，提高法律条文的简洁性和清晰性，同时减少因不同类型公司在申请材料上的差异而引发的法律纠纷和争议。

本条第一款规定了设立公司所需提交的申请材料，包括设立登记申请书、公司章程等文件，并强调提交的材料应当真实、合法和有效。这一规定强化了申请人对所提交材料的责任，确保公司设立过程中的透明度和合规性。

本条第二款则是对公司登记机关服务提出的要求，即如果申请材料不齐全或者不符合法定形式，公司登记机关应当一次性告知申请人需要补正的材料。这一规定旨在提高登记效率，减少当事人的往返次数，体现了便民利企的立法精神。

第三十一条　公司设立准则

第三十一条　申请设立公司，符合本法规定的设立条件的，由公司登记机关分别登记为有限责任公司或者股份有限公司；不符合本法规定的设立条件的，不得登记为有限责任公司或者股份有限公司。

【新旧条文对照】

2018年《公司法》	2024年《公司法》
第六条第一款　设立公司，应当依法向公司登记机关申请设立登记。符合本法规定的设立条件的，由公司登记机关分别登记为有限责任公司或者股份有限公司；不符合本法规定的设立条件的，不得登记为有限责任公司或者股份有限公司。	第三十一条　申请设立公司，符合本法规定的设立条件的，由公司登记机关分别登记为有限责任公司或者股份有限公司；不符合本法规定的设立条件的，不得登记为有限责任公司或者股份有限公司。

【重点解读】

本条是关于公司设立准则的规定。

新《公司法》第三十一条源于2018年《公司法》第六条第一款，其核心内容是公司设立的条件的明确规定，以及公司登记机关的职责。

根据本条文，申请设立公司必须符合本法规定的设立条件，然后公司登记机关才会依法对其进行登记，分别登记为有限责任公司或股份有限公司。这一规定确保了公司的合法性和合规性，进而维护了整体市场秩序的正常运作。

同时，本条文还明确了公司登记机关在审核公司设立申请时的法定职责。公司登记机关在接到申请后，必须严格按照《公司法》的相关规定，对提交的材料进行严格的审核，以确保申请公司符合设立条件。对于不符合设立条件的申请，登记机关有权依法予以拒绝，从而在源头上防止不合格公司的产生，维护市场秩序和公共利益。

第三十二条　公司登记事项及公示

第三十二条　公司登记事项包括：

（一）名称；

（二）住所；

（三）注册资本；

（四）经营范围；

（五）法定代表人的姓名；

（六）有限责任公司股东、股份有限公司发起人的姓名或者名称。

公司登记机关应当将前款规定的公司登记事项通过国家企业信用信息公示系统向社会公示。

【新旧条文对照】

2018年《公司法》	2024年《公司法》
第六条　第三款　公众可以向公司登记机关申请查询公司登记事项，公司登记机关应当提供查询服务。	第三十二条　公司登记事项包括： （一）名称； （二）住所； （三）注册资本； （四）经营范围； （五）法定代表人的姓名； （六）有限责任公司股东、股份有限公司发起人的姓名或者名称。 公司登记机关应当将前款规定的公司登记事项通过国家企业信用信息公示系统向社会公示。

新公司法条文对照与重点解读

【重点解读】

本条是关于公司登记事项及公示的规定。

与2018年《公司法》相比，新《公司法》第三十二条是全新内容。2018年《公司法》第六条第三款并未规定关于公司登记事项的具体内容，新《公司法》在此处将其明确了。

本条内容吸收借鉴了《中华人民共和国市场主体登记管理条例》第八条和第三十五条的有关内容。

2.2 营业执照、变更、换发相关规定

第三十三条 营业执照

第三十三条 依法设立的公司，由公司登记机关发给公司营业执照。公司营业执照签发日期为公司成立日期。

公司营业执照应当载明公司的名称、住所、注册资本、经营范围、法定代表人姓名等事项。

公司登记机关可以发给电子营业执照。电子营业执照与纸质营业执照具有同等法律效力。

【新旧条文对照】

2018年《公司法》	2024年《公司法》
第七条 依法设立的公司，由公司登记机关发给公司营业执照。公司营业执照签发日期为公司成立日期。 公司营业执照应当载明公司的名称、住所、注册资本、经营范围、法定代表人姓名等事项。 公司营业执照记载的事项发生变更的，公司应当依法办理变更登记，由公司登记机关换发营业执照。	第三十三条 依法设立的公司，由公司登记机关发给公司营业执照。公司营业执照签发日期为公司成立日期。 公司营业执照应当载明公司的名称、住所、注册资本、经营范围、法定代表人姓名等事项。 公司登记机关可以发给电子营业执照。电子营业执照与纸质营业执照具有同等法律效力。

【重点解读】

本条是关于营业执照的规定。

与2018年《公司法》相比，新《公司法》新增了"电子营业执照与纸质营业执照具有同等法律效力"的规定。

本条第一款明确了公司登记机关签发的营业执照是确定公司成立的法定文件，其签发日期为公司成立日期。从营业执照签发之日起，公司便成了独立的法律主体，开始享有民事权利，并承担民事责任。

同时，营业执照签发后，公司登记机关所登记的各主要事项（如公司的名称、注册资本等）即刻生效，并具有法律效力。营业执照对外的法律效力为公示效力，公司应当在其经营场所公开展示营业执照；对内的效力为约束效力，公司应当确保登记信息的真实性和准确性。

本条第二款规定了公司营业执照上必须载明的关键事项，并以"等"字兜底涵盖了法律法规规定的其他记载事项。

本条第三款属于新增内容，允许公司登记机关向公司签发电子营业执照，并明确"电子营业执照与纸质营业执照具有同等法律效力"。这一新增规定是为了适应数字化时代的发展需求，提高公司登记的效率和便捷性，推动政府机构的数字化转型，并为公司的合法经营和商业交往提供更加便捷和高效的法律保障。

第三十四条　变更登记

第三十四条　公司登记事项发生变更的，应当依法办理变更登记。

公司登记事项未经登记或者未经变更登记，不得对抗善意相对人。

【新旧条文对照】

2018年《公司法》	2024年《公司法》
第三十二条第三款　公司应当将股东的姓名或者名称向公司登记机关登记；登记事项发生变更的，应当办理变更登记。未经登记或者变更登记的，不得对抗第三人。	第三十四条　公司登记事项发生变更的，应当依法办理变更登记。 公司登记事项未经登记或者未经变更登记，不得对抗善意相对人。

【重点解读】

本条是关于变更登记的规定。

新《公司法》对2018年《公司法》第三十二条第三款有关内容进行修订后调整至第三十四条。

对于未经登记或未经变更登记的事项，新《公司法》强调"不得对抗善意相对人"，而不是笼统地说"第三人"。新《公司法》引入的"善意相对人"的概念，比2018年版本的"第三人"更具有针对性，意味着只有当相对人在不知情且无过错的前提下，才能主张未经登记或变更登记的事项无效。

第三十五条　变更登记的申请材料

第三十五条　公司申请变更登记，应当向公司登记机关提交公司法定代表人签署的变更登记申请书、依法作出的变更决议或者决定等文件。

公司变更登记事项涉及修改公司章程的，应当提交修改后的公司章程。

公司变更法定代表人的，变更登记申请书由变更后的法定代表人签署。

【重点解读】

本条是关于变更登记所需材料的规定。

本条属于新增条款，吸收借鉴了《中华人民共和国市场主体登记管理条例》第三十一条、第三十二条、第三十三条的有关规定。本条文旨在确保公司变更行为的合法性和透明度，通过规范化的变更登记程序，保护公司、股东、债权人及交易相对方的合法权益，同时这也是公司治理结构和公示公信原则的有力体现。

第三十六条　营业执照换发

第三十六条　公司营业执照记载的事项发生变更的，公司办理变更登记后，由公司登记机关换发营业执照。

【新旧条文对照】

2018年《公司法》	2024年《公司法》
第七条第三款　公司营业执照记载的事项发生变更的，公司应当依法办理变更登记，由公司登记机关换发营业执照。	第三十六条　公司营业执照记载的事项发生变更的，公司办理变更登记后，由公司登记机关换发营业执照。

【重点解读】

本条是关于换发营业执照的规定。

与2018年《公司法》相比，新《公司法》在条文顺序上进行了调整，将原来的第七条第三款有关内容调整至第三十六条。

新《公司法》将2018年《公司法》第七条第三款中"公司应当依法办理变更登记"的表述，改为"公司办理变更登记后"。该项修改展现了更明确的操作顺序，强调在公司办理变更登记完毕后，公司登记机关才能换发营业执照。这种更明确的文字表述有助于防止产生误解，减少发生不必要的法律纠纷。

2.3 注销、设立分公司、虚假撤销的相关规定

第三十七条 注销登记

第三十七条 公司因解散、被宣告破产或者其他法定事由需要终止的，应当依法向公司登记机关申请注销登记，由公司登记机关公告公司终止。

【重点解读】

本条是关于注销登记的规定。

与2018年《公司法》相比，本条属于新增条款。

本条强调了公司终止经营时的法定程序，确保公司在退出市场时，其法律责任和债务清理等事宜能得到妥善处理，同时这也保障了良好的市场秩序和交易安全。

第三十八条 设立分公司登记

第三十八条 公司设立分公司，应当向公司登记机关申请登记，领取营业执照。

【新旧条文对照】

2018年《公司法》	2024年《公司法》
第十四条第一款 公司~~可以设立分公司。~~设立分公司，应当向公司登记机关申请登记，领取营业执照。~~分公司不具有法人资格，其民事责任由公司承担。~~	第三十八条 公司设立分公司，应当向公司登记机关申请登记，领取营业执照。

【重点解读】

本条是关于分公司的设立的规定。

与2018年《公司法》相比，新《公司法》在条文顺序上进行了调

整，将原来的第十四条第一款有关内容调整至第三十八条。

新《公司法》第三十八条并未明确规定分公司的法人资格和民事责任归属，不意味着分公司的法律地位有所改变，因为相关内容已在新《公司法》第十三条第二款中被提及。调整后，新《公司法》仍维持了分公司设立的基本程序要求，但在法条内容表述上更加简洁、明了。

第三十九条　虚假登记的撤销

第三十九条　虚报注册资本、提交虚假材料或者采取其他欺诈手段隐瞒重要事实取得公司设立登记的，公司登记机关应当依照法律、行政法规的规定予以撤销。

【新旧条文对照】

2018年《公司法》	2024年《公司法》
第一百九十八条　~~违反本法规定，~~虚报注册资本、提交虚假材料或者采取其他欺诈手段隐瞒重要事实取得公司登记的，~~由公司登记机关责令改正，对虚报注册资本的公司，处以虚报注册资本金额百分之五以上百分之十五以下的罚款；对提交虚假材料或者采取其他欺诈手段隐瞒重要事实的公司，处以五万元以上五十万元以下的罚款；情节严重的，撤销公司登记或者吊销营业执照。~~	第三十九条　虚报注册资本、提交虚假材料或者采取其他欺诈手段隐瞒重要事实取得公司设立登记的，公司登记机关应当依照法律、行政法规的规定予以撤销。

【重点解读】

本条是关于撤销虚假登记的应当撤销登记的规定。

2018年《公司法》第一百九十八条对几种不同情况进行了详细规定。新《公司法》第三十九条则将撤销公司虚假登记独立为一个新条文，且不再以"情节严重"为撤销登记的前提。

本条可能吸收借鉴了《中华人民共和国市场主体登记管理条例》第四十条的有关内容。《中华人民共和国市场主体登记管理条例》第四十条规定："提交虚假材料或者采取其他欺诈手段隐瞒重要事实取得市场主体登记的，受虚假市场主体登记影响的自然人、法人和其他组织可以向登记机关提出撤销市场主体登记的申请……相关市场主体及其利害关系人在公示期内没有提出异议的，登记机关可以撤销市场主体登记……登记机关应当通过国家企业信用信息公示系统予以公示。"

本条在吸收借鉴《中华人民共和国市场主体登记管理条例》第四十条的有关内容的同时，简化了登记机关调查程序等方面的内容，仅用"应当依照法律、行政法规的规定"表述，显得更加简洁。同时，这显示出立法导向更侧重于对市场主体准入资格的严肃性和真实性把控，以及对违法行为的直接矫正效果。

2.4　信息公示系统与优化登记服务的相关规定

第四十条　信息公示系统公示

第四十条　公司应当按照规定通过国家企业信用信息公示系统公示下列事项：

（一）有限责任公司股东认缴和实缴的出资额、出资方式和出资日期，股份有限公司发起人认购的股份数；

（二）有限责任公司股东、股份有限公司发起人的股权、股份变更信息；

（三）行政许可取得、变更、注销等信息；

（四）法律、行政法规规定的其他信息。

公司应当确保前款公示信息真实、准确、完整。

【重点解读】

本条是关于企业信息公示系统公示事项的规定。

本条属于新增条款，吸收借鉴了《企业信息公示暂行条例》第十条有关内容。

《企业信息公示暂行条例》第十条规定："企业应当自下列信息形成之日起20个工作日内通过企业信用信息公示系统向社会公示：（一）有限责任公司股东或者股份有限公司发起人认缴和实缴的出资额、出资时间、出资方式等信息；（二）有限责任公司股东股权转让等股权变更信息；（三）行政许可取得、变更、延续信息；（四）知识产权出质登记信息；（五）受到行政处罚的信息；（六）其他依法应当公示的信息。"

新增的这条规定有利于提升公司运营的信息透明度，以便其他企业、投资者、政府等对公司的审查和监督，从而保证市场的健康运营。同时，这也是对公司公示信息行为的进一步规范，强调了公司需要公示的具体内容和信息的真实性。

第四十一条　优化公司登记服务

第四十一条　公司登记机关应当优化公司登记办理流程，提高公司登记效率，加强信息化建设，推行网上办理等便捷方式，提升公司登记便利化水平。

国务院市场监督管理部门根据本法和有关法律、行政法规的规定，制定公司登记注册的具体办法。

【重点解读】

本条是关于优化公司登记服务的规定。

与2018年《公司法》相比，本条属于新增条款，吸收借鉴了《中华人民共和国市场主体登记管理条例》第六条的有关规定，所涉及的调整对象为登记机关而非公司。

《中华人民共和国市场主体登记管理条例》第六条规定："国务院市场监督管理部门应当加强信息化建设，制定统一的市场主体登记数据和系统建设规范。县级以上地方人民政府承担市场主体登记工作的部门

（以下称登记机关）应当优化市场主体登记办理流程，提高市场主体登记效率，推行当场办结、一次办结、限时办结等制度，实现集中办理、就近办理、网上办理、异地可办，提升市场主体登记便利化程度。"

　　新增的这一条款，可能是为了适应时代发展，体现了在制度价值取向上从安全优先转向了效率优先，有利于降低公司设立的难度和复杂度，提升公司登记的效率和便利性。

第3章
有限责任公司的设立和组织机构

3.1 设立

第四十二条 股东数

第四十二条 有限责任公司由一个以上五十个以下股东出资设立。

【新旧条文对照】

2018年《公司法》	2024年《公司法》
第二十四条 有限责任公司由五十个以下股东出资设立。	第四十二条 有限责任公司由一个以上五十个以下股东出资设立。

【重点解读】

本条是关于有限责任公司的股东数的规定。

与2018年《公司法》相比，新《公司法》在条文顺序上作了调整，将原来的第二十四条变成现在的第四十二条，增加了"一个以上"的表述，明确指出了有限责任公司必须至少有一个股东。

根据本条规定，有限责任公司的股东数应当限定在一个以上至五十个以下。对于"以上"和"以下"的界定，由于《公司法》本身没有给出具体解释，因此应当参考《民法典》第一千二百五十九条的相关规定，即"以上""以下""以内""届满"包括本数；"不满""超过""以外"则不包括本数。据此，有限责任公司至少应当有一个股东，而股东人数的上限为五十个。

第四十三条　设立协议

第四十三条　有限责任公司设立时的股东可以签订设立协议，明确各自在公司设立过程中的权利和义务。

【重点解读】

本条是关于有限责任公司设立协议的规定。

本条属于新增条款。

本条明确了有限责任公司设立时股东可以签订设立协议。这一规定与本法第九十三条的股份有限公司发起人协议相对应，凸显了有限责任公司与股份有限公司在设立程序上的差别。与股份有限公司发起人协议的强制性（使用"应当"一词）不同，有限责任公司的设立协议并非必须签订（使用"可以"一词），由股东自主选择。

设立协议，亦被称为股东协议，是在公司设立之前由股东共同签署的，其主要目的是明确各股东在公司设立过程中的具体权利和义务，并以此约束签署协议的股东之间的相互关系。与此不同，公司章程是在公司成立后生效的，对公司、股东、董事、监事、高级管理人员等均具有约束力。

需要注意的是，由于订立协议至少需要两个当事人，因此本条规定不适用于只有一个股东的有限责任公司。

第四十四条　设立行为的法律后果

第四十四条　有限责任公司设立时的股东为设立公司从事的民事活动，其法律后果由公司承受。

公司未成立的，其法律后果由公司设立时的股东承受；设立时的股东为二人以上的，享有连带债权，承担连带债务。

设立时的股东为设立公司以自己的名义从事民事活动产生的民事责任，第三人有权选择请求公司或者公司设立时的股东承担。

设立时的股东因履行公司设立职责造成他人损害的，公司或者无过错的股东承担赔偿责任后，可以向有过错的股东追偿。

【重点解读】

本条是关于公司设立行为的法律后果的规定。

与2018年《公司法》相比，本条属于新增条款，增加了关于设立时股东的责任规定。新《公司法》明确规定，设立时的股东在有限责任公司成立之前，如果以自己的名义为设立公司从事民事活动，所产生的法律后果由公司或设立时的股东承担。此条文可以更好地保护第三人的利益，避免因公司尚未成立而导致的责任不明确的情况。

1. 明确连带责任

如果设立时的股东为两人以上，他们需要承担连带责任。这意味着第三人可以要求任何一个股东承担全部责任，而该股东在承担责任后可以向其他未承担责任的股东追偿。此条文可以促使股东之间互相监督，避免因个别股东的违法行为损害第三人的利益。

2. 保护无辜股东

此条文还规定了在公司或某些股东承担赔偿责任后，无过错股东可以向有过错的股东进行追偿。这可以避免无辜的股东为其他有过错股东的行为承担责任，确保公平性。

3. 防范风险

增加此条文可以更好地防范和解决公司设立过程中产生的各种民事责任纠纷，有助于维护市场交易秩序和促进经济发展。

第四十五条　章程制定

第四十五条　设立有限责任公司，应当由股东共同制定公司章程。

【新旧条文对照】

2018年《公司法》	2024年《公司法》
第二十三条　设立有限责任公司，应当~~具备下列条件：~~ ~~（一）股东符合法定人数；~~ ~~（二）有符合公司章程规定的全体股东认缴的出资额；~~ （三）股东共同制定公司章程； ~~（四）有公司名称，建立符合有限责任公司要求的组织机构；~~ ~~（五）有公司住所。~~	第四十五条　设立有限责任公司，应当由股东共同制定公司章程。

【重点解读】

本条是关于有限责任公司章程制定的规定。

与2018年《公司法》相比，新《公司法》删除了"（一）股东符合法定人数；（二）有符合公司章程规定的全体股东认缴的出资额；（四）有公司名称，建立符合有限责任公司要求的组织机构；（五）有公司住所"的内容，仅保留了"股东共同制定公司章程"的要求。

这一变化意味着在设立有限责任公司时，股东法定人数、股东的认缴出资额、组织机构及公司住所不必符合公司章程的规定，目的是简化公司设立流程、适应市场需求和保障股东权益。

条文强调了股东在公司章程制定中的共同决策权，有利于促进股东之间的沟通和合作，确保公司章程的制定更加科学、合理和民主。同时，这也能够提高公司的治理水平和稳定性，减少因公司章程制定不当而引发的纠纷和矛盾。

第四十六条　有限责任公司章程的内容

第四十六条　有限责任公司章程应当载明下列事项：

（一）公司名称和住所；

（二）公司经营范围；

（三）公司注册资本；

（四）股东的姓名或者名称；

（五）股东的出资额、出资方式和出资日期；

（六）公司的机构及其产生办法、职权、议事规则；

（七）公司法定代表人的产生、变更办法；

（八）股东会认为需要规定的其他事项。

股东应当在公司章程上签名或者盖章。

【新旧条文对照】

2018年《公司法》	2024年《公司法》
第二十五条　有限责任公司章程应当载明下列事项： （一）公司名称和住所； （二）公司经营范围； （三）公司注册资本； （四）股东的姓名或者名称； （五）股东的出资方式、出资额和出资时间； （六）公司的机构及其产生办法、职权、议事规则； （七）公司法定代表人； （八）股东会会议认为需要规定的其他事项。 股东应当在公司章程上签名、盖章。	第四十六条　有限责任公司章程应当载明下列事项： （一）公司名称和住所； （二）公司经营范围； （三）公司注册资本； （四）股东的姓名或者名称； （五）股东的出资额、出资方式和出资日期； （六）公司的机构及其产生办法、职权、议事规则； （七）公司法定代表人的产生、变更办法； （八）股东会认为需要规定的其他事项。 股东应当在公司章程上签名或者盖章。

【重点解读】

本条是关于有限责任公司章程内容的规定。

新《公司法》将2018年《公司法》第二十五条调整至第四十六条，并将第（五）条"出资时间"调整为"出资日期"，将第（七）条"公司法定代表人"调整为"公司法定代表人的产生、变更办法"，将"股东会会议"调整为"股东会",将"签名、盖章"调整为"签名或者盖章"。

(1)将"出资时间"调整为"出资日期",强调了出资的具体时间点,而不是一个时间段。这有助于避免模糊和歧义,使得公司股东和相关利益方能够更加清晰地了解股东的出资义务和责任。

(2)将"公司法定代表人"调整为"公司法定代表人的产生、变更办法",是为了明确公司法定代表人如何产生、如何变更,有助于公司内部治理的规范化和透明化。同时,这也避免了因规定不明确而可能引发的纠纷。

(3)将"签名、盖章"调整为"签名或者盖章",这一调整给予了股东更大的自主权。

新《公司法》对于有限责任公司章程的规定进行修改和调整,是为了更好地适应公司发展的需要和市场环境的变化,同时也是为了保证公司的健康、稳定和长久发展。股东在制定和修改公司章程的过程中,需要充分考虑公司的实际情况和未来发展需要,同时也需要遵循法律法规的要求,确保公司章程的合法性、公正性和透明性。

第四十七条　注册资本认缴与出资期限

第四十七条　有限责任公司的注册资本为在公司登记机关登记的全体股东认缴的出资额。全体股东认缴的出资额由股东按照公司章程的规定自公司成立之日起五年内缴足。

法律、行政法规以及国务院决定对有限责任公司注册资本实缴、注册资本最低限额、股东出资期限另有规定的,从其规定。

第 3 章 | 有限责任公司的设立和组织机构

【新旧条文对照】

2018年《公司法》	2024年《公司法》
第二十六条　有限责任公司的注册资本为在公司登记机关登记的全体股东认缴的出资额。 法律、行政法规以及国务院决定对有限责任公司注册资本实缴、注册资本最低限额另有规定的，从其规定。	第四十七条　有限责任公司的注册资本为在公司登记机关登记的全体股东认缴的出资额。全体股东认缴的出资额由股东按照公司章程的规定自公司成立之日起五年内缴足。 法律、行政法规以及国务院决定对有限责任公司注册资本实缴、注册资本最低限额、股东出资期限另有规定的，从其规定。

【重点解读】

本条是关于有限责任公司注册资本认缴登记的规定，是本次修订最大限度变更的法条。

与2018年《公司法》相比，新《公司法》在条文顺序上作了调整，将原来的第二十六条变成现在的第四十七条，新增了"全体股东认缴的出资额由股东按照公司章程的规定自公司成立之日起五年内缴足"和"股东出资期限"的内容。

新增"全体股东认缴的出资额由股东按照公司章程的规定自公司成立之日起五年内缴足"是为了限制股东的出资期限，避免实践中出现的设置过长出资期限、逃避债务等滥用股东有限责任制度的行为。通过设定最长五年的出资期限，可以促使股东在公司成立初期就承担起应有的出资责任，从而确保公司注册资本的真实性和充实性。

"五年内实缴注册资本"仅针对有限责任公司，不适用于股份有限公司。股份有限公司的注册资本须在公司成立之时就已经实缴到位。

同时，五年实缴期限并不是赋予公司股东随意选择出资时间的权利。公司股东仍需按照公司章程中规定的期限来履行出资义务。若章程规定期限少于五年，则必须按期出资，否则将承担违约责任。若章程规定期限超过五年，股东仍须在五年内完成出资，不能按照章程的更长期限执行。

新增"股东出资期限"是为了降低债权人的交易信用判断成本和诉讼成本，提高债权人对公司注册资本的信赖度。

根据本条第二款中的"另有规定的，从其规定"可知并非所有情况都必须严格遵循五年实缴的期限，期待相关部门能够尽快出台更加详细和具有操作性的规定或司法解释，以进一步明确不同类型公司和行业在实缴出资方面的具体要求，为市场主体提供更加清晰和稳定的法律环境。

第四十八条　股东出资方式

第四十八条　股东可以用货币出资，也可以用实物、知识产权、土地使用权、**股权**、**债权**等可以用货币估价并可以依法转让的非货币财产作价出资；但是，法律、行政法规规定不得作为出资的财产除外。

对作为出资的非货币财产应当评估作价，核实财产，不得高估或者低估作价。法律、行政法规对评估作价有规定的，从其规定。

【新旧条文对照】

2018年《公司法》	2024年《公司法》
第二十七条　股东可以用货币出资，也可以用实物、知识产权、土地使用权等可以用货币估价并可以依法转让的非货币财产作价出资；但是，法律、行政法规规定不得作为出资的财产除外。 对作为出资的非货币财产应当评估作价，核实财产，不得高估或者低估作价。法律、行政法规对评估作价有规定的，从其规定。	第四十八条　股东可以用货币出资，也可以用实物、知识产权、土地使用权、**股权**、**债权**等可以用货币估价并可以依法转让的非货币财产作价出资；但是，法律、行政法规规定不得作为出资的财产除外。 对作为出资的非货币财产应当评估作价，核实财产，不得高估或者低估作价。法律、行政法规对评估作价有规定的，从其规定。

【重点解读】

本条是关于股东出资方式、出资评估的规定。

与2018年《公司法》相比，新《公司法》在其第二十七条的规定上新增了股权、债权出资方式。这一变化反映了商业实践的发展需求，并为资产盘活和有效利用提供了更多途径。

本条第一款是关于股东出资方式的规定。股东出资方式包括货币出资和非货币出资。非货币财产包括实物、知识产权、土地使用权、股权、债权等。这里的"非货币财产"必须具有合法性、可转让性和可评估性。

同时，条文中也提到法律、行政法规规定不得作为出资的财产除外。如根据《中华人民共和国市场主体登记管理条例》，公司股东、非公司企业法人出资人、农民专业合作社（联合社）成员不得以劳务、信用、自然人姓名、商誉、特许经营权或者设定担保的财产等作价出资。

本条第二款是关于非货币财产出资评估作价的规定，即"应当评估作价，核实财产，不得高估或者低估作价"。与此相对应，新《公司法》第五十条、第八十八条第二款和第九十九条分别是对股东或发起人实际出资的非货币财产的实际价额显著低于所认缴的出资额或所认购的股份的补足责任的规定。

此外，本款中"法律、行政法规对评估作价有规定的，从其规定"意味着在用非货币财产出资时，必须遵循其他相关法律和行政法规中关于评估作价的明确规定。

需要注意的是，股权、债权出资属于非货币财产出资，必须经过严格的评估程序并办理相应的产权过户和权利转让等手续，以确保出资行为的有效性及合法性，这样做有助于避免因出资不实或程序瑕疵导致的争议或财务损失。

第四十九条　未按期足额出资的赔偿责任

第四十九条　股东应当按期足额缴纳公司章程规定的各自所认缴的

新公司法条文对照与重点解读

出资额。

股东以货币出资的，应当将货币出资足额存入有限责任公司在银行开设的账户；以非货币财产出资的，应当依法办理其财产权的转移手续。

股东未按期足额缴纳出资的，除应当向公司足额缴纳外，还应当对给公司造成的损失承担赔偿责任。

【新旧条文对照】

2018年《公司法》	2024年《公司法》
第二十八条　股东应当按期足额缴纳公司章程中规定的各自所认缴的出资额。股东以货币出资的，应当将货币出资足额存入有限责任公司在银行开设的账户；以非货币财产出资的，应当依法办理其财产权的转移手续。 股东不按照前款规定缴纳出资的，除应当向公司足额缴纳外，还应当向已按期足额缴纳出资的股东承担违约责任。	第四十九条　股东应当按期足额缴纳公司章程规定的各自所认缴的出资额。 股东以货币出资的，应当将货币出资足额存入有限责任公司在银行开设的账户；以非货币财产出资的，应当依法办理其财产权的转移手续。 股东未按期足额缴纳出资的，除应当向公司足额缴纳外，还应当对给公司造成的损失承担赔偿责任。

【重点解读】

本条是关于股东未按期足额缴纳出资应对公司承担赔偿责任的规定。

与2018年《公司法》相比，新《公司法》将"不按照前款规定缴纳出资"调整为"未按期足额缴纳出资"，将"向已按期足额缴纳出资的股东承担违约责任"调整为"对给公司造成的损失承担赔偿责任"。

新《公司法》将"不按照前款规定缴纳出资"调整为"未按期足额缴纳出资"，旨在提高法律条文的准确性和可操作性，更加明确了股东出资的期限和金额要求，强调了股东应当按照约定的期限和金额履行出资义务。

这一调整突出了出资期限和足额缴纳的重要性，有利于规范公司治理和保护公司及股东的利益，有助于避免因股东出资不足或延迟出资带来的潜在风险和问题，例如公司资本充足率不足、影响公司信用等。

新《公司法》将"向已按期足额缴纳出资的股东承担违约责任"调整为"对给公司造成的损失承担赔偿责任"，旨在增加股东违规的成本，加强对公司的保护，避免因股东未足额缴纳出资而损害公司的利益。

同时，这也提醒股东相关方在缴纳出资时，应当认真履行自己的义务，确保行为的合法性和合规性。

第五十条　出资不足或出资不实的连带责任

第五十条　有限责任公司设立时，股东未按照公司章程规定实际缴纳出资，或者实际出资的非货币财产的实际价额显著低于所认缴的出资额的，设立时的其他股东与该股东在出资不足的范围内承担连带责任。

【新旧条文对照】

2018年《公司法》	2024年《公司法》
第三十条　有限责任公司成立后，发现作为设立公司出资的非货币财产的实际价额显著低于公司章程所定价额的，应当由交付该出资的股东补足其差额；公司设立时的其他股东承担连带责任。	第五十条　有限责任公司设立时，股东未按照公司章程规定实际缴纳出资，或者实际出资的非货币财产的实际价额显著低于所认缴的出资额的，设立时的其他股东与该股东在出资不足的范围内承担连带责任。

【重点解读】

本条是关于公司设立时股东出资不足或出资不实的责任的规定。

1. 明确责任时间点

与2018年《公司法》相比，新《公司法》将"成立后"调整为"设立时"，能够更准确地界定责任的承担时间。2018年《公司法》

的"成立后"可能存在歧义，改为"设立时"则明确了在公司设立阶段，即股东出资的阶段，股东就应该承担相应的责任。

2. 扩大责任范围

新《公司法》增加了"实际出资的非货币财产的实际价额显著低于所认缴的出资额的"这一情形，扩大了股东需要承担连带责任的范围。这意味着，不仅在某股东未足额缴纳出资的情况下，其他股东要承担连带责任，而且在某股东以非货币财产出资但该财产的实际价值显著低于所认缴的出资额的情况下，其他股东也要承担连带责任。

3. 加强股东间的连带责任

2018年《公司法》中只规定了"公司设立时的其他股东承担连带责任"，而新《公司法》则明确指出，"设立时的其他股东与该股东在出资不足的范围内承担连带责任"。这一调整加强了股东之间的连带责任，有利于促使其他股东更加关注和监督出资不足的股东的行为，同时也有助于保护公司的利益和债权人的权益。

4. 防范虚假出资和抽逃出资

新《公司法》能更好地防范虚假出资和抽逃出资等行为。其他股东与出资不足的股东在出资不足的范围内承担连带责任，有助于遏制虚假出资或抽逃出资等不法行为。

第五十一条　董事会资本充实责任

第五十一条　有限责任公司成立后，董事会应当对股东的出资情况进行核查，发现股东未按期足额缴纳公司章程规定的出资的，应当由公司向该股东发出书面催缴书，催缴出资。

未及时履行前款规定的义务，给公司造成损失的，负有责任的董事应当承担赔偿责任。

【重点解读】

本条是关于董事会资本充实责任的规定。

与2018年《公司法》相比，本条属于新增条款，目的是确保公司资本的充足和到位，维护公司的正常运营和合法权益，同时加强对董事行为的规范和约束，以防止因董事未尽职履行义务而给公司造成损失。

该条提醒董事会有义务核查股东的出资情况，确保所有股东都已按照公司章程的规定足额出资，要求董事会要时刻保持警觉，采取必要的措施，确保所有股东都已按照公司章程的规定足额出资。

第五十二条　催缴出资及失权制度

第五十二条　股东未按照公司章程规定的出资日期缴纳出资，公司依照前条第一款规定发出书面催缴书催缴出资的，可以载明缴纳出资的宽限期；宽限期自公司发出催缴书之日起，不得少于六十日。宽限期届满，股东仍未履行出资义务的，公司经董事会决议可以向该股东发出失权通知，通知应当以书面形式发出。自通知发出之日起，该股东丧失其未缴纳出资的股权。

依照前款规定丧失的股权应当依法转让，或者相应减少注册资本并注销该股权；六个月内未转让或者注销的，由公司其他股东按照其出资比例足额缴纳相应出资。

股东对失权有异议的，应当自接到失权通知之日起三十日内，向人民法院提起诉讼。

【重点解读】

本条是关于股东催缴失权制度的规定。

与2018年《公司法》相比，本条属于新增条款，目的是确保公司资本的充足和到位，防止因股东未按时出资而导致的公司运营风险。

（1）条文规定对于未按照规定时间缴纳出资的股东，公司有权催缴，并在催缴无效后发出失权通知。这一系列措施旨在防止股东滥用权利，确保公司资本的充足和稳定。

（2）条文明确规定股东的出资日期和宽限期，并在宽限期届满后采取措施，提醒股东及时履行出资义务。这一措施旨在保障公司的正常运营，确保公司有足够的资本进行业务活动。

（3）条文规定股东未按时缴纳出资的法律后果，可以有效规避潜在的法律风险，保护公司的合法权益不受侵犯。通过依法追究未履行出资义务的股东的责任，可以减少公司因股东未履行出资义务而遭受的损失。

（4）条文规定股东对失权有异议的可提起诉讼，这旨在保障股东权利，确保他们在权益受到侵害时有法律途径进行维权。

第五十三条　股东抽逃出资的责任

第五十三条　公司成立后，股东不得抽逃出资。

违反前款规定的，股东应当返还抽逃的出资；给公司造成损失的，负有责任的董事、监事、高级管理人员应当与该股东承担连带赔偿责任。

【新旧条文对照】

2018年《公司法》	2024年《公司法》
第三十五条　公司成立后，股东不得抽逃出资。	第五十三条　公司成立后，股东不得抽逃出资。 违反前款规定的，股东应当返还抽逃的出资；给公司造成损失的，负有责任的董事、监事、高级管理人员应当与该股东承担连带赔偿责任。

【重点解读】

本条是关于禁止股东抽逃出资的规定。

与2018年《公司法》相比，新《公司法》在该条增加了"违反前款规定的，股东应当返还抽逃的出资；给公司造成损失的，负有责任的董事、监事、高级管理人员应当与该股东承担连带赔偿责任"的内容。

这一规定强化了对股东行为的约束，防止股东在公司成立后擅自转移资金或撤资，从而确保公司的稳定运营和持续发展。

新《公司法》不仅要求股东返还抽逃的出资，还规定了负有责任的董事、监事、高级管理人员的连带赔偿责任，明确了责任追究机制，有助于加强对相关责任人的法律约束和惩罚。

第五十四条　出资加速到期制度

第五十四条　公司不能清偿到期债务的，公司或者已到期债权的债权人有权要求已认缴出资但未届出资期限的股东提前缴纳出资。

【重点解读】

本条是关于出资加速到期制度的规定。

与2018年《公司法》相比，本条属于新增条款，目的是保护公司和债权人的利益。在公司无法清偿债务的情况下，公司或者已到期债权的债权人要求未届出资期限的股东提前缴纳出资，可以增强公司的偿债能力，避免公司因无法清偿债务而陷入破产的境地。

第五十五条　出资证明书

第五十五条　有限责任公司成立后，应当向股东签发出资证明书，记载下列事项：

（一）公司名称；

（二）公司成立日期；

（三）公司注册资本；

（四）股东的姓名或者名称、认缴和实缴的出资额、出资方式和出资日期；

（五）出资证明书的编号和核发日期。

出资证明书由法定代表人签名，并由公司盖章。

新公司法条文对照与重点解读

【新旧条文对照】

2018年《公司法》	2024年《公司法》
第三十一条　有限责任公司成立后，应当向股东签发出资证明书。 出资证明书应当载明下列事项： （一）公司名称； （二）公司成立日期； （三）公司注册资本； （四）股东的姓名或者名称、缴纳的出资额和出资日期； （五）出资证明书的编号和核发日期。 出资证明书由公司盖章。	第五十五条　有限责任公司成立后，应当向股东签发出资证明书，记载下列事项： （一）公司名称； （二）公司成立日期； （三）公司注册资本； （四）股东的姓名或者名称、认缴和实缴的出资额、出资方式和出资日期； （五）出资证明书的编号和核发日期。 出资证明书由法定代表人签名，并由公司盖章。

【重点解读】

本条是关于出资证明书的规定。

与2018年《公司法》相比，新《公司法》将原条款中的"缴纳的出资额"调整为"认缴和实缴的出资额"，并增加了"出资方式"的内容。这一变化反映了当前公司注册资本制度的改革，即从实缴制转变为认缴制。新规定要求公司在章程中记载股东的认缴和实缴出资额及出资方式，可以更好地保护股东的权益，同时也有利于规范公司的注册资本管理。

与2018年《公司法》相比，新《公司法》将"出资证明书由公司盖章"调整为"出资证明书由法定代表人签名，并由公司盖章"。这一变化强调了法定代表人签名的必要性，增加了证明书的权威性和可信度。同时，这也表明在新《公司法》框架下，法定代表人的地位和作用得到了进一步的加强和明确。

第五十六条　股东名册

第五十六条　有限责任公司应当置备股东名册，记载下列事项：

（一）股东的姓名或者名称及住所；

（二）股东认缴和实缴的出资额、出资方式和出资日期；

（三）出资证明书编号；

（四）取得和丧失股东资格的日期。

记载于股东名册的股东，可以依股东名册主张行使股东权利。

【新旧条文对照】

2018年《公司法》	2024年《公司法》
第三十二条　有限责任公司应当置备股东名册，记载下列事项： （一）股东的姓名或者名称及住所； （二）股东的出资额； （三）出资证明书编号。 记载于股东名册的股东，可以依股东名册主张行使股东权利。 ~~公司应当将股东的姓名或者名称向公司登记机关登记；登记事项发生变更的，应当办理变更登记。未经登记或者变更登记的，不得对抗第三人。~~	第五十六条　有限责任公司应当置备股东名册，记载下列事项： （一）股东的姓名或者名称及住所； （二）股东认缴和实缴的出资额、出资方式和出资日期； （三）出资证明书编号； （四）取得和丧失股东资格的日期。 记载于股东名册的股东，可以依股东名册主张行使股东权利。

【重点解读】

本条是关于有限责任公司股东名册的规定。

与2018年《公司法》相比，新《公司法》调整内容如下。

（1）将"出资额"调整为"认缴和实缴的出资额"，反映了从实缴制到认缴制的转变，这样可以更全面地反映股东的出资情况。

（2）增加"出资方式和出资日期"，使得股东名册的信息更为详尽。出资方式明确了股东是现金出资、实物出资还是知识产权出资等，而出资日期则明确了股东的出资时间。

（3）增加"（四）取得和丧失股东资格的日期"有助于处理股东纠纷、股权转让等情况。

（4）删除"公司应当将股东的姓名或者名称向公司登记机关登记；登记事项发生变更的，应当办理变更登记。未经登记或者变更登记的，不得对抗第三人"的内容，有助于简化操作流程，提高公司的运营效率。

虽然删除了"不得对抗第三人"的内容，但新《公司法》仍然强调了保护第三人利益的重要性。公司应当保持透明度，确保其登记信息的准确性和完整性，以保护第三人的利益和商业交易的公平性。

第五十七条　股东知情权

第五十七条　股东有权查阅、复制公司章程、股东名册、股东会会议记录、董事会会议决议、监事会会议决议和财务会计报告。

股东可以要求查阅公司会计账簿、会计凭证。股东要求查阅公司会计账簿、会计凭证的，应当向公司提出书面请求，说明目的。公司有合理根据认为股东查阅会计账簿、会计凭证有不正当目的，可能损害公司合法利益的，可以拒绝提供查阅，并应当自股东提出书面请求之日起十五日内书面答复股东并说明理由。公司拒绝提供查阅的，股东可以向人民法院提起诉讼。

股东查阅前款规定的材料，可以委托会计师事务所、律师事务所等中介机构进行。

股东及其委托的会计师事务所、律师事务所等中介机构查阅、复制有关材料，应当遵守有关保护国家秘密、商业秘密、个人隐私、个人信息等法律、行政法规的规定。

股东要求查阅、复制公司全资子公司相关材料的，适用前四款的规定。

第 3 章 | 有限责任公司的设立和组织机构

【新旧条文对照】

2018年《公司法》	2024年《公司法》
第三十三条　股东有权查阅、复制公司章程、股东会会议记录、董事会会议决议、监事会会议决议和财务会计报告。 　　股东可以要求查阅公司会计账簿。股东要求查阅公司会计账簿的，应当向公司提出书面请求，说明目的。公司有合理根据认为股东查阅会计账簿有不正当目的，可能损害公司合法利益的，可以拒绝提供查阅，并应当自股东提出书面请求之日起十五日内书面答复股东并说明理由。公司拒绝提供查阅的，股东可以请求人民法院要求公司提供查阅。	第五十七条　股东有权查阅、复制公司章程、股东名册、股东会会议记录、董事会会议决议、监事会会议决议和财务会计报告。 　　股东可以要求查阅公司会计账簿、会计凭证。股东要求查阅公司会计账簿、会计凭证的，应当向公司提出书面请求，说明目的。公司有合理根据认为股东查阅会计账簿、会计凭证有不正当目的，可能损害公司合法利益的，可以拒绝提供查阅，并应当自股东提出书面请求之日起十五日内书面答复股东并说明理由。公司拒绝提供查阅的，股东可以向人民法院提起诉讼。 　　股东查阅前款规定的材料，可以委托会计师事务所、律师事务所等中介机构进行。 　　股东及其委托的会计师事务所、律师事务所等中介机构查阅、复制有关材料，应当遵守有关保护国家秘密、商业秘密、个人隐私、个人信息等法律、行政法规的规定。 　　股东要求查阅、复制公司全资子公司相关材料的，适用前四款的规定。

【重点解读】

本条是关于有限责任公司股东知情权的规定。

与2018年《公司法》相比，新《公司法》调整内容如下。

（1）在股东有权查阅的文件方面，新《公司法》增加了"股东名册"。随着公司运营的复杂度增加，股东名册是确保股东权益的重要参考，明确股东结构和股权变动有助于减少股权纠纷，更全面地保障股东的知情权，确保股东了解公司的股权结构和变动情况。

（2）在股东可以要求查阅的文件方面，新《公司法》增加了"会计凭证"。会计凭证是财务操作的直接证据，帮助股东更深入地了解公司的财务状况，避免出现财务欺诈或不当操作。

（3）将"请求人民法院要求公司提供查阅"调整为"向人民法院提起诉讼"，目的是当公司拒绝提供查阅时，股东可以更直接地寻求法律救济。

（4）增加关于中介机构的规定的内容，确保中介机构在协助股东行使知情权时，既能提供专业支持，又能遵守法律规定，保护公司的合法权益。

3.2　组织机构

第五十八条　股东会的组成及地位

第五十八条　有限责任公司股东会由全体股东组成。股东会是公司的权力机构，依照本法行使职权。

【新旧条文对照】

2018年《公司法》	2024年《公司法》
第三十六条　有限责任公司股东会由全体股东组成。股东会是公司的权力机构，依照本法行使职权。	第五十八条　有限责任公司股东会由全体股东组成。股东会是公司的权力机构，依照本法行使职权。

【重点解读】

本条是关于股东会组成及其法律地位的规定。

与2018年《公司法》相比，新《公司法》只在条文顺序上作了调整，将原来的第三十六条变成现在的第五十八条，内容上没作任何修改。

1. 股东会的组成

有限责任公司股东会是由全体股东组成。这里的"全体股东"指的是具有公司股东资格的所有主体，无论其持股量、出资状态、是否担任董监高或民事行为能力如何，均享有平等参与和决策的权利。

2. 股东会的法律地位

股东会是公司的权力机构。公司的重大事项，包括人事任免（如董事、监事）和其他可能对公司产生深远影响的决策，都必须经过股东会的审议和批准。

需要注意的是，"依照本法行使职权"这一表述强调了股东会在行使其权力时，必须遵循《公司法》中的相关法律、法规的规定，否则可能导致股东会决议存在效力瑕疵。

第五十九条　股东会职权

第五十九条　股东会行使下列职权：

（一）选举和更换董事、监事，决定有关董事、监事的报酬事项；

（二）审议批准董事会的报告；

（三）审议批准监事会的报告；

（四）审议批准公司的利润分配方案和弥补亏损方案；

（五）对公司增加或者减少注册资本作出决议；

（六）对发行公司债券作出决议；

（七）对公司合并、分立、解散、清算或者变更公司形式作出决议；

（八）修改公司章程；

（九）公司章程规定的其他职权。

股东会可以授权董事会对发行公司债券作出决议。

对**本条第一款**所列事项股东以书面形式一致表示同意的，可以不召开股东会会议，直接作出决定，并由全体股东在决定文件上签名或者盖章。

新公司法条文对照与重点解读

【新旧条文对照】

2018年《公司法》	2024年《公司法》
第三十七条　股东会行使下列职权： ~~（一）决定公司的经营方针和投资计划；~~ （二）选举和更换~~非由职工代表担任的~~董事、监事，决定有关董事、监事的报酬事项； （三）审议批准董事会的报告； （四）审议批准监事会~~或者监事~~的报告； ~~（五）审议批准公司的年度财务预算方案、决算方案；~~ （六）审议批准公司的利润分配方案和弥补亏损方案； （七）对公司增加或者减少注册资本作出决议； （八）对发行公司债券作出决议； （九）对公司合并、分立、解散、清算或者变更公司形式作出决议； （十）修改公司章程； （十一）公司章程规定的其他职权。 对~~前款~~所列事项股东以书面形式一致表示同意的，可以不召开股东会会议，直接作出决定，并由全体股东在决定文件上签名、盖章。	第五十九条　股东会行使下列职权： （一）选举和更换董事、监事，决定有关董事、监事的报酬事项； （二）审议批准董事会的报告； （三）审议批准监事会的报告； （四）审议批准公司的利润分配方案和弥补亏损方案； （五）对公司增加或者减少注册资本作出决议； （六）对发行公司债券作出决议； （七）对公司合并、分立、解散、清算或者变更公司形式作出决议； （八）修改公司章程； （九）公司章程规定的其他职权。 股东会可以授权董事会对发行公司债券作出决议。 对本条第一款所列事项股东以书面形式一致表示同意的，可以不召开股东会会议，直接作出决定，并由全体股东在决定文件上签名或者盖章。

【重点解读】

本条是关于股东会职权的规定。

与2018年《公司法》相比，新《公司法》条文对股东会职权进行了更加明确的划分，更加注重效率和规范性。

（1）新《公司法》删除了"决定公司的经营方针和投资计划""审议批准公司的年度财务预算方案、决算方案"，使股东会的职权有所缩减，并明确规定"股东会可以授权董事会对发行公司债券作出决议"。这种变化意味着对公司内部治理结构的调整，更加注重董事会的决策权和股东会的监督权。

（2）新《公司法》规定，对于一些特定事项，股东可以以书面形式一致表示同意，而不必召开股东会会议。这项规定可以简化决策过程，提高决策效率。同时，这也意味着股东会有更多的灵活性和自主权来决定公司的重大事项。

（3）新《公司法》明确规定股东会可以授权董事会对发行公司债券作出决议。这意味着在某些情况下，董事会可以在股东会的授权下进行决策，增强了董事会的决策权。

第六十条　一人公司股东决议

第六十条　只有一个股东的有限责任公司不设股东会。股东作出前条第一款所列事项的决定时，应当采用书面形式，并由股东签名或者盖章后置备于公司。

【新旧条文对照】

2018年《公司法》	2024年《公司法》
第六十一条　一人有限责任公司不设股东会。股东作出本法第三十七条第一款所列决定时，应当采用书面形式，并由股东签名后置备于公司。	第六十条　只有一个股东的有限责任公司不设股东会。股东作出前条第一款所列事项的决定时，应当采用书面形式，并由股东签名或者盖章后置备于公司。

【重点解读】

本条是关于一人有限责任公司股东职权行使书面方式的规定。

与2018年《公司法》相比，新《公司法》条文将"一人"修改为"只有一个股东"，这一变化体现了法律条文的严谨性和准确性。新《公司法》条文还将"签名"调整为"签名或者盖章"，进一步丰富了股东行使职权时确认身份和意愿的方式。

新《公司法》条文在表述和结构上出现了细微差异，但与2018年《公司法》的核心内容和精神是一致的，都强调了"只有一个股东的有限责任公司不设股东会"的原则，并明确了股东作出相关决定的形式和要求。

第六十一条　首次股东会会议

第六十一条　首次股东会会议由出资最多的股东召集和主持，依照本法规定行使职权。

【新旧条文对照】

2018年《公司法》	2024年《公司法》
第三十八条　首次股东会会议由出资最多的股东召集和主持，依照本法规定行使职权。	第六十一条　首次股东会会议由出资最多的股东召集和主持，依照本法规定行使职权。

【重点解读】

本条是关于首次股东会会议的规定。

与2018年《公司法》相比，新《公司法》只在条文顺序上作了调整，将原来的第三十八条变成现在的第六十一条，内容上没作任何修改。

首次股东会会议是指有限责任公司自成立以来的第一次全体股东参与的正式会议。根据本条规定，该会议应由出资最多的股东召集和主持。这里的"出资最多的股东"是指向公司认缴的出资额最多的股东。

此外，首次股东会会议的职权行使还必须严格依照《公司法》的规定进行。这包括但不限于讨论和决定本法第五十九条所列举的事项，如董事和监事的选举或更换、董事会和监事会的报告的审议批准、公司章程修改，以及决议公司增加或者减少注册资本等重大事项。

第六十二条　股东会会议制度

第六十二条　股东会会议分为定期会议和临时会议。

定期会议应当按照公司章程的规定按时召开。代表十分之一以上表决权的股东、三分之一以上的董事或者监事会提议召开临时会议的，应当召开临时会议。

【新旧条文对照】

2018年《公司法》	2024年《公司法》
第三十九条　股东会会议分为定期会议和临时会议。 定期会议应当依照公司章程的规定按时召开。代表十分之一以上表决权的股东，三分之一以上的董事，监事会或者不设监事会的公司的监事提议召开临时会议的，应当召开临时会议。	第六十二条　股东会会议分为定期会议和临时会议。 定期会议应当按照公司章程的规定按时召开。代表十分之一以上表决权的股东、三分之一以上的董事或者监事会提议召开临时会议的，应当召开临时会议。

【重点解读】

本条是关于股东会会议制度的规定。

与2018年《公司法》相比，新《公司法》在条文顺序上进行了调整，将原来的第三十九条调整至第六十二条，同时对部分内容进行了修改。

（1）条文在措辞上将"依照公司章程"调整为"按照公司章程"，是语言表述的微调，而非实质性法律义务的改变。

（2）条文删除了"或者不设监事会的公司的监事"的内容，但这并无实质性影响，因为新《公司法》第七十六条规定："有限责任公司设监事会，本法第六十九条、第八十三条另有规定的除外。"

新《公司法》第六十九条规定："有限责任公司可以按照公司章程的规定在董事会中设置由董事组成的审计委员会，行使本法规定的监事会的职权，不设监事会或者监事。公司董事会成员中的职工代表可以成为审计委员会成员。"

新《公司法》第八十三条规定："规模较小或者股东人数较少的有限责任公司，可以不设监事会，设一名监事，行使本法规定的监事会的职权；经全体股东一致同意，也可以不设监事。"

另外，新《公司法》第一百二十一条规定："股份有限公司可以按照公司章程的规定在董事会中设置由董事组成的审计委员会，行使本法规定的监事会的职权，不设监事会或者监事。"

新《公司法》第一百三十三条规定："规模较小或者股东人数较少的股份有限公司，可以不设监事会，设一名监事，行使本法规定的监事会的职权。"

新《公司法》第一百七十六条规定："国有独资公司在董事会中设置由董事组成的审计委员会行使本法规定的监事会职权的，不设监事会或者监事。"

第六十三条　股东会会议的召集与主持

第六十三条　股东会会议由董事会召集，董事长主持；董事长不能履行职务或者不履行职务的，由副董事长主持；副董事长不能履行职务或者不履行职务的，由过半数的董事共同推举一名董事主持。

董事会不能履行或者不履行召集股东会会议职责的，由监事会召集和主持；监事会不召集和主持的，代表十分之一以上表决权的股东可以自行召集和主持。

【新旧条文对照】

2018年《公司法》	2024年《公司法》
第四十条 ~~有限责任公司设立董事会的，~~股东会会议由董事会召集，董事长主持；董事长不能履行职务或者不履行职务的，由副董事长主持；副董事长不能履行职务或者不履行职务的，由~~半数以上~~董事共同推举一名董事主持。 ~~有限责任公司不设董事会的，股东会会议由执行董事召集和主持。~~ 董事会~~或者执行董事~~不能履行或者不履行召集股东会会议职责的，由监事会~~或者不设监事会的公司的监事~~召集和主持；监事会~~或者监事~~不召集和主持的，代表十分之一以上表决权的股东可以自行召集和主持。	第六十三条 股东会会议由董事会召集，董事长主持；董事长不能履行职务或者不履行职务的，由副董事长主持；副董事长不能履行职务或者不履行职务的，由过半数的董事共同推举一名董事主持。 董事会不能履行或者不履行召集股东会会议职责的，由监事会召集和主持；监事会不召集和主持的，代表十分之一以上表决权的股东可以自行召集和主持。

【重点解读】

本条是关于股东会会议的召集和主持的规定。

与2018年《公司法》相比，新《公司法》条文变化主要涉及召集和主持股东会会议的流程和其他一些细微的表述调整。

（1）该条文删除了有限责任公司不设董事会的情形，明确了所有有限责任公司都应当设立董事会或至少设立一名董事，由董事会召集和主持股东会会议。这一变动完善和规范了有限责任公司的治理结构，强化了董事会的职责和作用，也符合国际通行做法。

（2）该条文将"半数以上董事"修改为"过半数的董事"，明确了董事会推举主持股东会会议的董事的表决规则，避免了原《公司法》中可能出现的平票或者无法推举的情况。这一变动为股东会会议的顺利召开提供了有效的保障，也符合一般的民主原则。

（3）该条文删除了"或者执行董事""或者不设监事会的公司的监事""或者监事"，进一步完善和规范了召集和主持股东会会议的流程。

第六十四条　股东会会议的通知与记录

第六十四条　召开股东会会议，应当于会议召开十五日前通知全体股东；但是，公司章程另有规定或者全体股东另有约定的除外。

股东会应当对所议事项的决定作成会议记录，出席会议的股东应当在会议记录上签名或者盖章。

【新旧条文对照】

2018年《公司法》	2024年《公司法》
第四十一条　召开股东会会议，应当于会议召开十五日前通知全体股东；但是，公司章程另有规定或者全体股东另有约定的除外。股东会应当对所议事项的决定作成会议记录，出席会议的股东应当在会议记录上签名。	第六十四条　召开股东会会议，应当于会议召开十五日前通知全体股东；但是，公司章程另有规定或者全体股东另有约定的除外。股东会应当对所议事项的决定作成会议记录，出席会议的股东应当在会议记录上签名或者盖章。

【重点解读】

本条是关于股东会会议的通知期限和记录的规定。

与2018年《公司法》相比，新《公司法》在条文顺序上进行了调整，将原来的第四十一条调整至第六十四条。

新《公司法》在会议记录的签名要求上增加了"或者盖章"的选项，这意味着除传统的股东签名确认以外，也可以采用盖章的方式对会议记录进行确认。这保持了对股东会会议记录法律效力的确认方式的灵活性。

第六十五条　股东表决权

第六十五条　股东会会议由股东按照出资比例行使表决权；但是，公司章程另有规定的除外。

【新旧条文对照】

2018年《公司法》	2024年《公司法》
第四十二条　股东会会议由股东按照出资比例行使表决权；但是，公司章程另有规定的除外。	第六十五条　股东会会议由股东按照出资比例行使表决权；但是，公司章程另有规定的除外。

【重点解读】

本条是关于股东表决权的规定。

与2018年《公司法》相比，新《公司法》只在条文顺序上作了调整，将原来的第四十二条变成现在的第六十五条，内容上没有任何修改。

（1）"股东会会议由股东按照出资比例行使表决权"明确指出了股东在股东会上拥有表决权，这是基于股东的投资人地位，对公司有关事项表达意见的权利。同时，表决权的行使遵循出资比例原则，即出资较多的股东享有较多的表决权，出资较少的股东的表决权则相对较少。

（2）"但是，公司章程另有规定的除外"强调了公司章程的自治权。如果公司章程另有规定的，股东应按照公司章程的规定来行使表决权。

需要特别注意的是，在司法实践中，若没有明确的指示，股东的表决权应基于其认缴出资比例行使，而不是实缴出资比例。

第六十六条　股东会的议事方式和表决程序

第六十六条　股东会的议事方式和表决程序，除本法有规定的外，由公司章程规定。

股东会作出决议，应当经代表过半数表决权的股东通过。

股东会作出修改公司章程、增加或者减少注册资本的决议，以及公司合并、分立、解散或者变更公司形式的决议，应当经代表三分之二以上表决权的股东通过。

【新旧条文对照】

2018年《公司法》	2024年《公司法》
第四十三条　股东会的议事方式和表决程序，除本法有规定的外，由公司章程规定。 股东会会议作出修改公司章程、增加或者减少注册资本的决议，以及公司合并、分立、解散或者变更公司形式的决议，必须经代表三分之二以上表决权的股东通过。	第六十六条　股东会的议事方式和表决程序，除本法有规定的外，由公司章程规定。 股东会作出决议，应当经代表过半数表决权的股东通过。 股东会作出修改公司章程、增加或者减少注册资本的决议，以及公司合并、分立、解散或者变更公司形式的决议，应当经代表三分之二以上表决权的股东通过。

【重点解读】

本条是关于股东会议事方式和表决程序的规定。

与2018年《公司法》相比，新《公司法》条文最显著的变动是增加了对一般决议的表决权通过比例规定。

本条规定，股东会作出决议，应当经代表过半数表决权的股东通过。这一变动体现了对股东会决策的民主化和效率化的要求，也符合一般的公司法律制度的原则。

第六十七条　董事会职权

第六十七条　有限责任公司设董事会，本法第七十五条另有规定的除外。

董事会行使下列职权：

（一）召集股东会会议，并向股东会报告工作；

（二）执行股东会的决议；

（三）决定公司的经营计划和投资方案；

（四）制订公司的利润分配方案和弥补亏损方案；

（五）制订公司增加或者减少注册资本以及发行公司债券的方案；

（六）制订公司合并、分立、解散或者变更公司形式的方案；

（七）决定公司内部管理机构的设置；

（八）决定聘任或者解聘公司经理及其报酬事项，并根据经理的提名决定聘任或者解聘公司副经理、财务负责人及其报酬事项；

（九）制定公司的基本管理制度；

（十）公司章程规定或者股东会授予的其他职权。

公司章程对董事会职权的限制不得对抗善意相对人。

【新旧条文对照】

2018年《公司法》	2024年《公司法》
第四十六条　董事会对股东会负责，行使下列职权： （一）召集股东会会议，并向股东会报告工作； （二）执行股东会的决议； （三）决定公司的经营计划和投资方案； （四）制订公司的年度财务预算方案、决算方案； （五）制订公司的利润分配方案和弥补亏损方案； （六）制订公司增加或者减少注册资本以及发行公司债券的方案； （七）制订公司合并、分立、解散或者变更公司形式的方案；	第六十七条　有限责任公司设董事会，本法第七十五条另有规定的除外。 董事会行使下列职权： （一）召集股东会会议，并向股东会报告工作； （二）执行股东会的决议； （三）决定公司的经营计划和投资方案； （四）制订公司的利润分配方案和弥补亏损方案； （五）制订公司增加或者减少注册资本以及发行公司债券的方案； （六）制订公司合并、分立、解散或者变更公司形式的方案；

（八）决定公司内部管理机构的设置； （九）决定聘任或者解聘公司经理及其报酬事项，并根据经理的提名决定聘任或者解聘公司副经理、财务负责人及其报酬事项； （十）制定公司的基本管理制度； （十一）公司章程规定的其他职权。	（七）决定公司内部管理机构的设置； （八）决定聘任或者解聘公司经理及其报酬事项，并根据经理的提名决定聘任或者解聘公司副经理、财务负责人及其报酬事项； （九）制定公司的基本管理制度； （十）公司章程规定或者股东会授予的其他职权。 公司章程对董事会职权的限制不得对抗善意相对人。

【重点解读】

本条是关于董事会及其职权的规定。

与2018年《公司法》相比，新《公司法》条文最显著的变动是关于董事会的设立及其职权的调整。

本条明确指出"有限责任公司设董事会，本法第七十五条另有规定的除外"，这意味着在有限责任公司中，除非有特定的例外情况，否则都需要设立董事会。

同时，本条还删除了"制订公司的年度财务预算方案、决算方案"内容，这一变动体现了对公司财务管理的优化和规范，将财务预算方案、决算方案的制订由董事会下放给相应人员，有助于提高公司的运行效率。

新《公司法》增加了"公司章程对董事会职权的限制不得对抗善意相对人"，这一变动体现了对公司法人独立地位和董事会代表公司执行公司事务的法定代表人地位的尊重，保护了善意相对人的合法权益。

第六十八条　董事会及其人员构成

第六十八条　有限责任公司董事会成员为三人以上，其成员中可以有公司职工代表。职工人数三百人以上的有限责任公司，除依法设监事会并有公司职工代表的外，其董事会成员中应当有公司职工代表。董事会中的职工代表由公司职工通过职工代表大会、职工大会或者其他形式民主选举产生。

董事会设董事长一人，可以设副董事长。董事长、副董事长的产生办法由公司章程规定。

【新旧条文对照】

2018年《公司法》	2024年《公司法》
第四十四条　有限责任公司设董事会，其成员为三人至十三人；但是，本法第五十条另有规定的除外。两个以上的国有企业或者两个以上的其他国有投资主体投资设立的有限责任公司，其董事会成员中应当有公司职工代表；其他有限责任公司董事会成员中可以有公司职工代表。董事会中的职工代表由公司职工通过职工代表大会、职工大会或者其他形式民主选举产生。董事会设董事长一人，可以设副董事长。董事长、副董事长的产生办法由公司章程规定。	第六十八条　有限责任公司董事会成员为三人以上，其成员中可以有公司职工代表。职工人数三百人以上的有限责任公司，除依法设监事会并有公司职工代表的外，其董事会成员中应当有公司职工代表。董事会中的职工代表由公司职工通过职工代表大会、职工大会或者其他形式民主选举产生。董事会设董事长一人，可以设副董事长。董事长、副董事长的产生办法由公司章程规定。

【重点解读】

本条是关于董事会及其人员构成的规定。

与2018年《公司法》相比，新《公司法》条文最显著的变动是关于董事会成员数量的调整和职工代表在董事会中的规定。

（1）条文将有限责任公司董事会成员为"三人至十三人"的规定调整为"三人以上"。这一变动放宽了对有限责任公司董事会成员数量的限制，取消了上限，只保留了下限，给了有限责任公司更大的自主权。

（2）条文在删除了国有企业或国有投资主体设立公司对于董事会成员中公司职工代表的规定同时，增加了职工人数三百人以上的有限责任公司的董事会成员中应有公司职工代表的规定。这一变动体现了对公司职工民主管理的强化，保障了职工在公司治理中的参与权。

第六十九条　审计委员会

第六十九条　有限责任公司可以按照公司章程的规定在董事会中设置由董事组成的审计委员会，行使本法规定的监事会的职权，不设监事会或者监事。公司董事会成员中的职工代表可以成为审计委员会成员。

【重点解读】

本条是关于审计委员会的规定。

与2018年《公司法》相比，本条属于新增条款。

有限责任公司可以选择在董事会中设立审计委员会，行使监事会的职权，不再设立监事会或者监事。这是一种灵活的公司内部监督制度安排，旨在提高公司治理效率，减少监督成本。

审计委员会的成员应当由董事组成，公司职工代表也可以成为审计委员会成员，这一规定保障了职工在公司治理中的参与权，也有利于增强审计委员会的公信力和代表性。

第七十条　董事任期及辞任

第七十条　董事任期由公司章程规定，但每届任期不得超过三年。董事任期届满，连选可以连任。

董事任期届满未及时改选，或者董事在任期内辞任导致董事会成员低于法定人数的，在改选出的董事就任前，原董事仍应当依照法律、行政法规和公司章程的规定，履行董事职务。

董事辞任的，应当以书面形式通知公司，公司收到通知之日辞任生效，但存在前款规定情形的，董事应当继续履行职务。

【新旧条文对照】

2018年《公司法》	2024年《公司法》
第四十五条　董事任期由公司章程规定，但每届任期不得超过三年。董事任期届满，连选可以连任。 董事任期届满未及时改选，或者董事在任期内辞职导致董事会成员低于法定人数的，在改选出的董事就任前，原董事仍应当依照法律、行政法规和公司章程的规定，履行董事职务。	第七十条　董事任期由公司章程规定，但每届任期不得超过三年。董事任期届满，连选可以连任。 董事任期届满未及时改选，或者董事在任期内辞职导致董事会成员低于法定人数的，在改选出的董事就任前，原董事仍应当依照法律、行政法规和公司章程的规定，履行董事职务。 董事辞任的，应当以书面形式通知公司，公司收到通知之日辞任生效，但存在前款规定情形的，董事应当继续履行职务。

【重点解读】

本条是关于董事任期及辞任的规定。

与2018年《公司法》相比，新《公司法》条文最显著的变动是关于董事辞任的明确规定和相应情况下董事义务的延续。

新《公司法》条文增加了关于董事辞任的规定。这一变动规范和明确了董事辞任的程序，保障了公司和其他董事的知情权。同时条文也对董事应当继续履行职务的情况进行了规定，规范董事辞任程序的同时也充分考虑了公司的稳定发展需求。

第七十一条　董事无因解除

第七十一条　股东会可以决议解任董事，决议作出之日解任生效。

无正当理由，在任期届满前解任董事的，该董事可以要求公司予以赔偿。

【重点解读】

本条是关于董事无因解除的规定。

与2018年《公司法》相比，本条属于新增条款。

股东会作为公司权力机构，有权随时解除董事的职务，不需要任何理由，只要符合公司章程的规定和程序，就可以通过决议形式解任董事。解任的效力自决议作出之日起生效。这体现了公司股东会对公司董事会的监督和控制，也符合委托代理关系中委托人的任意解除权。

董事作为公司的受托人，如果在任期届满前被股东会无正当理由解除职务，就可能遭受利益损失，比如工资收入、声誉等。因此，董事可以要求公司予以赔偿，以保护董事的合法权益。

新《公司法》为董事提供了权利保障，确保他们在遭受不公平解任时能够得到合理的赔偿。同时，该条款也体现了股东会的决策权和监督权，有助于维护公司的稳定和平衡。

第七十二条　董事会会议召集和主持

第七十二条　董事会会议由董事长召集和主持；董事长不能履行职务或者不履行职务的，由副董事长召集和主持；副董事长不能履行职务或者不履行职务的，由过半数的董事共同推举一名董事召集和主持。

【新旧条文对照】

2018年《公司法》	2024年《公司法》
第四十七条　董事会会议由董事长召集和主持；董事长不能履行职务或者不履行职务的，由副董事长召集和主持；副董事长不能履行职务或者不履行职务的，由半数以上董事共同推举一名董事召集和主持。	第七十二条　董事会会议由董事长召集和主持；董事长不能履行职务或者不履行职务的，由副董事长召集和主持；副董事长不能履行职务或者不履行职务的，由过半数的董事共同推举一名董事召集和主持。

【重点解读】

本条是关于董事会会议的召集和主持的规定。

与2018年《公司法》相比，新《公司法》条文在有关董事会会议召集和主持方面，只有一个细微的变动，即将"半数以上董事"修改为"过半数的董事"。

这一变动是为了消除歧义，明确表示需要超过董事会成员总数的一半的董事参与推举，而不是仅仅达到一半的董事。这样可以避免出现董事会成员数为偶数时，推举结果出现平票的情况。

第七十三条　董事会的议事方式和表决程序

第七十三条　董事会的议事方式和表决程序，除本法有规定的外，由公司章程规定。

董事会会议应当有过半数的董事出席方可举行。董事会作出决议，应当经全体董事的过半数通过。

董事会决议的表决，应当一人一票。

董事会应当对所议事项的决定作成会议记录，出席会议的董事应当在会议记录上签名。

【新旧条文对照】

2018年《公司法》	2024年《公司法》
第四十八条　董事会的议事方式和表决程序，除本法有规定的外，由公司章程规定。 董事会应当对所议事项的决定作成会议记录，出席会议的董事应当在会议记录上签名。 董事会决议的表决，实行一人一票。	第七十三条　董事会的议事方式和表决程序，除本法有规定的外，由公司章程规定。 董事会会议应当有过半数的董事出席方可举行。董事会作出决议，应当经全体董事的过半数通过。 董事会决议的表决，应当一人一票。 董事会应当对所议事项的决定作成会议记录，出席会议的董事应当在会议记录上签名。

【重点解读】

本条是关于董事会的议事方式和表决程序的规定。

与2018年《公司法》相比，新《公司法》条文的变动主要涉及董事会会议的出席要求、决议的通过条件，以及表决权的平等性。

（1）新《公司法》增加了"董事会会议应当有过半数的董事出席方可举行""董事会作出决议，应当经全体董事的过半数通过"，这一变动明确了董事会会议的法定人数要求和董事会决议的通过要求，保证了董事会会议的合法性、公正性和有效性。

（2）新《公司法》将"董事会决议的表决，实行一人一票"修改为"董事会决议的表决，应当一人一票"，这一变动是为了强化董事会决议的表决原则，明确表示董事会决议的表决必须遵循一人一票的原则，不得有其他的表决方式。

（3）新《公司法》将"董事会决议的表决，实行一人一票"移至"出席会议的董事应当在会议记录上签名"的前面。这一变动使条文对董事会议事方式和表决程序的叙述更加连贯，也更符合逻辑。

第七十四条　经理的设立与职权

第七十四条　有限责任公司可以设经理，由董事会决定聘任或者解聘。

经理对董事会负责，根据公司章程的规定或者董事会的授权行使职权。经理列席董事会会议。

第 3 章 | 有限责任公司的设立和组织机构

【新旧条文对照】

2018年《公司法》	2024年《公司法》
第四十九条　有限责任公司可以设经理，由董事会决定聘任或者解聘。经理对董事会负责，~~行使下列职权：~~ ~~（一）主持公司的生产经营管理工作，组织实施董事会决议；~~ ~~（二）组织实施公司年度经营计划和投资方案；~~ ~~（三）拟订公司内部管理机构设置方案；~~ ~~（四）拟订公司的基本管理制度；~~ ~~（五）制定公司的具体规章；~~ ~~（六）提请聘任或者解聘公司副经理、财务负责人；~~ ~~（七）决定聘任或者解聘除应由董事会决定聘任或者解聘以外的负责管理人员；~~ ~~（八）董事会授予的其他职权。~~ ~~公司章程对经理职权另有规定的，从其规定。~~ 经理列席董事会会议。	第七十四条　有限责任公司可以设经理，由董事会决定聘任或者解聘。 　　经理对董事会负责，**根据公司章程的规定或者董事会的授权行使职权**。经理列席董事会会议。

【重点解读】

本条是关于经理的设立和职权的规定。

与2018年《公司法》相比，新《公司法》条文最显著的变动是对经理职权的规定。

（1）新《公司法》删除了对经理职权的具体规定，只是简单地规定经理根据公司章程的规定或者董事会的授权行使职权。这一变动**体现了对经理职权规定的灵活化和差异化，赋予了公司更大的自主权**，使公司可以根据自身的实际情况和需要，通过公司章程或者董事会决议确定经理的具体职权。

（2）新《公司法》取消了对经理职权的法定限制，将其完全下放给董事会和公司章程，体现了新《公司法》对公司自治的尊重。

第七十五条　董事会设置例外

第七十五条　规模较小或者股东人数较少的有限责任公司，可以不设董事会，设一名董事，行使本法规定的董事会的职权。该董事可以兼任公司经理。

【新旧条文对照】

2018年《公司法》	2024年《公司法》
第五十条　股东人数较少或者规模较小的有限责任公司，可以设一名执行董事，不设董事会。执行董事可以兼任公司经理。执行董事的职权由公司章程规定。	第七十五条　规模较小或者股东人数较少的有限责任公司，可以不设董事会，设一名董事，行使本法规定的董事会的职权。该董事可以兼任公司经理。

【重点解读】

本条是关于董事会设置例外的规定。

与2018年《公司法》相比，新《公司法》条文增加了"行使本法规定的董事会的职权"，同时删除了"执行董事"的表述。

（1）条文将"执行董事"修改为"董事"，使其与其他有限责任公司的董事会成员保持一致，统一用语。新《公司法》规定该董事"行使本法规定的董事会的职权"，即与其他有限责任公司的董事会成员享有同等的职权，也受到同等的法律约束。

（2）条文删除了"执行董事的职权由公司章程规定"的规定，以避免其与新《公司法》规定的"行使本法规定的董事会的职权"的规定产生矛盾。新《公司法》规定，该董事的职权由本法规定，而不是由公司章程规定，这样可以保证该董事的职权与其他有限责任公司的董事会成员的职权相一致，也便于监督和约束该董事的行为。

第七十六条　监事会和监事的设立

第七十六条　有限责任公司设监事会，本法第六十九条、第八十三条另有规定的除外。

监事会成员为三人以上。监事会成员应当包括股东代表和适当比例的公司职工代表，其中职工代表的比例不得低于三分之一，具体比例由公司章程规定。监事会中的职工代表由公司职工通过职工代表大会、职工大会或者其他形式民主选举产生。

监事会设主席一人，由全体监事过半数选举产生。监事会主席召集和主持监事会会议；监事会主席不能履行职务或者不履行职务的，由过半数的监事共同推举一名监事召集和主持监事会会议。

董事、高级管理人员不得兼任监事。

【新旧条文对照】

2018年《公司法》	2024年《公司法》
第五十一条　有限责任公司设监事会，其成员不得少于三人。股东人数较少或者规模较小的有限责任公司，可以设一至二名监事，不设监事会。监事会应当包括股东代表和适当比例的公司职工代表，其中职工代表的比例不得低于三分之一，具体比例由公司章程规定。监事会中的职工代表由公司职工通过职工代表大会、职工大会或者其他形式民主选举产生。	第七十六条　有限责任公司设监事会，本法第六十九条、第八十三条另有规定的除外。监事会成员为三人以上。监事会成员应当包括股东代表和适当比例的公司职工代表，其中职工代表的比例不得低于三分之一，具体比例由公司章程规定。监事会中的职工代表由公司职工通过职工代表大会、职工大会或者其他形式民主选举产生。

监事会设主席一人，由全体监事过半数选举产生。监事会主席召集和主持监事会会议；监事会主席不能履行职务或者不履行职务的，由半数以上监事共同推举一名监事召集和主持监事会会议。 董事、高级管理人员不得兼任监事。	监事会设主席一人，由全体监事过半数选举产生。监事会主席召集和主持监事会会议；监事会主席不能履行职务或者不履行职务的，由过半数的监事共同推举一名监事召集和主持监事会会议。 董事、高级管理人员不得兼任监事。

【重点解读】

本条是关于监事会和监事的规定。

与2018年《公司法》相比，新《公司法》条文的变动主要涉及监事会的设立和组成。

（1）条文删除了"股东人数较少或者规模较小的有限责任公司，可以设一至二名监事，不设监事会"的规定，明确规定所有有限责任公司"本法第六十九条、第八十三条另有规定的除外"都应当设立监事会，监事会成员为三人以上。这一变动体现了对监事会作用的重视，强化了对公司的监督。

（2）条文将"由半数以上监事"修改为"由过半数的监事"。这一变动的目的是消除歧义，明确表示需要超过监事会成员总数的一半的监事参与推举，而不是仅仅达到一半的监事。这样可以避免出现监事会成员数为偶数时，推举结果出现平票的情况。

第七十七条　监事的任期

第七十七条　监事的任期每届为三年。监事任期届满，连选可以连任。

监事任期届满未及时改选，或者监事在任期内辞任导致监事会成员低于法定人数的，在改选出的监事就任前，原监事仍应当依照法律、行政法规和公司章程的规定，履行监事职务。

【新旧条文对照】

2018年《公司法》	2024年《公司法》
第五十二条　监事的任期每届为三年。监事任期届满，连选可以连任。 监事任期届满未及时改选，或者监事在任期内辞职导致监事会成员低于法定人数的，在改选出的监事就任前，原监事仍应当依照法律、行政法规和公司章程的规定，履行监事职务。	第七十七条　监事的任期每届为三年。监事任期届满，连选可以连任。 监事任期届满未及时改选，或者监事在任期内辞任导致监事会成员低于法定人数的，在改选出的监事就任前，原监事仍应当依照法律、行政法规和公司章程的规定，履行监事职务。

【重点解读】

本条是关于监事任职期限和延期履行职务的规定。

与2018年《公司法》相比，新《公司法》在条文顺序上作了调整，将原来的第五十二条变成现在的第七十七条，内容上基本没有变化，只是将"辞职"修改为"辞任"。

（1）本条第一款规定了监事的法定任期。具体来说，有限责任公司的监事任期每届为三年。这一期限是固定的，不同于董事的任期要求，董事的任期由公司章程规定，每届不得超过三年。监事在任期届满后可以连选连任，而且没有限制连任的届数。这一规定旨在确保监事职务的稳定性和连续性，使其能够长期有效地履行监督职责。

（2）本条第二款明确了在任期届满未及时改选或在任期内辞任导致监事会成员低于法定人数时，原监事必须继续履行职务。这是为了维护公司的稳定性和连续性，确保公司运营不受监事变动的影响。同时，这也是为了防止出现监督的空白。原监事应当继续履行职务，直到公司改选出新的监事，这是监事的法定义务，不能以任期届满或已经辞任为由拒绝履行。

需要注意的是，此条将"辞职"修改为"辞任"是为了更加准确地描述监事在任期届满后选择不再继续担任同一职务的情境。同时，通过区分"辞职"和"辞任",可以更清晰地明确监事主动放弃职务和被动离职的情况。这样的修改使得法律条文的表述更具准确性和严谨性,也有助于人们更好地理解监事的权利和义务。

第七十八条 监事会的职权

第七十八条 监事会行使下列职权:

(一)检查公司财务;

(二)对董事、高级管理人员执行职务的行为进行监督,对违反法律、行政法规、公司章程或者股东会决议的董事、高级管理人员提出解任的建议;

(三)当董事、高级管理人员的行为损害公司的利益时,要求董事、高级管理人员予以纠正;

(四)提议召开临时股东会会议,在董事会不履行本法规定的召集和主持股东会会议职责时召集和主持股东会会议;

(五)向股东会会议提出提案;

(六)依照本法第一百八十九条的规定,对董事、高级管理人员提起诉讼;

(七)公司章程规定的其他职权。

【新旧条文对照】

2018年《公司法》	2024年《公司法》
第五十三条 监事会、不设监事会的公司的监事行使下列职权: (一)检查公司财务; (二)对董事、高级管理人员执行公司职务的行为进行监督,对违反法律、行政法规、公司章程或者股东会决议的董事、高级管理人员提出罢免的建议;	第七十八条 监事会行使下列职权: (一)检查公司财务; (二)对董事、高级管理人员执行职务的行为进行监督,对违反法律、行政法规、公司章程或者股东会决议的董事、高级管理人员提出解任的建议;

（三）当董事、高级管理人员的行为损害公司的利益时，要求董事、高级管理人员予以纠正； （四）提议召开临时股东会会议，在董事会不履行本法规定的召集和主持股东会会议职责时召集和主持股东会会议； （五）向股东会会议提出提案； （六）依照本法第一百五十一条的规定，对董事、高级管理人员提起诉讼； （七）公司章程规定的其他职权。	（三）当董事、高级管理人员的行为损害公司的利益时，要求董事、高级管理人员予以纠正； （四）提议召开临时股东会会议，在董事会不履行本法规定的召集和主持股东会会议职责时召集和主持股东会会议； （五）向股东会会议提出提案； （六）依照本法第一百八十九条的规定，对董事、高级管理人员提起诉讼； （七）公司章程规定的其他职权。

【重点解读】

本条是关于监事会职权的规定。

与2018年《公司法》相比，新《公司法》条文的变动主要涉及监事会职权的描述和相关法律条款的调整。

（1）新《公司法》将"提出罢免的建议"修改为"提出解任的建议"，这一变动的目的是统一用语，也与新《公司法》第七十一条中的"解任"用语相吻合。

（2）新《公司法》将"依照本法第一百五十一条的规定"修改为"依照本法第一百八十九条的规定"。这一变动的目的是适应条文顺序的调整，与新《公司法》第一百八十九条的规定相对应。

第七十九条　监事的质询建议权与调查权

第七十九条　监事可以列席董事会会议，并对董事会决议事项提出质询或者建议。

监事会发现公司经营情况异常，可以进行调查；必要时，可以聘请会计师事务所等协助其工作，费用由公司承担。

【新旧条文对照】

2018年《公司法》	2024年《公司法》
第五十四条　监事可以列席董事会会议，并对董事会决议事项提出质询或者建议。 监事会、~~不设监事会的公司的监事~~发现公司经营情况异常，可以进行调查；必要时，可以聘请会计师事务所等协助其工作，费用由公司承担。	第七十九条　监事可以列席董事会会议，并对董事会决议事项提出质询或者建议。 监事会发现公司经营情况异常，可以进行调查；必要时，可以聘请会计师事务所等协助其工作，费用由公司承担。

【重点解读】

本条是关于监事质询建议权与调查权的规定。

与2018年《公司法》相比，新《公司法》在条文顺序上进行了调整，将原来的第五十四条调整至第七十九条。

内容上，新《公司法》删除了"不设监事会的公司的监事"的说法。关于监事会的有关内容，在对新《公司法》第六十二条的重点解读中已经特别说明，此处不再赘述。

第八十条　董事、高级管理人员对监事会的义务

第八十条　监事会可以要求董事、高级管理人员提交执行职务的报告。

董事、高级管理人员应当如实向监事会提供有关情况和资料，不得妨碍监事会或者监事行使职权。

【新旧条文对照】

2018年《公司法》	2024年《公司法》
第一百五十条第二款　董事、高级管理人员应当如实向监事会或者不设监事会的有限责任公司的监事提供有关情况和资料，不得妨碍监事会或者监事行使职权。	第八十条　监事会可以要求董事、高级管理人员提交执行职务的报告。 董事、高级管理人员应当如实向监事会提供有关情况和资料，不得妨碍监事会或者监事行使职权。

【重点解读】

本条是关于董事、高级管理人员对监事会的义务的规定。

与2018年《公司法》相比，新《公司法》增加了"监事会可以要求董事、高级管理人员提交执行职务的报告"，删除了"或者不设监事会的有限责任公司的监事"。这些变化更明确地界定和平衡了监事会与董事、高级管理人员之间的权利关系，确保监事会能够更有效地行使监督职能。

这一调整有助于提高公司的治理水平和决策质量，保护公司和股东的利益。同时，这也提醒董事、高级管理人员要认真履行自己的职责，确保公司的正常运营和可持续发展。

第八十一条　监事会会议制度

第八十一条　监事会每年度至少召开一次会议，监事可以提议召开临时监事会会议。

监事会的议事方式和表决程序，除本法有规定的外，由公司章程规定。

监事会决议应当经全体监事的过半数通过。

监事会决议的表决，应当一人一票。

监事会应当对所议事项的决定作成会议记录，出席会议的监事应当在会议记录上签名。

新公司法条文对照与重点解读

【新旧条文对照】

2018年《公司法》	2024年《公司法》
第五十五条　监事会每年度至少召开一次会议，监事可以提议召开临时监事会会议。 监事会的议事方式和表决程序，除本法有规定的外，由公司章程规定。 监事会决议应当经半数~~以上~~监事通过。 监事会应当对所议事项的决定作成会议记录，出席会议的监事应当在会议记录上签名。	第八十一条　监事会每年度至少召开一次会议，监事可以提议召开临时监事会会议。 监事会的议事方式和表决程序，除本法有规定的外，由公司章程规定。 监事会决议应当经全体监事的过半数通过。 监事会决议的表决，应当一人一票。 监事会应当对所议事项的决定作成会议记录，出席会议的监事应当在会议记录上签名。

【重点解读】

本条是关于监事会会议制度的规定。

与2018年《公司法》相比，新《公司法》在条文顺序上进行了调整，将原来的第五十五条调整至第八十一条，在内容上也作了修正。

（1）本条明确了"监事会决议应当经全体监事的过半数通过"的规定，相比之前的"半数以上"的说法，减少了争议。因为在2018年《公司法》中，关于"监事会决议应当经半数以上监事通过"是指全体监事还是出席会议的监事并未明确。而且在实际操作中，监事数量可能为偶数。

（2）本条新增了"监事会决议的表决，应当一人一票"的规定，正式确立了一人一票的表决制度，确保每一位监事的表决权平等，强化了监事会内部民主决策机制。

第八十二条　监事会行使职权费用承担

第八十二条　监事会行使职权所必需的费用，由公司承担。

【新旧条文对照】

2018年《公司法》	2024年《公司法》
第五十六条　监事会、~~不设监事会的公司的监事~~行使职权所必需的费用，由公司承担。	第八十二条　监事会行使职权所必需的费用，由公司承担。

【重点解读】

本条是关于监事会行使职权费用承担的规定。

与2018年《公司法》相比，新《公司法》在条文顺序上进行了调整，将原来的第五十六条调整至第八十二条。

内容上，新《公司法》未对关于监督费用承担的规定作特别修改，仅仅取消了"不设监事会的公司的监事"的说法，与新《公司法》其他关于监事会部分的改动保持一致。

第八十三条　监事会设置例外

第八十三条　规模较小或者股东人数较少的有限责任公司，可以不设监事会，设一名监事，行使本法规定的监事会的职权；经全体股东一致同意，也可以不设监事。

【新旧条文对照】

2018年《公司法》	2024年《公司法》
第五十一条第一款　~~有限责任公司设监事会，其成员不得少于三人。股东人数较少或者~~规模较小的有限责任公司，可以设一至二名监事，不设监事会。	第八十三条　规模较小或者股东人数较少的有限责任公司，可以不设监事会，设一名监事，行使本法规定的监事会的职权；经全体股东一致同意，也可以不设监事。

【重点解读】

本条是关于监事会设置例外的规定。

新公司法条文对照与重点解读

与2018年《公司法》相比，新《公司法》将原来的第五十一条第一款整合调整后，在第八十三条作了重新明确。

（1）新《公司法》给予了规模较小或者股东数较少的有限责任公司在监事会的设立方面更大的自主性，明确了"规模较小或者股东人数较少的有限责任公司，可以不设监事会，设一名监事"，降低了小型有限责任公司的治理结构要求，赋予了公司更高的自治权，以适应不同规模和阶段的公司运营需要。

（2）"经全体股东一致同意，也可以不设监事"这一规定是一项创新，以全体股东同意为条件，强化了全体股东自治的作用，让公司在合法合规的基础上能够根据实际情况作出最为适宜的决策。

第4章
有限责任公司的股权转让

4.1 股权转让与强制执行

第八十四条 股权转让

第八十四条 有限责任公司的股东之间可以相互转让其全部或者部分股权。

股东向股东以外的人转让股权的,应当将股权转让的数量、价格、支付方式和期限等事项书面通知其他股东,其他股东在同等条件下有优先购买权。股东自接到书面通知之日起三十日内未答复的,视为放弃优先购买权。两个以上股东行使优先购买权的,协商确定各自的购买比例;协商不成的,按照转让时各自的出资比例行使优先购买权。

公司章程对股权转让另有规定的,从其规定。

【新旧条文对照】

2018年《公司法》	2024年《公司法》
第七十一条 有限责任公司的股东之间可以相互转让其全部或者部分股权。	第八十四条 有限责任公司的股东之间可以相互转让其全部或者部分股权。

新公司法条文对照与重点解读

股东向股东以外的人转让股权，~~应当经其他股东过半数同意。股东应就其股权转让事项书面通知其他股东征求同意，~~其他股东自接到书面通知之日起~~满三十日未答复的，视为同意转让。其他股东半数以上不同意转让的，不同意的股东应当购买该转让的股权；不购买的，视为同意转让。~~ ~~经股东同意转让的股权，~~在同等条件下，其他股东有优先购买权。两个以上股东主张行使优先购买权的，协商确定各自的购买比例；协商不成的，按照转让时各自的出资比例行使优先购买权。 公司章程对股权转让另有规定的，从其规定。	股东向股东以外的人转让股权的，应当就股权转让的数量、价格、支付方式和期限等事项书面通知其他股东，其他股东在同等条件下有优先购买权。股东自接到书面通知之日起三十日内未答复的，视为放弃优先购买权。两个以上股东行使优先购买权的，协商确定各自的购买比例；协商不成的，按照转让时各自的出资比例行使优先购买权。 公司章程对股权转让另有规定的，从其规定。

【重点解读】

本条是关于有限责任公司股东之间股权转让的规定。

与2018年《公司法》相比，新《公司法》除了在条文顺序上作了调整，将原来的第七十一条变成现在的第八十四条，内容上也作了修改。

（1）将"应当经其他股东过半数同意。股东应就其股权转让事项书面通知其他股东征求同意"改为"应当就股权转让的数量、价格、支付方式和期限等事项书面通知其他股东"，目的是使股权转让过程更加明确和具体，确保所有相关股东都能清晰地了解转让的具体细节，防止因信息不完整或不准确而产生误解或纠纷。

（2）将"满三十日未答复的，视为同意转让"调整为"三十日内未答复的，视为放弃优先购买权"，这一变化强调了其他股东在股权转让过程中及时行使权利的重要性，并明确了未在规定期限内答复的后果，有助于减少潜在的争议和误解。同时，这也提醒股东在面对股权转让时，应谨慎考虑并迅速作出决策，以维护自身权益。

（3）删除"其他股东半数以上不同意转让的，不同意的股东应当购买该转让的股权；不购买的，视为同意转让"，目的是简化股权转让流程，避免因部分股东不同意而导致的股权转让僵局。

第八十五条　强制执行程序下的股权转让

第八十五条　人民法院依照法律规定的强制执行程序转让股东的股权时，应当通知公司及全体股东，其他股东在同等条件下有优先购买权。其他股东自人民法院通知之日起满二十日不行使优先购买权的，视为放弃优先购买权。

【新旧条文对照】

2018年《公司法》	2024年《公司法》
第七十二条　人民法院依照法律规定的强制执行程序转让股东的股权时，应当通知公司及全体股东，其他股东在同等条件下有优先购买权。其他股东自人民法院通知之日起满二十日不行使优先购买权的，视为放弃优先购买权。	第八十五条　人民法院依照法律规定的强制执行程序转让股东的股权时，应当通知公司及全体股东，其他股东在同等条件下有优先购买权。其他股东自人民法院通知之日起满二十日不行使优先购买权的，视为放弃优先购买权。

【重点解读】

本条是关于强制执行程序下的股权转让的规定。

与2018年《公司法》相比，新《公司法》只在条文顺序上作了调整，将原来的第七十二条变成现在的第八十五条，内容上没作任何修改。

（1）人民法院依照法律规定的强制执行程序转让股东的股权，是指人民法院根据《中华人民共和国民事诉讼法》等法律规定的执行程序，对已经生效的法律文书实施强制执行措施。在执行过程中，人民法院可以采取拍卖、变卖或其他合法手段来转让有限责任公司中股东的股权。

（2）其他股东在同等条件下有优先购买权，是指其他股东可以按照外部买家提出的条件优先购买被转让的股权。在实际操作中，如果有多个股东都希望行使优先购买权的情况，可以参照本法第八十四条的规定，先由他们协商确定各自的购买比例，若协商不成，则按照转让时各自的出资比例行使优先购买权。

（3）本条还规定了其他股东行使优先购买权的具体期限。该期限的起始日期应当理解为人民法院通知的送达日期。

需要注意的是，本条中规定的行使期限与本法第八十四条中的期限是不同的，其目的是加速司法程序的进展，避免长时间的诉讼拖延。

第八十六条　股权转让变更登记

第八十六条　股东转让股权的，应当书面通知公司，请求变更股东名册；需要办理变更登记的，并请求公司向公司登记机关办理变更登记。公司拒绝或者在合理期限内不予答复的，转让人、受让人可以依法向人民法院提起诉讼。

股权转让的，受让人自记载于股东名册时起可以向公司主张行使股东权利。

【重点解读】

本条是关于股权转让变更登记的新规定。

与2018年《公司法》相比，本条属于新增条款。其目的在于规范有限公司股东的股权转让行为，确保股东权益得到充分保护，同时维护公司的稳定运营并促进市场经济的健康发展。这一规定不仅完善了公司治理结构，还对资本市场的规范运作起到了积极的推动作用。

（1）本条适用于有限责任公司股东主动进行股权转让行为的情形，而不适用于法院强制执行股东股权的情形。

（2）本条第一款规定，股东在转让股权时必须向公司提交书面通知，结合本法第五十六条的要求，该书面通知应当包含便于公司进行股东名称变更和工商登记的必要信息，如股权转让的数量、受让人的姓名或名称及住所等事项。

而"转让人、受让人可以依法向人民法院提起诉讼"中的顿号（、）是"或"的意思，表示任一方都有权单独向人民法院提起诉讼，而被告方则是公司。

需要注意的是，公司拒绝变更或未回应并不自动等同于违反法定或章程规定的义务。公司是否有义务进行股东名册的变更或工商登记，需基于是否有正当理由，最终由法院的生效判决来确定。

（3）本条第二款规定了股东名册的法律效力，即股东名册可以作为新股东（受让人）向公司主张其股东权利的有效凭证。

第八十七条　股权转让的变更记载

第八十七条　依照本法转让股权后，公司应当及时注销原股东的出资证明书，向新股东签发出资证明书，并相应修改公司章程和股东名册中有关股东及其出资额的记载。对公司章程的该项修改不需再由股东会表决。

【新旧条文对照】

2018年《公司法》	2024年《公司法》
第七十三条　依照本法第七十一条、第七十二条转让股权后，公司应当注销原股东的出资证明书，向新股东签发出资证明书，并相应修改公司章程和股东名册中有关股东及其出资额的记载。对公司章程的该项修改不需再由股东会表决。	第八十七条　依照本法转让股权后，公司应当及时注销原股东的出资证明书，向新股东签发出资证明书，并相应修改公司章程和股东名册中有关股东及其出资额的记载。对公司章程的该项修改不需再由股东会表决。

【重点解读】

本条是关于股权转让的变更记载的规定。

与2018年《公司法》相比，新《公司法》在条文顺序上作了调整，将原来的第七十三条变成现在的第八十七条，内容上增加了"及时"两字，是为了使条文更加周延。

本条规定了依法转让股权后公司的义务：一是及时注销原股东的出资证明书，二是向新股东签发出资证明书，三是相应修改公司章程和股东名册中有关股东及其出资额的记载。

需要注意的是，本条明确规定，对公司章程的该项修改不需再由股东会表决。这是因为股权转让本身已经经过了必要的程序和批准，再次进行股东会表决可能会造成不必要的重复和延误。因此，公司可以直接进行相应的修改，以提高效率并保护相关方的权益。

第八十八条　股东出资补足义务

第八十八条　股东转让已认缴出资但未届出资期限的股权的，由受让人承担缴纳该出资的义务；受让人未按期足额缴纳出资的，转让人对受让人未按期缴纳的出资承担补充责任。

未按照公司章程规定的出资日期缴纳出资或者作为出资的非货币财产的实际价额显著低于所认缴的出资额的股东转让股权的，转让人与受让人在出资不足的范围内承担连带责任；受让人不知道且不应当知道存在上述情形的，由转让人承担责任。

【重点解读】

本条是关于股东出资补足义务的规定。

与2018年《公司法》相比，本条属于新增条款。

本条第一款是为了解决注册资本认缴制下股权转让中出资责任不明确的问题。在2013年实施公司注册资本完全认缴制后，股权转让行为中出资义务的转移和责任承担成了实践中的争议焦点。2018年《公司法》及其司法解释并未对此类情况下的股权转让方是否应继续对公司承担出资责任作出明确规定，导致理论界和司法实践中出现了不同的观点和裁判结果。

为了统一认识、明确责任，本条第一款对此作出了明确规定，即"股东转让已认缴出资但未届出资期限的股权的，由受让人承担缴纳该出资的义务；受让人未按期足额缴纳出资的，转让人对受让人未按期缴纳的出资承担补充责任"。

本条第二款进一步规定，当存在出资瑕疵、延迟出资或异常出资等情形时，原股东与新股东应当承担连带责任。然而，若新股东确实对上述情况不知情，则其有权主张免除相应责任。这一规定不仅体现了我国立法技术的不断提升，更标志着公司法在价值导向上的重要转变。

4.2 股权回购与继承

第八十九条　股权收购请求权

第八十九条　有下列情形之一的，对股东会该项决议投反对票的股东可以请求公司按照合理的价格收购其股权：

（一）公司连续五年不向股东分配利润，而公司该五年连续盈利，并且符合本法规定的分配利润条件；

（二）公司合并、分立、转让主要财产；

（三）公司章程规定的营业期限届满或者章程规定的其他解散事由出现，股东会通过决议修改章程使公司存续。

自股东会决议作出之日起六十日内，股东与公司不能达成股权收购协议的，股东可以自股东会决议作出之日起九十日内向人民法院提起诉讼。

公司的控股股东滥用股东权利，严重损害公司或者其他股东利益的，其他股东有权请求公司按照合理的价格收购其股权。

公司因本条第一款、第三款规定的情形收购的本公司股权，应当在

新公司法条文对照与重点解读

六个月内依法转让或者注销。

【新旧条文对照】

2018年《公司法》	2024年《公司法》
第七十四条　有下列情形之一的，对股东会该项决议投反对票的股东可以请求公司按照合理的价格收购其股权： （一）公司连续五年不向股东分配利润，而公司该五年连续盈利，并且符合本法规定的分配利润条件的； （二）公司合并、分立、转让主要财产的； （三）公司章程规定的营业期限届满或者章程规定的其他解散事由出现，股东会会议通过决议修改章程使公司存续的。 自股东会会议决议通过之日起六十日内，股东与公司不能达成股权收购协议的，股东可以自股东会会议决议通过之日起九十日内向人民法院提起诉讼。	第八十九条　有下列情形之一的，对股东会该项决议投反对票的股东可以请求公司按照合理的价格收购其股权： （一）公司连续五年不向股东分配利润，而公司该五年连续盈利，并且符合本法规定的分配利润条件； （二）公司合并、分立、转让主要财产； （三）公司章程规定的营业期限届满或者章程规定的其他解散事由出现，股东会通过决议修改章程使公司存续。 自股东会决议作出之日起六十日内，股东与公司不能达成股权收购协议的，股东可以自股东会决议作出之日起九十日内向人民法院提起诉讼。 **公司的控股股东滥用股东权利，严重损害公司或者其他股东利益的，其他股东有权请求公司按照合理的价格收购其股权。** **公司因本条第一款、第三款规定的情形收购的本公司股权，应当在六个月内依法转让或者注销。**

【重点解读】

本条是关于有限公司股权收购请求权的规定。

与2018年《公司法》相比，新《公司法》不仅在条文顺序上作了调整，将原来的第七十四条变成现在的第八十五条，内容上也作了修改。

（1）将"通过之日"调整为"作出之日"，目的是明确股权收购请求权的起算时点，确保权利的及时行使，防止因时间计算不明确导致的权利滥用或遗漏。

（2）增加了"公司的控股股东滥用股东权利，严重损害公司或者其他股东利益的，其他股东有权请求公司按照合理的价格收购其股权。公司因本条第一款、第三款规定的情形收购的本公司股权，应当在六个月内依法转让或者注销"的内容，目的是进一步保护中小股东的权益，防止控股股东滥用权利，进一步明确和规范股权收购请求权的行使，确保股东的权益得到有效保护，并促进公司治理的规范化和透明化。

第九十条　股东资格继承

第九十条　自然人股东死亡后，其合法继承人可以继承股东资格；但是，公司章程另有规定的除外。

【新旧条文对照】

2018年《公司法》	2024年《公司法》
第七十五条　自然人股东死亡后，其合法继承人可以继承股东资格；但是，公司章程另有规定的除外。	第九十条　自然人股东死亡后，其合法继承人可以继承股东资格；但是，公司章程另有规定的除外。

【重点解读】

本条是关于股东资格继承的规定。

与2018年《公司法》相比，新《公司法》只在条文顺序上作了调整，将原来的第七十五条变成现在的第九十条，内容上没作任何修改。

根据本条，自然人股东去世后，其合法继承人有权继承股东资格，享受股东权利，如分红权、决策权等。但公司章程对股权继承有特别规定的，则这些规定将优先于法定继承。

需要注意的是，尽管继承股东资格不仅包括了对遗产的继承，也涵盖了对股东身份的继承，但这一过程仍需遵循《民法典》中关于财产继承的相关规定。

第 5 章
股份有限公司的设立和组织机构

5.1 设立

第九十一条 设立方式

第九十一条 设立股份有限公司，可以采取发起设立或者募集设立的方式。

发起设立，是指由发起人认购设立公司时应发行的全部股份而设立公司。

募集设立，是指由发起人认购设立公司时应发行股份的一部分，其余股份向特定对象募集或者向社会公开募集而设立公司。

【新旧条文对照】

2018年《公司法》	2024年《公司法》
第七十七条 股份有限公司的设立，可以采取发起设立或者募集设立的方式。 发起设立，是指由发起人认购公司应发行的全部股份而设立公司。 募集设立，是指由发起人认购公司应发行股份的一部分，其余股份向社会公开募集或者向特定对象募集而设立公司。	第九十一条 设立股份有限公司，可以采取发起设立或者募集设立的方式。 发起设立，是指由发起人认购设立公司时应发行的全部股份而设立公司。 募集设立，是指由发起人认购设立公司时应发行股份的一部分，其余股份向特定对象募集或者向社会公开募集而设立公司。

新公司法条文对照与重点解读

【重点解读】

本条是关于股份有限公司设立方式的规定。

与2018年《公司法》相比,新《公司法》中条文的主要变化有以下两点。

1. 发起设立的描述调整

新《公司法》将"由发起人认购公司应发行的全部股份而设立公司"调整为"由发起人认购设立公司时应发行的全部股份而设立公司"。这一调整明确了发起人认购股份的时间点,即是在"设立公司时"而不是在公司成立后,从而避免了时间上的歧义。

2. 募集设立的描述调整

在新《公司法》中,对于募集设立的描述也有所调整。原条文中提到"其余股份向社会公开募集或者向特定对象募集而设立公司",而新《公司法》调整为"其余股份向特定对象募集或者向社会公开募集而设立公司"。

第九十二条 发起人的限制

第九十二条 设立股份有限公司,应当有一人以上二百人以下为发起人,其中应当有半数以上的发起人在中华人民共和国境内有住所。

【新旧条文对照】

2018年《公司法》	2024年《公司法》
第七十八条 设立股份有限公司,应当有二人以上二百人以下为发起人,其中须有半数以上的发起人在中国境内有住所。	第九十二条 设立股份有限公司,应当有一人以上二百人以下为发起人,其中应当有半数以上的发起人在中华人民共和国境内有住所。

【重点解读】

本条是关于股份公司发起人限制的规定。

与2018年《公司法》相比,新《公司法》在设立股份有限公司的发起人要求方面主要有以下变化。

1. 发起人最低人数要求的变化

新《公司法》发起人最低人数要求从2018年《公司法》规定的"二人以上"调整为"一人以上"，即按照规定可以设立一人股份有限公司。

2. 发起人住所要求的调整

新《公司法》将发起人住所要求从"中国境内"修改为"中华人民共和国境内"，以精确界定发起人在境内的住所要求。

第九十三条　发起人的义务

第九十三条　股份有限公司发起人承担公司筹办事务。

发起人应当签订发起人协议，明确各自在公司设立过程中的权利和义务。

【新旧条文对照】

2018年《公司法》	2024年《公司法》
第七十九条　股份有限公司发起人承担公司筹办事务。 发起人应当签订发起人协议，明确各自在公司设立过程中的权利和义务。	第九十三条　股份有限公司发起人承担公司筹办事务。 发起人应当签订发起人协议，明确各自在公司设立过程中的权利和义务。

【重点解读】

本条是关于发起人筹办公司的义务的规定。

与2018年《公司法》相比，新《公司法》仅调整了条文顺序，内容上未有任何修改。

根据该条，公司发起人需要承担公司筹办事务，这一责任要求在2018年《公司法》和新《公司法》中都没有发生改变。

同时，发起人在公司设立过程中需要签订发起人协议，明确各自的权利和义务，这一要求同样也保持一致。

此举旨在规范发起人之间的权责关系，避免日后发生纠纷和出现权利义务不清的情况。签订发起人协议使合作各方在股份有限公司设立阶段就明确各主体的权责归属，为公司的正常运营和稳健发展打下基础。

第九十四条　公司章程的制订

第九十四条　设立股份有限公司，应当由发起人共同制订公司章程。

【重点解读】

本条是关于发起人共同制订公司章程的规定。

新《公司法》关于公司章程制订的规定是为了保障股份有限公司设立过程的合法性和规范性。公司章程是公司内部的"宪法"，规定了公司的基本组织、权利、义务、活动方式等内容，是公司存在和活动的基础。因此，在股份有限公司的设立过程中，制订公司章程是非常重要的一环。

新《公司法》在公司章程的制订主体上作出了明确和严格的要求，即在设立股份有限公司时，全体发起人要共同制订公司章程，而不是其中一个或多个发起人制订。这是为了确保公司章程的完整性、一致性和合法性，同时也是为了确保发起人在公司设立过程中的责任和义务得到履行。

第九十五条　公司章程法定记载事项

第九十五条　股份有限公司章程应当载明下列事项：

（一）公司名称和住所；

（二）公司经营范围；

（三）公司设立方式；

（四）公司注册资本、已发行的股份数和设立时发行的股份数，面额股的每股金额；

（五）发行类别股的，每一类别股的股份数及其权利和义务；

（六）发起人的姓名或者名称、认购的股份数、出资方式；

（七）董事会的组成、职权和议事规则；

（八）公司法定代表人的产生、变更办法；

（九）监事会的组成、职权和议事规则；

（十）公司利润分配办法；

（十一）公司的解散事由与清算办法；

（十二）公司的通知和公告办法；

（十三）股东会认为需要规定的其他事项。

【新旧条文对照】

2018年《公司法》	2024年《公司法》
第八十一条　股份有限公司章程应当载明下列事项： （一）公司名称和住所； （二）公司经营范围； （三）公司设立方式； （四）公司股份总数、每股金额和注册资本； （五）发起人的姓名或者名称、认购的股份数、出资方式和出资时间； （六）董事会的组成、职权和议事规则； （七）公司法定代表人； （八）监事会的组成、职权和议事规则； （九）公司利润分配办法； （十）公司的解散事由与清算办法；	第九十五条　股份有限公司章程应当载明下列事项： （一）公司名称和住所； （二）公司经营范围； （三）公司设立方式； （四）公司注册资本、已发行的股份数和设立时发行的股份数，面额股的每股金额； （五）发行类别股的，每一类别股的股份数及其权利和义务； （六）发起人的姓名或者名称、认购的股份数、出资方式； （七）董事会的组成、职权和议事规则； （八）公司法定代表人的产生、变更办法； （九）监事会的组成、职权和议事规则；

（十一）公司的通知和公告办法； （十二）股东大会会议认为需要规定的其他事项。	（十）公司利润分配办法； （十一）公司的解散事由与清算办法； （十二）公司的通知和公告办法； （十三）股东会认为需要规定的其他事项。

【重点解读】

本条是关于股份公司章程法定记载事项的规定。

与2018年《公司法》相比，新《公司法》更明确地规定了股份有限公司章程应当需要载明的事项。我们可以看出以下主要变化。

1. 设立时发行的股份数和已发行股份数的明确

在2018年《公司法》中，章程需要载明公司股份总数、每股金额和注册资本。而在新《公司法》中，除了公司注册资本，还明确了章程中应载明"已发行的股份数"和"设立时发行的股份数"，更加具体化了关于公司股份的发行和数量情况。

2. 发行类别股的规定

新《公司法》新增了发行类别股的规定，要求在章程中明确每一类别股的股份数及其权利和义务。这意味着公司可以根据需要设置不同类别的股份，每一类别股份可以具有特定的权益和责任。这样的规定为公司提供了更大的灵活性，通过发行类别股，公司可以实现差异化的股份安排，同时，可以促进企业治理的灵活性和创新，在保护股东权益的前提下，拥有更多选择和激励机制。

3. 公司法定代表人的产生、变更办法

在新《公司法》中，章程需要载明公司法定代表人的产生、变更办法。这一规定有助于明确公司法定代表人的产生和变更程序，更好地规范公司内部权力分配和决策机制，降低公司运营的合规风险。

第九十六条　注册资本

第九十六条　股份有限公司的注册资本为在公司登记机关登记的已发行股份的股本总额。在发起人认购的股份缴足前，不得向他人募集股份。

法律、行政法规以及国务院决定对股份有限公司注册资本最低限额另有规定的，从其规定。

【新旧条文对照】

2018年《公司法》	2024年《公司法》
第八十条　股份有限公司~~采取发起设立方式设立~~的，注册资本为在公司登记机关登记的~~全体发起人认购~~的股本总额。在发起人认购的股份缴足前，不得向他人募集股份。~~股份有限公司采取募集方式设立的，注册资本为在公司登记机关登记的实收股本总额。~~ 法律、行政法规以及国务院决定对股份有限公司~~注册资本实缴、~~注册资本最低限额另有规定的，从其规定。	第九十六条　股份有限公司的注册资本为在公司登记机关登记的已发行股份的股本总额。在发起人认购的股份缴足前，不得向他人募集股份。法律、行政法规以及国务院决定对股份有限公司注册资本最低限额另有规定的，从其规定。

【重点解读】

本条是关于股份有限公司注册资本的规定。

与2018年《公司法》相比，新《公司法》的变化是明确了股份有限公司的注册资本为其已发行股份的股本总额。这一调整能够更准确地反映公司的资本状况，避免了因发起人认购的股份未完全缴足或超出预期导致注册资本计算不准确的问题。

新《公司法》依然强调在发起人认购的股份缴足前，不得向他人募集股份。这一规定确保了公司在设立初期资本的稳定性，防止了因过早募集股份导致的潜在风险。

同时，新《公司法》规定，法律、行政法规以及国务院决定对股份有限公司注册资本最低限额另有规定的，应从其规定。这确保了公司在设立时满足必要的资本要求，有助于维护市场的公平和秩序。加强对注册资本的监管，可以防止资本运作中的风险，维护金融市场的稳定。

第九十七条　发起人认购股份

第九十七条　以发起设立方式设立股份有限公司的，发起人应当认足公司章程规定的公司设立时应发行的股份。

以募集设立方式设立股份有限公司的，发起人认购的股份不得少于公司章程规定的公司设立时应发行股份总数的百分之三十五；但是，法律、行政法规另有规定的，从其规定。

【新旧条文对照】

2018年《公司法》	2024年《公司法》
第八十三条第一款　以发起设立方式设立股份有限公司的，发起人应当书面认足公司章程规定其认购的股份，并按照公司章程规定缴纳出资。以非货币财产出资的，应当依法办理其财产权的转移手续。 第八十四条　以募集设立方式设立股份有限公司的，发起人认购的股份不得少于公司股份总数的百分之三十五；但是，法律、行政法规另有规定的，从其规定。	第九十七条　以发起设立方式设立股份有限公司的，发起人应当认足公司章程规定的公司设立时应发行的股份。 以募集设立方式设立股份有限公司的，发起人认购的股份不得少于公司章程规定的公司设立时应发行股份总数的百分之三十五；但是，法律、行政法规另有规定的，从其规定。

【重点解读】

本条是关于发起人认购股份的规定。

与2018年《公司法》相比，新《公司法》关于发起人认购股份的规定更加明确和严格，旨在提高公司的资本充足率，维护市场的公平和秩序。

新《公司法》明确了股份有限公司设立时，"发起人应当认足公司章程规定的公司设立时应发行的股份"，而不再是"书面认足公司章程规定其认购的股份"。这一调整明确了发起人在公司设立时应当全额认购其承诺的股份，确保了公司资本的充实和稳定。

同时，对于以募集方式设立股份有限公司的情形，新《公司法》对发起人认购股份的限制也作了调整。新《公司法》规定："发起人认购的股份不得少于公司章程规定的公司设立时应发行股份总数的百分之三十五。"这里提到的"公司章程规定的公司设立时应发行股份总数"，是指在募集设立方式下，公司章程规定的发行总股数。这一调整相较于2018年的规定更加明确，有助于确保募集设立的公司在设立阶段有足够的资金支持。

新《公司法》同样强调，如果法律、行政法规对发起人认购股份的数量另有规定，那么应遵循这些规定。这一条款确保了法律的灵活性和适应性，可以在特定情况下对发起人认购股份的数量进行特殊要求。

第九十八条　发起人出资义务

第九十八条　发起人应当在公司成立前按照其认购的股份全额缴纳股款。

发起人的出资，适用本法第四十八条、第四十九条第二款关于有限责任公司股东出资的规定。

【新旧条文对照】

2018年《公司法》	2024年《公司法》
第八十二条　发起人的出资方式，适用本法第二十七条的规定。	第九十八条　发起人应当在公司成立前按照其认购的股份全额缴纳股款。 发起人的出资，适用本法第四十八条、第四十九条第二款关于有限责任公司股东出资的规定。

【重点解读】

本条是关于发起人出资义务的规定。

与2018年《公司法》相比，新《公司法》的主要变化有以下两点。

1. 强调发起人的出资义务

新《公司法》明确要求发起人在公司成立前按照其认购的股份全额缴纳股款。这一调整强调了发起人的出资义务，确保了公司在成立之初有足够的资本支持，有助于提高公司的资本充足率，降低潜在的资本风险。

2. 统一规定出资方式

新《公司法》将发起人的出资方式与有限责任公司股东出资的规定进行了统一。这一调整简化了公司设立流程，使得相关规定更加一致和协调，便于实际操作和监管。同时，这一规定也有利于监管部门统一监管，提高了实际操作和监管的效率。

第九十九条　发起人出资违约责任

第九十九条　发起人不按照其认购的股份缴纳股款，或者作为出资的非货币财产的实际价额显著低于所认购的股份的，其他发起人与该发起人在出资不足的范围内承担连带责任。

【新旧条文对照】

2018年《公司法》	2024年《公司法》
第九十三条　股份有限公司成立后，发起人未按照公司章程的规定缴足出资的，应当补缴；其他发起人承担连带责任。 股份有限公司成立后，发现作为设立公司出资的非货币财产的实际价额显著低于公司章程所定价额的，应当由交付该出资的发起人补足其差额；其他发起人承担连带责任。	第九十九条　发起人不按照其认购的股份缴纳股款，或者作为出资的非货币财产的实际价额显著低于所认购的股份的，其他发起人与该发起人在出资不足的范围内承担连带责任。

【重点解读】

本条是关于发起人出资的违约责任的规定。

与2018年《公司法》相比,新《公司法》的主要变化包括以下几点。

1. 明确发起人之间的连带责任

新《公司法》明确规定,如果发起人不按照其认购的股份缴纳股款,或者作为出资的非货币财产的实际价额显著低于所认购的股份,其他发起人须在出资不足的范围内承担连带责任。这一变化强调了其他发起人与该发起人之间的相互监督和约束,有助于提高公司注册资本的真实性和可靠性。

随着市场经济的发展和公司数量的增加,一些公司在设立时存在虚假出资、抽逃出资等问题,给市场和债权人带来风险。因此,新《公司法》明确了发起人之间的连带责任,以加强对公司资本的监管,降低市场风险和维护公共利益。

2. 简化法律条文表述

相较于2018年《公司法》,新《公司法》在表述上更加简洁明了,使得相关法律规定更易于理解和执行。这样的改进有助于提高法律的实际应用效果,减少因歧义或模糊导致的潜在纠纷。

充足的公司注册资本是保障债权人利益的重要基础。在某些情况下,发起人未按照公司章程的规定缴足出资,导致公司注册资本不足,给债权人带来了一定的风险。新《公司法》的这一修改旨在加强对公司资本的监管,通过明确发起人之间的连带责任,降低虚假出资、抽逃出资等行为带来的市场风险,为债权人提供了一定的保障。

第一百条　公开募集股份

第一百条　发起人向社会公开募集股份,应当公告招股说明书,并制作认股书。认股书应当载明本法第一百五十四条第二款、第三款所列事项,由认股人填写认购的股份数、金额、住所,并签名或者盖章。认股人应当按照所认购股份足额缴纳股款。

【新旧条文对照】

2018年《公司法》	2024年《公司法》
第八十五条　发起人向社会公开募集股份，必须公告招股说明书，并制作认股书。认股书应当载明本法第八十六条所列事项，由认股人填写认购股数、金额、住所，并签名、盖章。认股人按照所认购股数缴纳股款。	第一百条　发起人向社会公开募集股份，应当公告招股说明书，并制作认股书。认股书应当载明本法第一百五十四条第二款、第三款所列事项，由认股人填写认购的股份数、金额、住所，并签名或者盖章。认股人应当按照所认购股份足额缴纳股款。

【重点解读】

本条是关于股份有限公司募集股份公告和认股书应载明事项的规定。

与2018年《公司法》相比，新《公司法》的主要变化包括以下两点。

1. 用词上的变化

新《公司法》文字表述由"必须"变成了"应当"，实质上依然要求发起人公告招股说明书和制作认股书。新《公司法》对认股书应当载明的事项也作了进一步明确，即"认购的股份数、金额、住所，并签名或者盖章"。

2. 缴纳股款的要求

新《公司法》增加了"足额"两个字，强调认股人应当按照所认购股份足额缴纳股款。

新《公司法》将"必须"改为"应当"在一定程度上给予实践操作更大的灵活性；但同时又通过认股人"足额"缴纳股款的要求，保障了公司融资的确定性和资金的充足性。

第一百零一条　验资程序

第一百零一条　向社会公开募集股份的股款缴足后，应当经依法设立的验资机构验资并出具证明。

【新旧条文对照】

2018年《公司法》	2024年《公司法》
第八十九条第一款 发行股份的股款缴足后，必须经依法设立的验资机构验资并出具证明。发起人应当自股款缴足之日起三十日内主持召开公司创立大会。创立大会由发起人、认股人组成。	第一百零一条 向社会公开募集股份的股款缴足后，应当经依法设立的验资机构验资并出具证明。

【重点解读】

本条是关于验资程序的规定。

新《公司法》将原来的发行股份验资规定，改为向社会公开募集股份的股款缴足后的验资要求。这一条文强调了对募集资金的监管和保障，旨在确保资金的真实性和合法性。

对于公开募集股份的股款缴足后应当验资并出具证明的要求，主要是为了加强对公众投资者资金的保护，确保募集资金的准确性和透明度。

第一百零二条　股东名册

第一百零二条　股份有限公司应当制作股东名册并置备于公司。股东名册应当记载下列事项：

（一）股东的姓名或者名称及住所；

（二）各股东所认购的股份种类及股份数；

（三）发行纸面形式的股票的，股票的编号；

（四）各股东取得股份的日期。

【新旧条文对照】

2018年《公司法》	2024年《公司法》
第一百三十条　公司发行记名股票的，应当置备股东名册，记载下列事项： （一）股东的姓名或者名称及住所； （二）各股东所持股份数； （三）各股东所持股票的编号； （四）各股东取得股份的日期。 发行无记名股票的，公司应当记载其股票数量、编号及发行日期。	第一百零二条　股份有限公司应当制作股东名册并置备于公司。股东名册应当记载下列事项： （一）股东的姓名或者名称及住所； （二）各股东所认购的股份种类及股份数； （三）发行纸面形式的股票的，股票的编号； （四）各股东取得股份的日期。

【重点解读】

本条是关于股份有限公司股东名册记载事项的规定。

与2018年《公司法》相比，新《公司法》删除了发行无记名股票的相关规定，并对股东名册的记载内容进行了调整。

新《公司法》规定："股份有限公司应当制作股东名册并置备于公司。"股东名册中需要记载股东的姓名或名称及住所，各股东所认购的股份种类及股份数，以及纸面形式的股票编号。此外，股东名册中还需要记录各股东取得股份的日期。

新《公司法》的这些调整旨在加强对股东名册的管理和监督，为投资者提供一个更加透明和规范的投资环境，提高市场的透明度和公信力，维护市场的公平和秩序，保障公司和投资者的合法权益。

第一百零三条　公司成立大会召开

第一百零三条　募集设立股份有限公司的发起人应当自公司设立时应发行股份的股款缴足之日起三十日内召开公司成立大会。发起人应当在成立大会召开十五日前将会议日期通知各认股人或者予以公告。成立大会应当有持有表决权过半数的认股人出席，方可举行。

以发起设立方式设立股份有限公司成立大会的召开和表决程序由公司章程或者发起人协议规定。

【新旧条文对照】

2018年《公司法》	2024年《公司法》
第八十九条第一款 ~~发行股份的股款缴足后，必须经依法设立的验资机构验资并出具证明。~~发起人应当自股款缴足之日起三十日内主持召开公司创立大会。~~创立大会由发起人、认股人组成。~~ 第九十条第一款 发起人应当在创立大会召开十五日前将会议日期通知各认股人或者予以公告。创立大会应有~~代表股份总数~~过半数的~~发起人、认股人~~出席，方可举行。	第一百零三条 募集设立股份有限公司的发起人应当自公司设立时应发行股份的股款缴足之日起三十日内召开公司成立大会。发起人应当在成立大会召开十五日前将会议日期通知各认股人或者予以公告。成立大会应当有持有表决权过半数的认股人出席，方可举行。 以发起设立方式设立股份有限公司成立大会的召开和表决程序由公司章程或者发起人协议规定。

【重点解读】

本条是关于召开公司成立大会的规定。

与2018年《公司法》相比，新《公司法》关于股份有限公司成立大会的规定有以下主要变化。

1. 成立大会的召开

在新《公司法》中，对于募集设立的股份有限公司，发起人须在公司设立时应发行股份的股款缴足之日起三十日内召开公司成立大会。这一规定明确了成立大会召开的具体时间要求，有助于确保公司的及时成立和运营。

2. 成立大会的表决

新《公司法》规定："成立大会应当有持有表决权过半数的认股人出席，方可举行。"这一规定强调了出席成立大会的认股人需要有足够的表决权，以确保决议的有效性和合法性。这旨在增强认股人的权利和地位，鼓励他们在公司设立过程中积极参与和履行监督职责。

3. 发起设立方式的特殊规定

在新《公司法》中，对于以发起设立方式设立的股份有限公司，其成立大会的召开和表决程序由公司章程或者发起人协议规定。这一规定允许公司根据自身实际情况通过公司章程或者发起人协议制定有关成立大会的具体规定。

第一百零四条　成立大会职权与表决程序

第一百零四条　公司成立大会行使下列职权：

（一）审议发起人关于公司筹办情况的报告；

（二）通过公司章程；

（三）选举董事、监事；

（四）对公司的设立费用进行审核；

（五）对发起人非货币财产出资的作价进行审核；

（六）发生不可抗力或者经营条件发生重大变化直接影响公司设立的，可以作出不设立公司的决议。

成立大会对前款所列事项作出决议，应当经出席会议的认股人所持表决权过半数通过。

【新旧条文对照】

2018年《公司法》	2024年《公司法》
第九十条第二款　创立大会行使下列职权： （一）审议发起人关于公司筹办情况的报告； （二）通过公司章程； （三）选举董事会成员； （四）选举监事会成员； （五）对公司的设立费用进行审核； （六）对发起人用于抵作股款	第一百零四条　公司成立大会行使下列职权： （一）审议发起人关于公司筹办情况的报告； （二）通过公司章程； （三）选举董事、监事； （四）对公司的设立费用进行审核； （五）对发起人非货币财产出资的作价进行审核；

的财产的作价进行审核； （七）发生不可抗力或者经营条件发生重大变化直接影响公司设立的，可以作出不设立公司的决议。 第九十条第三款 创立大会对前款所列事项作出决议，必须经出席会议的认股人所持表决权过半数通过。	（六）发生不可抗力或者经营条件发生重大变化直接影响公司设立的，可以作出不设立公司的决议。 成立大会对前款所列事项作出决议，应当经出席会议的认股人所持表决权过半数通过。

【重点解读】

本条是关于股份有限公司成立大会职权与表决程序的规定。

与2018年《公司法》相比，新《公司法》关于股份有限公司的成立大会职权的规定有以下主要变化。

1. 职权范围明确

新《公司法》进一步明确了成立大会的职权范围，包括审议发起人关于公司筹办情况的报告、通过公司章程、选举董事和监事、对公司的设立费用进行审核、对发起人非货币财产出资的作价进行审核，以及在特定情况下作出不设立公司的决议。这些调整有助于确保成立大会的职权得到规范行使，提高公司的设立效率和合法性。

2. 对发起人非货币财产出资的作价审核

新《公司法》增加了公司成立大会对发起人非货币财产出资的作价进行审核的职权。"非货币财产"出资是对2018年《公司法》中"用于抵作股款的财产"出资的明确和概括。这一调整旨在加强对非货币财产出资的管理和监督，确保发起人出资的真实性和合法性，保障公司和债权人的合法权益。

第一百零五条　返还股款及抽回股本

第一百零五条　公司设立时应发行的股份未募足，或者发行股份的股款缴足后，发起人在三十日内未召开成立大会的，认股人可以按照所缴股款并加算银行同期存款利息，要求发起人返还。

发起人、认股人缴纳股款或者交付非货币财产出资后，除未按期募足股份、发起人未按期召开成立大会或者成立大会决议不设立公司的情形外，不得抽回其股本。

【新旧条文对照】

2018年《公司法》	2024年《公司法》
第八十九条第二款 发行的股份超过招股说明书规定的截止期限尚未募足的，或者发行股份的股款缴足后，发起人在三十日内未召开创立大会的，认股人可以按照所缴股款并加算银行同期存款利息，要求发起人返还。 第九十一条 发起人、认股人缴纳股款或者交付抵作股款的出资后，除未按期募足股份、发起人未按期召开创立大会或者创立大会决议不设立公司的情形外，不得抽回其股本。	第一百零五条 公司设立时应发行的股份未募足，或者发行股份的股款缴足后，发起人在三十日内未召开成立大会的，认股人可以按照所缴股款并加算银行同期存款利息，要求发起人返还。 发起人、认股人缴纳股款或者交付非货币财产出资后，除未按期募足股份、发起人未按期召开成立大会或者成立大会决议不设立公司的情形外，不得抽回其股本。

【重点解读】

本条是关于返还股款及抽回股本情形的规定。

与2018年《公司法》相比，新《公司法》在保护认股人权益、确保发起人按时召开成立大会及防止股本被擅自抽回等方面有了进一步的明确和强化。

1. 返还股款的情形

如果公司发行的股份未募足，或者发行股份的股款已经缴足，但发起人在三十日内未召开成立大会，认股人可以要求发起人返还股款。此外，认股人可以要求发起人按照所缴股款并加算银行同期存款利息返还。这一规定明确了发起人未按时召开成立大会时认股人可以要求返还股款的权益，并给出了具体的返还计算方式。

2. 禁止抽回股本的情形

新《公司法》规定，发起人和认股人在缴纳股款或交付非货币财产出资后，除非发行的股份未按期募足、发起人未按期召开成立大会或者成立大会决议不设立公司，否则不得抽回其股本。这一调整明确了禁止抽回股本的情形，旨在防止发起人、认股人在股款已缴足的情况下擅自抽回股本，以保护其他认股人的权益。

第一百零六条　申请设立登记

第一百零六条　董事会应当授权代表，于公司成立大会结束后三十日内向公司登记机关申请设立登记。

【新旧条文对照】

2018年《公司法》	2024年《公司法》
第九十二条　董事会应于创立大会结束后三十日内，向公司登记机关报送下列文件，申请设立登记： （一）公司登记申请书； （二）创立大会的会议记录； （三）公司章程； （四）验资证明； （五）法定代表人、董事、监事的任职文件及其身份证明； （六）发起人的法人资格证明或者自然人身份证明； （七）公司住所证明。 以募集方式设立股份有限公司公开发行股票的，还应当向公司登记机关报送国务院证券监督管理机构的核准文件。	第一百零六条　董事会应当授权代表，于公司成立大会结束后三十日内向公司登记机关申请设立登记。

【重点解读】

本条是关于申请设立登记的规定。

与2018年《公司法》相比，新《公司法》有以下主要变化。

1. 流程简化

新《公司法》将2018年《公司法》条文中"董事会应于创立大会结束后三十日内向公司登记机关报送下列文件，申请设立登记"调整为"董事会应当授权代表，于公司成立大会结束后三十日内向公司登记机关申请设立登记"。这表明，立法上减少了董事会直接参与报送文件的步骤，董事会可以授权代表申请设立登记，提高了效率。

2. 文字上的精简与调整

新《公司法》中对应条文的表述更为简洁，例如，将"向公司登记机关报送下列文件，申请设立登记"修改为"向公司登记机关申请设立登记"。

3. 监管机构的调整

原条文提到的"国务院证券监督管理机构的核准文件"，在新《公司法》中被删除了。这一变化反映了法律对公司在设立阶段程序的简化和效率的提高，监管机构的调整也反映了法律体系内部的协调和完善。这一变化有助于促进公司的快速设立和合法运营，降低企业的制度性成本，为市场经济的健康发展提供有力保障。

第一百零七条　与有限责任公司的参照适用条款

第一百零七条　本法第四十四条、第四十九条第三款、第五十一条、第五十二条、第五十三条的规定，适用于股份有限公司。

【重点解读】

本条是关于与有限责任公司参照适用条款的规定。

新《公司法》的这些条款主要涉及公司的设立、股东出资责任、股东权利和责任，以及违反规定的后果。以下是针对这些条款的重点解读。

1. 设立与出资责任

第四十四条明确规定设立时的股东在有限责任公司成立之前，为设立公司以自己的名义从事民事活动所产生的法律后果由公司或公司设立时的股东承担。第四十九条第三款强调了股东在设立公司时应按期足额缴纳出资额。股东应承担未按时足额缴纳出资的法律后果，并向公司赔偿因此造成的损失。

第五十一条和第五十二条进一步规定了公司催缴出资和失权通知的程序。对于未按期足额缴纳出资的股东，公司有权向其催缴，并在宽限期届满后向其发出失权通知。未在宽限期内履行出资义务的股东将丧失其未缴纳出资的股权，其他股东需按照其出资比例足额缴纳相应出资。

2. 股东权利与责任

第五十三条明确规定，公司成立后，股东不得抽逃出资。违反此规定的股东需返还抽逃的出资，并对给公司造成的损失承担赔偿责任。负有责任的董事、监事、高级管理人员也应与该股东承担连带赔偿责任。

3. 适用范围

新《公司法》明确规定："本法第四十四条、第四十九条第三款、第五十一条、第五十二条、第五十三条的规定，适用于股份有限公司。"这意味着这些关于股东权利、责任和公司管理的规定适用于股份有限公司，以确保公司的正常运营和保护投资者的利益。

4. 法律责任

这些条款明确规定了违反规定的法律后果，包括对公司的赔偿责任、失权通知和抽逃出资的处罚。这有助于维护市场的公平性和保护中小投资者的利益。

第一百零八条　公司性质变更

第一百零八条　有限责任公司变更为股份有限公司时，折合的实收股本总额不得高于公司净资产额。有限责任公司变更为股份有限公司，为增加注册资本公开发行股份时，应当依法办理。

新公司法条文对照与重点解读

【新旧条文对照】

2018年《公司法》	2024年《公司法》
第九十五条　有限责任公司变更为股份有限公司时，折合的实收股本总额不得高于公司净资产额。有限责任公司变更为股份有限公司，为增加资本公开发行股份时，应当依法办理。	第一百零八条　有限责任公司变更为股份有限公司时，折合的实收股本总额不得高于公司净资产额。有限责任公司变更为股份有限公司，为增加注册资本公开发行股份时，应当依法办理。

【重点解读】

本条是关于有限责任公司和股份有限公司的公司性质变更的规定。

与2018年《公司法》相比，新《公司法》对于有限责任公司变更为股份有限公司的要求没有发生实质性的变化。以下是对重点内容的解读。

1. 折合实收股本总额与净资产额的关系

新旧《公司法》都明确规定了有限责任公司变更为股份有限公司时，折合的实收股本总额不得高于公司净资产额。这一规定旨在确保公司在性质变更过程中的资产质量，防止因变更导致资产流失或权益受损。

2. 增加注册资本公开发行股份

新《公司法》进一步明确了有限责任公司变更为股份有限公司，为增加注册资本公开发行股份时，不能擅自发行，应当依法办理。这一规定突出了合法性和规范性，确保变更过程的合规性和透明度。

第一百零九条　有关文件置备

第一百零九条　股份有限公司应当将公司章程、股东名册、股东会会议记录、董事会会议记录、监事会会议记录、财务会计报告、债券持有人名册置备于本公司。

【新旧条文对照】

2018年《公司法》	2024年《公司法》
第九十六条　股份有限公司应当将公司章程、股东名册、公司债券存根、股东大会会议记录、董事会会议记录、监事会会议记录、财务会计报告置备于本公司。	第一百零九条　股份有限公司应当将公司章程、股东名册、股东会会议记录、董事会会议记录、监事会会议记录、财务会计报告、债券持有人名册置备于本公司。

【重点解读】

本条是关于股份有限公司有关文件置备的规定。

与2018年《公司法》相比，新《公司法》对于股份有限公司有关文件置备的规定发生了一些变化。在原法中，股份有限公司应将公司章程、股东名册、公司债券存根、股东大会会议记录、董事会会议记录、监事会会议记录、财务会计报告置备于本公司。新《公司法》删除了公司债券存根一项，增加了对债券持有人名册的置备要求。

这一变化是基于实践中的观察，由于债券持有人对于公司的权益和风险较为关注，因此需要将债券持有人名册置备于本公司，以便于债券持有人查询和监督。

第一百一十条　股东知情权

第一百一十条　股东有权查阅、复制公司章程、股东名册、股东会会议记录、董事会会议决议、监事会会议决议、财务会计报告，对公司的经营提出建议或者质询。

连续一百八十日以上单独或者合计持有公司百分之三以上股份的股东要求查阅公司的会计账簿、会计凭证的，适用本法第五十七条第二款、第三款、第四款的规定。公司章程对持股比例有较低规定的，从其规定。

股东要求查阅、复制公司全资子公司相关材料的，适用前两款的规定。

新公司法条文对照与重点解读

上市公司股东查阅、复制相关材料的，应当遵守《中华人民共和国证券法》等法律、行政法规的规定。

【新旧条文对照】

2018年《公司法》	2024年《公司法》
第九十七条　股东有权查阅公司章程、股东名册、公司债券存根、股东大会会议记录、董事会会议决议、监事会会议决议、财务会计报告，对公司的经营提出建议或者质询。	第一百一十条　股东有权查阅、复制公司章程、股东名册、股东会会议记录、董事会会议决议、监事会会议决议、财务会计报告，对公司的经营提出建议或者质询。 连续一百八十日以上单独或者合计持有公司百分之三以上股份的股东要求查阅公司的会计账簿、会计凭证的，适用本法第五十七条第二款、第三款、第四款的规定。公司章程对持股比例有较低规定的，从其规定。 股东要求查阅、复制公司全资子公司相关材料的，适用前两款的规定。 上市公司股东查阅、复制相关材料的，应当遵守《中华人民共和国证券法》等法律、行政法规的规定。

【重点解读】

本条是关于股份有限公司股东知情权的规定。

与2018年《公司法》相比，新《公司法》对股东的知情权作了一些调整和补充。

（1）股东有权查阅、复制公司章程、股东名册、股东会会议记录、董事会会议决议、监事会会议决议、财务会计报告。相比较原条文，新《公司法》删除了公司债券存根一项。

（2）连续一百八十日以上单独或者合计持有公司百分之三以上股份的股东要求查阅公司的会计账簿、会计凭证的，适用第五十七条第二款、第三款、第四款的规定。这一条是对股东查阅公司会计信息的具体规定。

（3）公司章程如果对持股比例有较低规定，则按照其规定执行。这意味着如果公司章程规定了更低的持股比例要求，股东可以按照这个规定进行操作。

（4）如果股东要求查阅、复制公司全资子公司的相关材料，则适用前两款的规定。这一条确认了股东对公司全资子公司的知情权。

（5）上市公司股东查阅、复制相关材料时，需要遵守《中华人民共和国证券法》等法律、行政法规的规定。这是对上市公司股东知情权的特别要求。

5.2 股东会

第一百一十一条 股东会组成和地位

第一百一十一条　股份有限公司股东会由全体股东组成。股东会是公司的权力机构，依照本法行使职权。

【新旧条文对照】

2018年《公司法》	2024年《公司法》
第九十八条　股份有限公司股东大会由全体股东组成。股东大会是公司的权力机构，依照本法行使职权。	第一百一十一条　股份有限公司股东会由全体股东组成。股东会是公司的权力机构，依照本法行使职权。

【重点解读】

本条是关于股份有限公司股东会的组成和地位的规定。

与2018年《公司法》相比，新《公司法》的文字表述由"股东大会"变为"股东会"，但内涵保持一致，没有发生变化。

新《公司法》明确指出，股份有限公司的股东会是由全体股东组成的，并且是公司的权力机构。这意味着股东会是公司内部的决策机构，负责审议和决定公司的重大事项。

第一百一十二条　股东会职权

第一百一十二条　本法第五十九条第一款、第二款关于有限责任公司股东会职权的规定，适用于股份有限公司股东会。

本法第六十条关于只有一个股东的有限责任公司不设股东会的规定，适用于只有一个股东的股份有限公司。

【新旧条文对照】

2018年《公司法》	2024年《公司法》
第九十九条　本法第三十七条第一款关于有限责任公司股东会职权的规定，适用于股份有限公司股东大会。	第一百一十二条　本法第五十九条第一款、第二款关于有限责任公司股东会职权的规定，适用于股份有限公司股东会。 本法第六十条关于只有一个股东的有限责任公司不设股东会的规定，适用于只有一个股东的股份有限公司。

【重点解读】

本条是关于股份有限公司股东会职权的规定。

与2018年《公司法》相比，新《公司法》关于股东会职权的规定主要有以下变化。

1. 股东会职权的明确和细化

在新《公司法》中，第一百一十二条明确引用了第五十九条第一款和第二款关于有限责任公司股东会职权的规定，并指出这些规定适用于股份有限公司股东会。此外，第六十条也针对只有一个股东的有限责任公司的情况进行了规定。

2. 决策方式的灵活性

新增的第五十九条第三款为股东提供了一种新的决策方式，即如果**全体股东通过书面形式一致表示同意，可以不召开股东会会议直接作出决定**。这大大提高了决策的效率和灵活性，特别是在小规模或股权结构简单的公司中。

3. 特定情况下的决策程序

第六十条特别针对只有一个股东的有限责任公司的情况进行了规定，明确在这种情况下不设股东会，股东作出决定时需要采用书面形式，并由股东签名或盖章后置备于公司。这确保了在这种特殊情况下，公司的决策和管理依然能够规范、透明地进行。

第一百一十三条　股东会年会与临时会议

第一百一十三条　股东会应当每年召开一次年会。有下列情形之一的，应当在两个月内召开临时股东会会议：

（一）董事人数不足本法规定人数或者公司章程所定人数的三分之二时；

（二）公司未弥补的亏损达股本总额三分之一时；

（三）单独或者合计持有公司百分之十以上股份的股东请求时；

（四）董事会认为必要时；

（五）监事会提议召开时；

（六）公司章程规定的其他情形。

【新旧条文对照】

2018年《公司法》	2024年《公司法》
第一百条　股东**大**会应当每年召开一次年会。有下列情形之一的，应当在两个月内召开临时股东**大会**：	第一百一十三条　股东会应当每年召开一次年会。有下列情形之一的，应当在两个月内召开临时股东会**会议**：

（一）董事人数不足本法规定人数或者公司章程所定人数的三分之二时； （二）公司未弥补的亏损达**实收**股本总额三分之一时； （三）单独或者合计持有公司百分之十以上股份的股东请求时； （四）董事会认为必要时； （五）监事会提议召开时； （六）公司章程规定的其他情形。	（一）董事人数不足本法规定人数或者公司章程所定人数的三分之二时； （二）公司未弥补的亏损达**股本总额**三分之一时； （三）单独或者合计持有公司百分之十以上股份的股东请求时； （四）董事会认为必要时； （五）监事会提议召开时； （六）公司章程规定的其他情形。

【重点解读】

本条是关于股份有限公司股东会召开年会与临时会议的规定。

与2018年《公司法》相比，新《公司法》仅在表述上措辞稍有不同，具体解读如下。

1. 股东会年会的召开频次

2018年《公司法》规定股东大会应当每年召开一次年会，在新《公司法》中，这一规定没有实质性的变化。

2. 临时股东会会议的召开条件

2018年《公司法》和新《公司法》在列举需要召开临时股东会会议的情形时，内容是基本一致的。这些情形包括：董事人数不足本法规定人数或者公司章程所定人数的三分之二时；公司未弥补的亏损达股本总额三分之一时；单独或者合计持有公司百分之十以上股份的股东请求时；董事会认为必要时；监事会提议召开时；公司章程规定的其他情形。

第一百一十四条　股东会会议的召集与主持

第一百一十四条　股东会会议由董事会召集，董事长主持；董事长不能履行职务或者不履行职务的，由副董事长主持；副董事长不能履行职务或者不履行职务的，由过半数的董事共同推举一名董事主持。

董事会不能履行或者不履行召集股东会会议职责的，监事会应当及时召集和主持；监事会不召集和主持的，连续九十日以上单独或者合计持有公司百分之十以上股份的股东可以自行召集和主持。

单独或者合计持有公司百分之十以上股份的股东请求召开临时股东会会议的，董事会、监事会应当在收到请求之日起十日内作出是否召开临时股东会会议的决定，并书面答复股东。

【新旧条文对照】

2018年《公司法》	2024年《公司法》
第一百零一条　股东大会会议由董事会召集，董事长主持；董事长不能履行职务或者不履行职务的，由副董事长主持；副董事长不能履行职务或者不履行职务的，由半数以上董事共同推举一名董事主持。 董事会不能履行或者不履行召集股东大会会议职责的，监事会应当及时召集和主持；监事会不召集和主持的，连续九十日以上单独或者合计持有公司百分之十以上股份的股东可以自行召集和主持。	第一百一十四条　股东会会议由董事会召集，董事长主持；董事长不能履行职务或者不履行职务的，由副董事长主持；副董事长不能履行职务或者不履行职务的，由过半数的董事共同推举一名董事主持。 董事会不能履行或者不履行召集股东会会议职责的，监事会应当及时召集和主持；监事会不召集和主持的，连续九十日以上单独或者合计持有公司百分之十以上股份的股东可以自行召集和主持。 单独或者合计持有公司百分之十以上股份的股东请求召开临时股东会会议的，董事会、监事会应当在收到请求之日起十日内作出是否召开临时股东会会议的决定，并书面答复股东。

【重点解读】

本条是关于股份有限公司股东会会议的召集与主持的规定。

与2018年《公司法》相比，新《公司法》关于股东会会议召集和主持的规定在基本框架上保持一致，但新《公司法》增加了一些细节，使得规定更为完善。

1. 召集和主持顺序

新旧《公司法》都明确了股东会（股东大会）会议首先由董事会召集，董事长主持。如果董事长无法履行职务，则由副董事长接替。若副董事长也无法履行，那么由半数以上（新《公司法》更为明确地指出是"过半数"）的董事共同推举一名董事来主持。

当董事会无法或不履行其召集职责时，监事会应当及时介入，负责召集和主持会议。如果监事会也不履行这一职责，那么持有公司一定股份（连续九十日以上单独或合计持有公司百分之十以上股份）的股东有权自行召集和主持。

2. 新《公司法》的增补内容

新《公司法》在第一百一十四条中增加了一款内容，规定当单独或合计持有公司百分之十以上股份的股东请求召开临时股东会会议时，董事会、监事会应当在收到请求之日起十日内作出是否召开临时股东会会议的决定，并书面答复股东。

这一增补内容明确了股东请求召开临时会议时的处理流程和时限，有助于保护股东的权益，确保公司在必要时能够及时召开股东会会议，处理紧急事务。

第一百一十五条 股东会会议通知与提案

第一百一十五条 召开股东会会议，应当将会议召开的时间、地点和审议的事项于会议召开二十日前通知各股东；临时股东会会议应当于会议召开十五日前通知各股东。

单独或者合计持有公司百分之一以上股份的股东，可以在股东会会议召开十日前提出临时提案并书面提交董事会。临时提案应当有明确议题和具体决议事项。董事会应当在收到提案后二日内通知其他股东，并将该临时提案提交股东会审议；但临时提案违反法律、行政法规或者公司章程的规定，或者不属于股东会职权范围的除外。公司不得提高提出临时提案股东的持股比例。

公开发行股份的公司，应当以公告方式作出前两款规定的通知。

股东会不得对通知中未列明的事项作出决议。

【新旧条文对照】

2018年《公司法》	2024年《公司法》
第一百零二条　召开股东大会会议，应当将会议召开的时间、地点和审议的事项于会议召开二十日前通知各股东；临时股东大会应当于会议召开十五日前通知各股东；发行无记名股票的，应当于会议召开三十日前公告会议召开的时间、地点和审议事项。 单独或者合计持有公司百分之三以上股份的股东，可以在股东大会召开十日前提出临时提案并书面提交董事会；董事会应当在收到提案后二日内通知其他股东，并将该临时提案提交股东大会审议。临时提案的内容应当属于股东大会职权范围，并有明确议题和具体决议事项。 股东大会不得对前两款通知中未列明的事项作出决议。 无记名股票持有人出席股东大会会议的，应当于会议召开五日前至股东大会闭会时将股票交存于公司。	第一百一十五条　召开股东会会议，应当将会议召开的时间、地点和审议的事项于会议召开二十日前通知各股东；临时股东会会议应当于会议召开十五日前通知各股东。 单独或者合计持有公司百分之一以上股份的股东，可以在股东会会议召开十日前提出临时提案并书面提交董事会。临时提案应当有明确议题和具体决议事项。董事会应当在收到提案后二日内通知其他股东，并将该临时提案提交股东会审议；但临时提案违反法律、行政法规或者公司章程的规定，或者不属于股东会职权范围的除外。公司不得提高提出临时提案股东的持股比例。 公开发行股份的公司，应当以公告方式作出前两款规定的通知。 股东会不得对通知中未列明的事项作出决议。

【重点解读】

本条是关于股份有限公司股东会的会议通知、公告及临时提案的规定。

与2018年《公司法》相比，新《公司法》有一定的变动和调整，具体变化调整有如下两点。

1. 通知时间的调整

2018年《公司法》规定，发行无记名股票的，应当于会议召开三十日前公告有关事项。而新《公司法》将公告要求扩展至公开发行股份的公司。

将定期和临时股东会的通知时间统一为二十日前和十五日前，旨在确保所有股东有足够的时间了解会议议题并准备参加。此外，这种统一可以使《公司法》规定更为简洁明了。

2. 临时提案权和相关规定的调整

关于股东提出临时提案的持股比例要求，从2018年的3%下降到2024年的1%，是为了降低提案的门槛，让中小股东更容易行使提案权。同时，条文强调公司不得提高提出临时提案股东的持股比例，这有助于保护中小股东的利益。

有关董事会的通知要求和临时提案审议的规定，是为了使《公司法》相关规定更加明确、详细，保障公司和股东权益。这些调整体现出对中小股东权益保护、提高公司治理透明度的关注，旨在更有效地促使公司管理层对股东负责，规范公司行为。

第一百一十六条　股东表决权

第一百一十六条　股东出席股东会会议，所持每一股份有一表决权，类别股股东除外。公司持有的本公司股份没有表决权。

股东会作出决议，应当经出席会议的股东所持表决权过半数通过。

股东会作出修改公司章程、增加或者减少注册资本的决议，以及公司合并、分立、解散或者变更公司形式的决议，应当经出席会议的股东所持表决权的三分之二以上通过。

【新旧条文对照】

2018年《公司法》	2024年《公司法》
第一百零三条　股东出席股东大会会议，所持每一股份有一表决权。但是，公司持有的本公司股份没有表决权。 股东大会作出决议，必须经出席会议的股东所持表决权过半数通过。但是，股东大会作出修改公司章程、增加或者减少注册资本的决议，以及公司合并、分立、解散或者变更公司形式的决议，必须经出席会议的股东所持表决权的三分之二以上通过。	第一百一十六条　股东出席股东会会议，所持每一股份有一表决权，类别股股东除外。公司持有的本公司股份没有表决权。 股东会作出决议，应当经出席会议的股东所持表决权过半数通过。 股东会作出修改公司章程、增加或者减少注册资本的决议，以及公司合并、分立、解散或者变更公司形式的决议，应当经出席会议的股东所持表决权的三分之二以上通过。

【重点解读】

本条是关于股份有限公司股东表决权行使规则的规定。

与2018年《公司法》相比，新《公司法》在股东表决权及股东会决议的规定上作了一些调整和补充。

1. 类别股股东

新《公司法》提到了类别股股东。类别股是指在公司的股权设置中存在多个不同类别的股权，这些股权在股权内容（如优先权、分红权）、股权行使（如表决权的行使）等方面有所不同。将类别股股东排除在一般表决权规则之外，是为了更好地保护特定类别股东的权益。

2. 表决权要求

新《公司法》规定："股东会作出决议，应当经出席会议的股东所持表决权过半数通过。股东会作出修改公司章程、增加或者减少注册资本的决议，以及公司合并、分立、解散或者变更公司形式的决议，应当经出席会议的股东所持表决权的三分之二以上通过。"

这旨在完善公司内部治理结构，保护股东的合法权益，同时平衡不同类别股东间的利益，保持公平竞争。此外，调整条款的表述使规定更具灵活性，有利于公司根据实际情况作出合理的决策。

第一百一十七条　累积投票制

第一百一十七条　股东会选举董事、监事，可以按照公司章程的规定或者股东会的决议，实行累积投票制。

本法所称累积投票制，是指股东会选举董事或者监事时，每一股份拥有与应选董事或者监事人数相同的表决权，股东拥有的表决权可以集中使用。

【新旧条文对照】

2018年《公司法》	2024年《公司法》
第一百零五条　股东大会选举董事、监事，可以依照公司章程的规定或者股东大会的决议，实行累积投票制。 本法所称累积投票制，是指股东大会选举董事或者监事时，每一股份拥有与应选董事或者监事人数相同的表决权，股东拥有的表决权可以集中使用。	第一百一十七条　股东会选举董事、监事，可以按照公司章程的规定或者股东会的决议，实行累积投票制。 本法所称累积投票制，是指股东会选举董事或者监事时，每一股份拥有与应选董事或者监事人数相同的表决权，股东拥有的表决权可以集中使用。

【重点解读】

本条是关于股份有限公司累积投票制的规定。

与2018年《公司法》相比，新《公司法》在内容上未作重大修改，仅对用词进行了调整，主要涉及以下方面。

1. 选举制度的明确

2018年《公司法》和新《公司法》都规定股东大会或股东会选举董事、监事时，可以按照公司章程的规定或者股东会的决议，实行累积投票制。

2. 累积投票制的定义

累积投票制是指股东在选举董事或监事时，每一股份拥有与应选董事或监事人数相同的表决权。股东可以将拥有的表决权集中使用。这一制度旨在保护中小股东的权益，提高其对公司治理的影响力。

第一百一十八条　股东表决权代理行使

第一百一十八条　股东委托代理人出席股东会会议的，应当明确代理人代理的事项、权限和期限；代理人应当向公司提交股东授权委托书，并在授权范围内行使表决权。

【新旧条文对照】

2018年《公司法》	2024年《公司法》
第一百零六条　股东~~可以~~委托代理人出席股东大会会议，代理人应当向公司提交股东授权委托书，并在授权范围内行使表决权。	第一百一十八条　股东委托代理人出席股东会会议的，应当明确代理人代理的事项、权限和期限；代理人应当向公司提交股东授权委托书，并在授权范围内行使表决权。

【重点解读】

本条是关于股份有限公司股东表决权代理行使的规定。

与2018年《公司法》相比，新《公司法》特别强调了股东委托代理人出席股东会会议时，应当明确代理人代理的事项、权限和期限。这要求股东在委托代理时更为明确地界定代理范围，以减少代理过程中的模糊性和潜在纠纷。

另外，新《公司法》特别强调了代理人需要向公司提交股东授权委托书，这有助于确保公司的知情权和合规性，同时也有助于保护其他股东的权益。

第一百一十九条　股东会会议记录

第一百一十九条　股东会应当对所议事项的决定作成会议记录，主持人、出席会议的董事应当在会议记录上签名。会议记录应当与出席股东的签名册及代理出席的委托书一并保存。

【新旧条文对照】

2018年《公司法》	2024年《公司法》
第一百零七条　股东大会应当对所议事项的决定作成会议记录，主持人、出席会议的董事应当在会议记录上签名。会议记录应当与出席股东的签名册及代理出席的委托书一并保存。	第一百一十九条　股东会应当对所议事项的决定作成会议记录，主持人、出席会议的董事应当在会议记录上签名。会议记录应当与出席股东的签名册及代理出席的委托书一并保存。

【重点解读】

本条是关于股份有限公司股东会会议记录的规定。

新《公司法》在股东会会议记录及签名方面的规定与2018年《公司法》基本一致，主要涉及以下几个方面的内容。

1. 会议记录的重要性

无论是2018年《公司法》还是新《公司法》，都强调了股东大会或股东会应当对所议事项的决定作成会议记录。这是确保会议内容和决议得到准确记录和保存的重要环节。

2. 主持人和出席董事的签名责任

在两个版本《公司法》中，主持人和出席会议的董事都有责任在会议记录上签名，以确保记录的真实性和准确性。

3. 签名册和委托书的保存

会议记录应当与出席股东的签名册及代理出席的委托书一并保存。这是确保公司对股东参与会议的情况有完整记录，并有助于后续查阅和验证。

5.3 董事会、经理

第一百二十条　董事会设立

第一百二十条　股份有限公司设董事会，本法第一百二十八条另有规定的除外。

本法第六十七条、第六十八条第一款、第七十条、第七十一条的规定，适用于股份有限公司。

【新旧条文对照】

2018年《公司法》	2024年《公司法》
第一百零八条　股份有限公司设董事会，~~其成员为五人至十九人。~~ 董事会成员中可以有公司职工代表。董事会中的职工代表由公司职工通过职工代表大会、职工大会或者其他形式民主选举产生。 本法~~第四十五条关于有限责任公司董事任期~~的规定，适用于股份有限公司董事。 本法~~第四十六条关于有限责任公司董事会职权~~的规定，适用于股份有限公司董事会。	第一百二十条　股份有限公司设董事会，本法第一百二十八条另有规定的除外。 本法第六十七条、第六十八条第一款、第七十条、第七十一条的规定，适用于股份有限公司。

【重点解读】

本条是关于股份有限公司董事会设立的规定。

与2018年《公司法》相比，新《公司法》在股份有限公司董事会的相关规定上存在一些差异，主要涉及以下方面。

1. 董事会人数的范围调整

2018年《公司法》规定，股份有限公司的董事会的成员人数为五人至十九人。而新《公司法》没有具体提及董事人数的上限。

2. 职工代表的规定

2018年《公司法》明确指出，董事会成员中可以有公司职工代表，并规定职工代表由公司职工通过职工代表大会、职工大会或者其他形式民主选举产生。而新《公司法》的相关规定体现在了有限责任公司与股份有限公司同样适用的法条中。

3. 总体结构简洁化

新《公司法》在结构和表述上更为简洁和直接，没有过多的描述或解释。这种简洁化的趋势有助于提高法律条文的理解和执行效率。

4. 特定规定的适用

新《公司法》明确指出有限责任公司的某些条款（如第六十七条、第六十八条第一款、第七十条、第七十一条）适用于股份有限公司。

第一百二十一条　审计委员会

第一百二十一条　股份有限公司可以按照公司章程的规定在董事会中设置由董事组成的审计委员会，行使本法规定的监事会的职权，不设监事会或者监事。

审计委员会成员为三名以上，过半数成员不得在公司担任除董事以外的其他职务，且不得与公司存在任何可能影响其独立客观判断的关系。公司董事会成员中的职工代表可以成为审计委员会成员。

审计委员会作出决议，应当经审计委员会成员的过半数通过。

审计委员会决议的表决，应当一人一票。

审计委员会的议事方式和表决程序，除本法有规定的外，由公司章程规定。

公司可以按照公司章程的规定在董事会中设置其他委员会。

【重点解读】

本条是关于股份有限公司审计委员会的规定。

新《公司法》新增了股份有限公司审计委员会的设置、职责、成员资格和表决程序的内容。以下是对该条文的重点解读。

1. 审计委员会的设置与职责

股份有限公司可以按照公司章程的规定在董事会中设置审计委员会。审计委员会主要行使本法规定的监事会的职权，这意味着审计委员会可以代替监事会执行监督职责。

2. 审计委员会的成员资格

审计委员会成员由董事组成，数量为三名以上。过半数成员不得在公司担任除董事以外的其他职务，以确保他们的独立性和专注性。此外，这些成员不得与公司存在任何可能影响他们的独立客观判断的关系。

公司董事会成员中的职工代表也可以成为审计委员会的成员。这一规定旨在让审计委员会更好地代表公司内部各个层面的利益。

3. 审计委员会的决议与表决程序

审计委员会作出决议时，应当经审计委员会成员的过半数通过，以确保决策得到多数人支持。表决采取一人一票的原则，以确保每个成员平等参与决策。

审计委员会的议事方式和表决程序，除了本法有明确规定外，可以由公司章程自行规定。这为公司在具体操作中提供了更多的灵活性。

4. 其他委员会的设置

公司可以根据公司章程的规定在董事会中设置其他委员会，以满足公司治理和管理的特定需求。

5. 增强公司治理透明度和监督

明确审计委员会的设置和职责，有助于增强公司治理的透明度和监督，确保公司的财务和运营活动得到有效监控。同时，这也有助于提高公司的风险管理能力和合规性。

6. 法律与公司章程的结合

该条文强调了法律与公司章程之间的关联性，公司可以根据自身实际情况在公司章程中进一步明确审计委员会和其他委员会的设置、职责、成员资格和表决程序等具体内容，以确保与法律要求的一致性和符合公司治理的实践。

第一百二十二条　董事长的产生与职责

第一百二十二条　董事会设董事长一人，可以设副董事长。董事长和副董事长由董事会以全体董事的过半数选举产生。

董事长召集和主持董事会会议，检查董事会决议的实施情况。副董事长协助董事长工作，董事长不能履行职务或者不履行职务的，由副董事长履行职务；副董事长不能履行职务或者不履行职务的，由过半数的董事共同推举一名董事履行职务。

【新旧条文对照】

2018年《公司法》	2024年《公司法》
第一百零九条　董事会设董事长一人，可以设副董事长。董事长和副董事长由董事会以全体董事的过半数选举产生。 董事长召集和主持董事会会议，检查董事会决议的实施情况。副董事长协助董事长工作，董事长不能履行职务或者不履行职务的，由副董事长履行职务；副董事长不能履行职务或者不履行职务的，由半数以上董事共同推举一名董事履行职务。	第一百二十二条　董事会设董事长一人，可以设副董事长。董事长和副董事长由董事会以全体董事的过半数选举产生。 董事长召集和主持董事会会议，检查董事会决议的实施情况。副董事长协助董事长工作，董事长不能履行职务或者不履行职务的，由副董事长履行职务；副董事长不能履行职务或者不履行职务的，由过半数的董事共同推举一名董事履行职务。

【重点解读】

本条是关于股份有限公司董事长的产生与职责的规定。

新《公司法》在董事长的选举和职责方面与2018年《公司法》基本保持一致，没有发生大的变动或增删，本条主要涉及以下几个方面。

1. 董事长的选举

2018年《公司法》和新《公司法》都规定："董事会设董事长一人，可以设副董事长，董事长和副董事长由董事会以全体董事的过半数选举产生。"这一规定确保了董事长和副董事长的选举过程是公正和透明的。

2. 董事长的职责

董事长的主要职责是召集和主持董事会会议，并检查董事会决议的实施情况。这要求董事长要确保了董事会会议的顺利进行，并监督公司决策的执行情况。

3. 副董事长的职责

副董事长协助董事长工作，并在董事长不能履行职务或者不履行职务时，副董事长将履行董事长的职责。这一规定为确保公司决策的连续性和稳定性提供了保障。

4. 其他董事的推举

如果副董事长也不能履行职务或者不履行职务，新旧《公司法》都规定："由过半数的董事共同推举一名董事履行职务。"这一规定为应对突发情况提供了灵活的处理方式。

第一百二十三条　董事会会议的召开

第一百二十三条　董事会每年度至少召开两次会议，每次会议应当于会议召开十日前通知全体董事和监事。

代表十分之一以上表决权的股东、三分之一以上董事或者监事会，可以提议召开临时董事会会议。董事长应当自接到提议后十日内，召集和主持董事会会议。

董事会召开临时会议，可以另定召集董事会的通知方式和通知时限。

【新旧条文对照】

2018年《公司法》	2024年《公司法》
第一百一十条　董事会每年度至少召开两次会议，每次会议应当于会议召开十日前通知全体董事和监事。	第一百二十三条　董事会每年度至少召开两次会议，每次会议应当于会议召开十日前通知全体董事和监事。

新公司法条文对照与重点解读

代表十分之一以上表决权的股东、三分之一以上董事或者监事会，可以提议召开董事会临时会议。董事长应当自接到提议后十日内，召集和主持董事会会议。 董事会召开临时会议，可以另定召集董事会的通知方式和通知时限。	代表十分之一以上表决权的股东、三分之一以上董事或者监事会，可以提议召开临时董事会会议。董事长应当自接到提议后十日内，召集和主持董事会会议。 董事会召开临时会议，可以另定召集董事会的通知方式和通知时限。

【重点解读】

本条是关于股份有限公司董事会会议类型及召开的规定。

与2018年《公司法》相比，新《公司法》在董事会会议的召开频率、通知时限和提议权方面无明显变化，解读如下。

1. 会议的召开频率

2018年《公司法》和新《公司法》都规定董事会每年度至少召开两次会议，这是对董事会正常运作的基本要求，以确保公司决策的及时性和有效性。

2. 会议通知时限

每次董事会会议应当在会议召开十日前通知全体董事和监事，以确保所有参与者有足够的时间准备和了解会议议程。这一规定确保了会议的效率和效果。

3. 提议召开临时会议的权利

代表十分之一以上表决权的股东、三分之一以上董事或者监事会，有权提议召开临时董事会会议。董事长在接到提议后应当在十日内召集和主持董事会会议。这为应对突发事件或紧急情况提供了灵活的决策机制。

4. 临时会议的通知方式和时限

董事会召开临时会议，可以另定召集董事会的通知方式和通知时限，这为公司在不同情况下选择合适的通知方式和时限提供了灵活性。

第一百二十四条　董事会会议议事规则与会议记录

第一百二十四条　董事会会议应当有过半数的董事出席方可举行。董事会作出决议，应当经全体董事的过半数通过。

董事会决议的表决，应当一人一票。

董事会应当对所议事项的决定作成会议记录，出席会议的董事应当在会议记录上签名。

【新旧条文对照】

2018年《公司法》	2024年《公司法》
第一百一十一条　董事会会议应有过半数的董事出席方可举行。董事会作出决议，必须经全体董事的过半数通过。 董事会决议的表决，实行一人一票。 第一百一十二条第二款　董事会应当对会议所议事项的决定作成会议记录，出席会议的董事应当在会议记录上签名。	第一百二十四条　董事会会议应当有过半数的董事出席方可举行。董事会作出决议，应当经全体董事的过半数通过。 董事会决议的表决，应当一人一票。 董事会应当对所议事项的决定作成会议记录，出席会议的董事应当在会议记录上签名。

【重点解读】

本条是关于董事会会议议事规则及会议记录的规定。

新《公司法》在董事会会议的出席和表决要求、会议记录的签署方面与2018年《公司法》基本保持一致，主要涉及以下方面。

1. 董事会的出席要求

2018年《公司法》和新《公司法》都规定，董事会会议应有过半数的董事出席方可举行。这一规定确保了董事会会议的代表性和决策的有效性。

2. 董事会的表决要求

2018年《公司法》和新《公司法》都规定，董事会作出决议，必须经全体董事的过半数通过。此外，董事会决议的表决，实行一人一票，这确保了每个董事平等参与决策的权利。

3. 会议记录的签署

2018年《公司法》和新《公司法》都规定，董事会应当对会议所议事项的决定作成会议记录，且出席会议的董事应当在会议记录上签名。这一规定确保了会议记录的真实性和准确性，并为后续的决策执行和责任追究提供了依据。

第一百二十五条　董事会会议出席与责任承担

第一百二十五条　董事会会议，应当由董事本人出席；董事因故不能出席，可以书面委托其他董事代为出席，委托书应当载明授权范围。

董事应当对董事会的决议承担责任。董事会的决议违反法律、行政法规或者公司章程、股东会决议，给公司造成严重损失的，参与决议的董事对公司负赔偿责任；经证明在表决时曾表明异议并记载于会议记录的，该董事可以免除责任。

【新旧条文对照】

2018年《公司法》	2024年《公司法》
第一百一十二条　董事会会议，应由董事本人出席；董事因故不能出席，可以书面委托其他董事代为出席，委托书中应载明授权范围。董事会应当对会议所议事项的决定作成会议记录，出席会议的董事应当在会议记录上签名。董事应当对董事会的决议承担责任。董事会的决议违反法律、行政法规或者公司章程、股东大会决议，致使公司遭受严重损失的，参与决议的董事对公司负赔偿责任。但经证明在表决时曾表明异议并记载于会议记录的，该董事可以免除责任。	第一百二十五条　董事会会议，应当由董事本人出席；董事因故不能出席，可以书面委托其他董事代为出席，委托书应当载明授权范围。董事应当对董事会的决议承担责任。董事会的决议违反法律、行政法规或者公司章程、股东会决议，给公司造成严重损失的，参与决议的董事对公司负赔偿责任；经证明在表决时曾表明异议并记载于会议记录的，该董事可以免除责任。

【重点解读】

本条是关于董事会会议出席及责任承担的规定。

新《公司法》在董事会会议的出席、委托出席和董事责任方面与2018年《公司法》基本保持一致，主要涉及以下方面。

1. 董事的出席要求

2018年《公司法》和新《公司法》都规定，董事会会议应由董事本人出席；若董事因故不能出席，可以书面委托其他董事代为出席。这一规定确保了公司有关事务得到审议和决策。

2. 委托书的载明内容

新《公司法》明确规定，委托书中应当载明授权范围，这有助于明确董事的权利和责任，并减少决策过程中的模糊地带。

3. 董事的责任

新旧《公司法》都规定董事应当对董事会的决议承担责任。如果董事会的决议违反法律、行政法规或者公司章程、股东会决议，给公司造成了严重损失，参与决议的董事对公司负赔偿责任。但如果在表决时曾表明异议并记载于会议记录，该董事可以免除责任。这一规定有助于保护董事的权益，并鼓励他们在决策过程中提出异议。

第一百二十六条　经理的产生与职权

第一百二十六条　股份有限公司设经理，由董事会决定聘任或者解聘。

经理对董事会负责，根据公司章程的规定或者董事会的授权行使职权。经理列席董事会会议。

【新旧条文对照】

2018年《公司法》	2024年《公司法》
第一百一十三条　股份有限公司设经理，由董事会决定聘任或者解聘。 ~~本法第四十九条关于有限责任公司经理职权的规定，适用于股份有限公司经理。~~	第一百二十六条　股份有限公司设经理，由董事会决定聘任或者解聘。 经理对董事会负责，根据公司章程的规定或者董事会的授权行使职权。经理列席董事会会议。

【重点解读】

本条是关于股份有限公司经理的产生与职权的规定。

新《公司法》在经理的聘任和解聘、职权及对董事会负责方面与2018年《公司法》基本保持一致，主要涉及以下方面。

1. 经理的聘任和解聘

新旧《公司法》都规定，经理由董事会决定聘任或者解聘。这一规定确保了经理人选的选定符合公司治理结构和董事会决策机制的要求。

2. 经理的职权

新旧《公司法》都规定经理根据公司章程的规定或者董事会的授权行使职权。这一表述为经理在公司的运营和管理中提供了灵活的职权范围，即经理可以根据公司章程和董事会的授权行使职权。

3. 经理对董事会负责

经理列席董事会会议，并对董事会负责。这一规定确保了经理与董事会之间的沟通和责任关系，有助于提高公司的治理水平和决策效率。

第一百二十七条　董事兼任经理

第一百二十七条　公司董事会可以决定由董事会成员兼任经理。

【新旧条文对照】

2018年《公司法》	2024年《公司法》
第一百一十四条　公司董事会可以决定由董事会成员兼任经理。	第一百二十七条　公司董事会可以决定由董事会成员兼任经理。

【重点解读】

本条是关于股份有限公司董事兼任经理的规定。

新《公司法》与2018年《公司法》在这一条文上完全一致，主要涉及董事会对董事会成员兼任经理的决策权。

这一规定明确了董事会对于公司管理层的控制和决策权，允许董事会成员担任经理，有助于提高决策效率和公司治理水平。

这种安排在许多公司中都有实际应用，有助于减少管理层级并提高运营效率。

虽然董事会成员兼任经理可以提高效率和灵活性，但也需要关注这样安排可能带来的风险。因此，在决定是否由董事会成员兼任经理时，公司应进行全面评估并采取必要的风险控制措施。

第一百二十八条　董事会设置例外

第一百二十八条　规模较小或者股东人数较少的股份有限公司，可以不设董事会，设一名董事，行使本法规定的董事会的职权。该董事可以兼任公司经理。

【重点解读】

本条是关于股份有限公司董事会设置例外的规定。

新《公司法》的这一条文为新增内容。在规模较小或股东人数较少的公司中，设立一个完整的董事会可能不是必要的，因此可以只设一名董事，行使董事会的职权。这种安排有助于简化公司结构，提高决策效率，降低管理成本。同时，该董事兼任公司经理还可以进一步减少管理层级，提高公司的运营效率。

然而，这种简化公司结构的做法也存在一定的风险。由于只有一名董事，该董事需要承担更多的责任和压力，同时也需要具备更高的能力和素质来履行董事会的职责。此外，由于兼任经理，该董事可能面临利益冲突的问题，在决策中需要保持公正和独立。

因此，在考虑不设董事会时，公司应根据自身实际情况进行全面评估。同时，公司也应当建立健全的内部控制机制和监督机制，确保该董事能够依法履行职责，维护公司和股东的利益。

第一百二十九条　高管薪酬披露

第一百二十九条　公司应当定期向股东披露董事、监事、高级管理人员从公司获得报酬的情况。

【新旧条文对照】

2018年《公司法》	2024年《公司法》
第一百一十六条　公司应当定期向股东披露董事、监事、高级管理人员从公司获得报酬的情况。	第一百二十九条　公司应当定期向股东披露董事、监事、高级管理人员从公司获得报酬的情况。

【重点解读】

本条是关于股份有限公司董事、监事、高级管理人员报酬披露制度的规定。

新《公司法》在这一条文上与2018年《公司法》基本保持一致。

1. 透明度与信任

这一规定有助于增强公司治理的透明度，使股东更好地了解公司管理层报酬的情况。

通过披露报酬情况，公司可以展示其公开透明的管理原则，提高股东的信心。

2. 监督与问责

披露报酬情况也有助于加强股东对管理层的监督和问责。股东可以根据披露的报酬情况对管理层进行评估，对其业绩和责任进行监督。这有助于防止管理层的不当行为，保护公司和股东的利益。

3. 执行与合规

公司应确保按照法律规定定期向股东披露董事、监事、高级管理人员的报酬情况。这需要公司建立健全的内部控制机制和信息披露流程，确保披露信息的准确性和及时性。同时，公司也应当接受股东和监管机构的监督，确保合规执行。

5.4 监事会

第一百三十条　监事会设置与组成

第一百三十条　股份有限公司设监事会，本法第一百二十一条第一款、第一百三十三条另有规定的除外。

监事会成员为三人以上。监事会成员应当包括股东代表和适当比例的公司职工代表，其中职工代表的比例不得低于三分之一，具体比例由公司章程规定。监事会中的职工代表由公司职工通过职工代表大会、职工大会或者其他形式民主选举产生。

监事会设主席一人，可以设副主席。监事会主席和副主席由全体监事过半数选举产生。监事会主席召集和主持监事会会议；监事会主席不能履行职务或者不履行职务的，由监事会副主席召集和主持监事会会议；监事会副主席不能履行职务或者不履行职务的，由过半数的监事共同推举一名监事召集和主持监事会会议。

董事、高级管理人员不得兼任监事。

本法第七十七条关于有限责任公司监事任期的规定，适用于股份有限公司监事。

新公司法条文对照与重点解读

【新旧条文对照】

2018年《公司法》	2024年《公司法》
第一百一十七条　股份有限公司设监事会，其成员不得少于三人。 监事会应当包括股东代表和适当比例的公司职工代表，其中职工代表的比例不得低于三分之一，具体比例由公司章程规定。监事会中的职工代表由公司职工通过职工代表大会、职工大会或者其他形式民主选举产生。 监事会设主席一人，可以设副主席。监事会主席和副主席由全体监事过半数选举产生。监事会主席召集和主持监事会会议；监事会主席不能履行职务或者不履行职务的，由监事会副主席召集和主持监事会会议；监事会副主席不能履行职务或者不履行职务的，由半数以上监事共同推举一名监事召集和主持监事会会议。 董事、高级管理人员不得兼任监事。 本法第五十二条关于有限责任公司监事任期的规定，适用于股份有限公司监事。	第一百三十条　股份有限公司设监事会，本法第一百二十一条第一款、第一百三十三条另有规定的除外。 监事会成员为三人以上。监事会成员应当包括股东代表和适当比例的公司职工代表，其中职工代表的比例不得低于三分之一，具体比例由公司章程规定。监事会中的职工代表由公司职工通过职工代表大会、职工大会或者其他形式民主选举产生。 监事会设主席一人，可以设副主席。监事会主席和副主席由全体监事过半数选举产生。监事会主席召集和主持监事会会议；监事会主席不能履行职务或者不履行职务的，由监事会副主席召集和主持监事会会议；监事会副主席不能履行职务或者不履行职务的，由过半数的监事共同推举一名监事召集和主持监事会会议。 董事、高级管理人员不得兼任监事。 本法第七十七条关于有限责任公司监事任期的规定，适用于股份有限公司监事。

【重点解读】

本条是关于监事会设置与组成的规定。

新《公司法》在监事会设置、成员组成、选举方式，以及监事的任期等方面与2018年《公司法》基本保持一致，主要涉及以下方面。

1. 监事会的设置和成员数量

新旧《公司法》都规定，股份有限公司设监事会，其成员为三人以上（不得少于三人）。这一规定确保了监事会的设立和具备足够的成员，以履行监督职责。

2. 监事会的成员组成

新旧《公司法》规定："监事会成员应当包括股东代表和适当比例的公司职工代表，其中职工代表的比例不得低于三分之一，具体比例由公司章程规定。"这种组成方式保障了股东和职工的利益，使监事会能够更全面地代表公司利益相关方的诉求。

3. 监事的选举方式

新旧《公司法》规定："监事会中的职工代表由公司职工通过职工代表大会、职工大会或者其他形式民主选举产生。"这确保了职工代表的选举过程具有民主性和公正性，增强了职工代表的代表性。

4. 监事会主席和副主席的选举

新旧《公司法》规定："监事会设主席一人，可以设副主席。监事会主席和副主席由全体监事过半数选举产生。"这一规定明确了监事会主席和副主席的选举方式和产生机制，确保了选举过程的公正性和代表性。

5. 监事会会议的召集和主持

如果监事会主席不能履行职务或者不履行职务，则由监事会副主席召集和主持监事会会议；如果监事会副主席也不能履行职务或者不履行职务，则由过半数的监事共同推举一名监事召集和主持监事会会议。这一规定确保了监事会会议的顺利召开和有效运作。

6. 董事、高级管理人员不得兼任监事

这一规定明确了董事、高级管理人员与监事的职责界限，防止利益冲突和权力滥用，确保了公司治理的公正性和有效性。

7. 监事的任期

有限责任公司监事任期的规定，适用于股份有限公司监事。这一

规定保持了监事任期的连续性和稳定性，有利于维护公司的长期稳定发展。

第一百三十一条　监事会职权与费用承担

第一百三十一条　本法第七十八条至第八十条的规定，适用于股份有限公司监事会。

监事会行使职权所必需的费用，由公司承担。

【新旧条文对照】

2018年《公司法》	2024年《公司法》
第一百一十八条　本法~~第五十三条、第五十四条关于有限责任公司监事会职权的~~规定，适用于股份有限公司监事会。 监事会行使职权所必需的费用，由公司承担。	第一百三十一条　本法第七十八条至第八十条的规定，适用于股份有限公司监事会。 监事会行使职权所必需的费用，由公司承担。

【重点解读】

本条是关于股份有限公司监事会职权的规定。

新旧《公司法》在这一条文上基本保持一致，主要涉及股份有限公司监事会的职权及其费用承担方面。

1. 监事会的职权

新《公司法》规定："本法第七十八条至第八十条的规定，适用于股份有限公司监事会。"这意味着股份有限公司的监事会享有与有限责任公司监事会相同的职权，以履行其监督职责。

2. 费用承担

新旧《公司法》规定："监事会行使职权所必需的费用，由公司承担。"这一规定明确了监事会行使职权所需的费用来源，确保监事会具备必要的经费支持以履行其职责。

保证监事会职权的稳定性和费用支持，有助于确保监事会的独立性和权威性，使其能够有效地履行监督职责，维护公司和股东的利益。

公司应确保按照法律规定支持监事会行使职权所需的费用，并提供必要的资源和支持。同时，监事会也应合理使用经费，确保其行使职权的必要性和有效性。

第一百三十二条　监事会议事规则

第一百三十二条　监事会每六个月至少召开一次会议。监事可以提议召开临时监事会会议。

监事会的议事方式和表决程序，除本法有规定的外，由公司章程规定。

监事会决议应当经全体监事的过半数通过。

监事会决议的表决，应当一人一票。

监事会应当对所议事项的决定作成会议记录，出席会议的监事应当在会议记录上签名。

【新旧条文对照】

2018年《公司法》	2024年《公司法》
第一百一十九条　监事会每六个月至少召开一次会议。监事可以提议召开临时监事会会议。 监事会的议事方式和表决程序，除本法有规定的外，由公司章程规定。 监事会决议应当经半数以上监事通过。 监事会应当对所议事项的决定作成会议记录，出席会议的监事应当在会议记录上签名。	第一百三十二条　监事会每六个月至少召开一次会议。监事可以提议召开临时监事会会议。 监事会的议事方式和表决程序，除本法有规定的外，由公司章程规定。 监事会决议应当经全体监事的过半数通过。 监事会决议的表决，应当一人一票。 监事会应当对所议事项的决定作成会议记录，出席会议的监事应当在会议记录上签名。

【重点解读】

本条是关于监事会议事规则的规定。

新旧《公司法》在监事会的会议召开频率、提议权、议事方式、表决程序和会议记录等方面都有明确规定。新《公司法》强调了"监事会决议的表决，应当一人一票"。以下是对这一条文的重点解读。

1. 会议召开频率

新旧《公司法》都规定"监事会每六个月至少召开一次会议"。这一规定确保了监事会有固定的会议频率，以便履行其监督职责。

2. 临时会议提议权

新旧《公司法》都规定"监事可以提议召开临时监事会会议"。这一提议权适用于所有监事。这有助于提高监事会会议的灵活性和及时性，以更好地应对紧急或重要事项。

3. 议事方式和表决程序

新旧《公司法》都规定"监事会的议事方式和表决程序，除本法有规定的外，由公司章程规定"。这意味着公司可以根据自身的情况和需要，在公司章程中详细规定监事会的议事方式和表决程序，以提高决策效率和监事会的运作效果。

4. 会议记录

新旧《公司法》都要求监事会应当对所议事项的决定作成会议记录，并要求出席会议的监事在会议记录上签名。这一规定确保了会议记录的真实性和准确性，有助于维护监事会的透明度和问责性。

5. 表决权的明确

新《公司法》明确规定"监事会决议的表决，应当一人一票"。这一规定明确了每个监事的平等表决权，确保了决策过程的公正性和民主性。

第一百三十三条　监事会设置例外

第一百三十三条　规模较小或者股东人数较少的股份有限公司，可以不设监事会，设一名监事，行使本法规定的监事会的职权。

【重点解读】

本条是关于股份有限公司监事会设置例外的规定。

新《公司法》允许规模较小或者股东人数较少的股份有限公司不设监事会，而只设一名监事，并由该监事行使本法规定的监事会的职权。以下是对这一条文的重点解读。

1. 灵活性

这一规定体现了法律的灵活性，即允许规模较小或股东人数较少的公司根据自身实际情况选择是否设立监事会。

2. 简化治理结构

只设一名监事可以简化公司的治理结构，提高决策效率。

3. 职权与责任

虽然只设一名监事，但这名监事将行使本法规定的监事会的职权。这意味着他将承担起监督公司运营、检查财务报表等职责，以确保公司的合规运作和保护股东权益。

4. 保障监督效果

尽管只设一名监事，但公司仍需确保这名监事的独立性和专业性，以确保其能够有效地履行监督职责。

5. 适用条件

这一规定适用于规模较小或者股东人数较少的股份有限公司。大型或股东人数较多的公司仍需设立完整的监事会以确保有效的监督。

5.5 上市公司组织机构的特别规定

第一百三十四条 上市公司的定义

第一百三十四条 本法所称上市公司，是指其股票在证券交易所上市交易的股份有限公司。

新公司法条文对照与重点解读

【新旧条文对照】

2018年《公司法》	2024年《公司法》
第一百二十条　本法所称上市公司，是指其股票在证券交易所上市交易的股份有限公司。	第一百三十四条　本法所称上市公司，是指其股票在证券交易所上市交易的股份有限公司。

【重点解读】

本条是关于上市公司的定义的规定。

新旧《公司法》在上市公司定义上保持了一致，都明确规定上市公司是指其股票在证券交易所上市交易的股份有限公司。这一规定为规范上市公司行为、保护投资者权益和促进证券市场健康发展提供了法律依据。以下是对这一条文的重点解读。

1. 上市公司的重要性

上市公司作为公开募集资金的公司，对证券市场的发展和稳定具有重要影响。定义上市公司为在证券交易所上市交易的股份有限公司，突出了上市公司在资本市场中的重要地位和作用。

2. 保护投资者权益

上市公司的定义明确了投资者的保护范围，即投资者所投资的上市公司必须符合在证券交易所上市交易的条件。这有助于确保投资者权益得到合法保护，减少投资风险。

3. 规范市场行为

上市公司的定义是规范市场行为的重要法律依据。通过对上市公司的界定，监管机构可以更好地监管市场，防止和打击不合规行为，从而促进证券市场的健康发展。

第一百三十五条　上市公司重大资产交易、担保事项的决议

第一百三十五条　上市公司在一年内购买、出售重大资产或者向他人提供担保的金额超过公司资产总额百分之三十的，应当由股东会作出

决议，并经出席会议的股东所持表决权的三分之二以上通过。

【新旧条文对照】

2018年《公司法》	2024年《公司法》
第一百二十一条　上市公司在一年内购买、出售重大资产或者担保金额超过公司资产总额百分之三十的，应当由股东大会作出决议，并经出席会议的股东所持表决权的三分之二以上通过。	第一百三十五条　上市公司在一年内购买、出售重大资产或者向他人提供担保的金额超过公司资产总额百分之三十的，应当由股东会作出决议，并经出席会议的股东所持表决权的三分之二以上通过。

【重点解读】

本条是关于上市公司重大资产交易及重要担保的议事规则的规定。

与2018年《公司法》相比，新《公司法》在上市公司重大资产购买、出售或担保的决议权方面的规定没有实质性变化。

对于购买、出售重大资产或者向他人提供担保的金额超过公司资产总额百分之三十的情况，仍然需要股东会作出决议，并且要求经出席会议的股东所持表决权的三分之二以上通过。这意味着在新《公司法》的背景下，上市公司在进行此类交易时，特别是"向他人提供担保"的金额较大时，需要更加谨慎，并需要获得更高比例的股东支持。

第一百三十六条　独立董事和专门委员会

第一百三十六条　上市公司设独立董事，具体管理办法由国务院证券监督管理机构规定。

上市公司的公司章程除载明本法第九十五条规定的事项外，还应当依照法律、行政法规的规定载明董事会专门委员会的组成、职权以及董事、监事、高级管理人员薪酬考核机制等事项。

新公司法条文对照与重点解读

【新旧条文对照】

2018年《公司法》	2024年《公司法》
第一百二十二条　上市公司设独立董事，具体办法由国务院规定。	第一百三十六条　上市公司设独立董事，具体管理办法由国务院证券监督管理机构规定。 上市公司的公司章程除载明本法第九十五条规定的事项外，还应当依照法律、行政法规的规定载明董事会专门委员会的组成、职权以及董事、监事、高级管理人员薪酬考核机制等事项。

【重点解读】

本条是关于上市公司独立董事设立的规定。

与2018年《公司法》相比，新《公司法》在上市公司独立董事的规定上有所变化，特别是在独立董事的管理机构和公司章程的内容方面。以下是对这些变化的重点解读。

1. 独立董事的管理机构

在2018年《公司法》中，独立董事的具体办法由国务院规定。而在新《公司法》中，独立董事的具体办法改由国务院证券监督管理机构规定。这一变化反映了监管机构对于上市公司治理的关注和参与，并强调了国务院证券监督管理机构在证券市场监管中的重要角色。

2. 公司章程的内容要求

新《公司法》增加了上市公司的公司章程应当载明的内容要求，包括董事会专门委员会的组成、职权及董事、监事、高级管理人员的薪酬考核机制等事项。这一规定旨在提高上市公司治理的透明度和规范性，确保董事会能够有效履行其职责，并对股东和投资者负责。

这些修订强调了上市公司治理结构的重要性，特别是董事会和独立董事的作用。明确独立董事的管理机构和公司章程的内容要求，有助于提高上市公司的治理水平和保护投资者的权益。

第一百三十七条　上市公司审计委员会

第一百三十七条　上市公司在董事会中设置审计委员会的，董事会对下列事项作出决议前应当经审计委员会全体成员过半数通过：

（一）聘用、解聘承办公司审计业务的会计师事务所；

（二）聘任、解聘财务负责人；

（三）披露财务会计报告；

（四）国务院证券监督管理机构规定的其他事项。

【重点解读】

本条是关于审计委员会过半数通过的事项的规定。

新《公司法》这一条文规定了上市公司在董事会中设置审计委员会的情况下，需要对特定事项进行决议，并且这些决议需要经过审计委员会全体成员过半数通过。以下是对这一条文的重点解读。

1. 审计委员会的作用

审计委员会作为董事会的一个专门委员会，负责监督公司的财务报告和外部审计，确保财务报告的准确性和可靠性，并维护股东和投资者的权益。

2. 决议事项的范围

这一条文明确了哪些事项的决议需要经过审计委员会的过半数通过。这些事项包括聘用和解聘承办公司审计业务的会计师事务所、聘任和解聘财务负责人、披露财务会计报告，以及国务院证券监督管理机构规定的其他事项。这些事项都与公司的财务报告和外部审计密切相关，因此需要经过审计委员会的审议和批准。

3. 决策的透明度和责任性

这一条文旨在提高决策的透明度和责任性。审计委员会的成员作为独立的非执行董事，其决策应基于公司的整体利益，而不是管理层或个别股东的利益。这样的决策机制有助于确保决策的公正性和合法性。

4. 保护投资者的合法权益

加强审计委员会在决策过程中的作用，可以确保公司的财务报告和外部审计得到适当的监督和管理，从而减少财务欺诈和舞弊的可能性。这有助于提高市场的信心和公平性，保护投资者的合法权益。

第一百三十八条　董事会秘书

第一百三十八条　上市公司设董事会秘书，负责公司股东会和董事会会议的筹备、文件保管以及公司股东资料的管理，办理信息披露事务等事宜。

【新旧条文对照】

2018年《公司法》	2024年《公司法》
第一百二十三条　上市公司设董事会秘书，负责公司股东大会和董事会会议的筹备、文件保管以及公司股东资料的管理，办理信息披露事务等事宜。	第一百三十八条　上市公司设董事会秘书，负责公司股东会和董事会会议的筹备、文件保管以及公司股东资料的管理，办理信息披露事务等事宜。

【重点解读】

本条是关于上市公司董事会秘书负责事项的规定。

与2018年《公司法》相比，新《公司法》在该项规定上基本没有变化。无论是2018年《公司法》还是新《公司法》，董事会秘书的主要职责都是负责公司股东大会和董事会会议的筹备、文件保管及公司股东资料的管理，办理信息披露事务等事宜。这一职责范围没有发生变化，说明董事会秘书的核心职责得到了保留和强调。

董事会秘书作为上市公司的重要角色，负责协调股东会和董事会会议的筹备工作，确保公司信息披露的及时、准确和完整。他们还负责保管相关文件和资料，维护股东的权益，促进公司的规范运作。

通过设立董事会秘书，上市公司可以加强透明度和规范性，提高治理水平，从而实现更高效的企业运营与管理。董事会秘书作为公司与投资者之间的桥梁，有助于加强公司与股东之间的沟通和联系，进而提高公司的信誉和市场形象。

第一百三十九条　关联董事回避制度

第一百三十九条　上市公司董事与董事会会议决议事项所涉及的企业或者个人有关联关系的，该董事应当及时向董事会书面报告。有关联关系的董事不得对该项决议行使表决权，也不得代理其他董事行使表决权。该董事会会议由过半数的无关联关系董事出席即可举行，董事会会议所作决议须经无关联关系董事过半数通过。出席董事会会议的无关联关系董事人数不足三人的，应当将该事项提交上市公司股东会审议。

【新旧条文对照】

2018年《公司法》	2024年《公司法》
第一百二十四条　上市公司董事与董事会会议决议事项所涉及的企业有关联关系的，不得对该项决议行使表决权，也不得代理其他董事行使表决权。该董事会会议由过半数的无关联关系董事出席即可举行，董事会会议所作决议须经无关联关系董事过半数通过。出席董事会的无关联关系董事人数不足三人的，应将该事项提交上市公司股东大会审议。	第一百三十九条　上市公司董事与董事会会议决议事项所涉及的企业或者个人有关联关系的，该董事应当及时向董事会书面报告。有关联关系的董事不得对该项决议行使表决权，也不得代理其他董事行使表决权。该董事会会议由过半数的无关联关系董事出席即可举行，董事会会议所作决议须经无关联关系董事过半数通过。出席董事会会议的无关联关系董事人数不足三人的，应当将该事项提交上市公司股东会审议。

【重点解读】

本条是关于关联关系董事回避与相关事项议事规则的规定。

与2018年《公司法》相比，新《公司法》在上市公司关联董事的表决权限制和报告义务方面存在一些差异。以下是对条文的重点解读。

1. 关联董事的表决权限制

在2018年《公司法》中，与董事会会议决议事项所涉及的企业有关联关系的董事不得对该项决议行使表决权，也不得代理其他董事行使表决权。这一规定在新《公司法》中得到了保留。限制关联董事的表决权目的是防止利益冲突，确保董事会决策的公正性和独立性。

2. 关联董事的报告义务

新《公司法》新增了对关联董事的报告义务的规定。当上市公司董事与董事会会议决议事项所涉及的企业或者个人有关联关系时，该董事应当及时向董事会书面报告。这一规定强调了关联董事在决策过程中应当保持透明度，及时披露相关信息，以减少利益冲突和误导决策的风险。

3. 董事会会议的要求

新旧《公司法》都规定，与决议事项有关联关系的董事不得对该项决议行使表决权，也不得代理其他董事行使表决权。董事会会议须由过半数的无关联关系董事出席，决议须经无关联关系董事过半数通过。这一规定确保了董事会决策的公正性和独立性，避免了利益冲突对决策的影响。

第一百四十条　信息披露义务及禁止违法代持

第一百四十条　上市公司应当依法披露股东、实际控制人的信息，相关信息应当真实、准确、完整。

禁止违反法律、行政法规的规定代持上市公司股票。

【重点解读】

本条是关于股东、实际控制人信息披露及禁止代持上市公司股票的规定。

新《公司法》这一条文主要涉及上市公司信息披露的要求和禁止代持股票的规定。以下是对这一条文的重点解读。

1. 信息披露的要求

上市公司应当依法披露股东和实际控制人的信息，确保这些信息真实、准确和完整。这是为了保护投资者的权益，使他们能够了解公司的股权结构和实际控制人，以便作出更明智的投资决策。

信息披露是上市公司的一项重要义务，有助于维护市场的公平、公正和透明。通过及时、准确和完整地披露相关信息，上市公司可以建立投资者信任，吸引更多的投资者参与。

2. 禁止代持股票

代持股票是指通过他人名义持有上市公司股票的行为。这种行为可能引发利益冲突，损害市场的公平、公正和透明。

禁止代持股票有助于维护市场的健康和稳定，防止不法分子利用代持进行违法活动。通过加强监管和打击代持行为，可以保护投资者的权益，维护市场的公平、公正和透明。

3. 法律责任

对于违反信息披露要求或代持股票的行为，相关责任人将面临法律责任，包括罚款、警告、撤销任职资格等；情节严重的，还可能涉及刑事责任。

第一百四十一条　禁止交叉持股

第一百四十一条　上市公司控股子公司不得取得该上市公司的股份。

上市公司控股子公司因公司合并、质权行使等原因持有上市公司股份的，不得行使所持股份对应的表决权，并应当及时处分相关上市公司股份。

【重点解读】

本条是关于控股子公司不得取得上市公司股份的规定。

新《公司法》这一条文主要对上市公司控股子公司的行为进行了规范。以下是对这一条文的重点解读。

1. 控股子公司不得取得母公司股份

上市公司控股子公司不得取得该上市公司的股份。这是为了防止子公司对母公司的股权结构进行不当干预，确保母公司的股权结构和治理结构稳定。

这一规定有助于维护市场的公平、公正和透明，防止利益输送和内幕交易等不法活动。通过限制控股子公司的行为，可以降低市场操纵的风险，保护投资者的合法权益。

2. 对因特定原因持有股份的限制

上市公司控股子公司因公司合并、质权行使等原因持有上市公司股份的，不得行使所持股份对应的表决权，并应当及时处分相关上市公司股份。这是为了防止控股子公司对母公司的经营决策进行不当干预，确保母公司的经营自主权。

通过限制控股子公司的表决权和要求其及时处分相关股份，可以维护市场的公平、公正和透明，防止利益输送和内幕交易等不法行为的发生。

第 6 章
股份有限公司的股份发行和转让

6.1 股份发行

第一百四十二条 面额股和无面额股

第一百四十二条 公司的资本划分为股份。公司的全部股份,根据公司章程的规定择一采用面额股或者无面额股。采用面额股的,每一股的金额相等。

公司可以根据公司章程的规定将已发行的面额股全部转换为无面额股或者将无面额股全部转换为面额股。

采用无面额股的,应当将发行股份所得股款的二分之一以上计入注册资本。

【新旧条文对照】

2018年《公司法》	2024年《公司法》
第一百二十五条第一款 **股份有限公司**的资本划分为股份,每一股的金额相等。	第一百四十二条 公司的资本划分为股份。公司的全部股份,根据公司章程的规定择一采用面额股或者无面额股。采用面额股的,每一股的金额相等。公司可以根据公司章程的规定将已发行的面额股全部转换为无面额股或者将无面额股全部转换为面额股。采用无面额股的,应当将发行股份所得股款的二分之一以上计入注册资本。

【重点解读】

本条是关于面额股与无面额股的规定。

与2018年《公司法》相比,新《公司法》在条文顺序上进行了调整,将原来的第一百二十五条第一款调整至第一百四十二条。在内容上,与2018年《公司法》相比,新《公司法》关于面额股与无面额股的规定发生了显著的变化。

1. 股份类型的增加

2018年《公司法》规定股份有限公司的资本划分为股份,每一股金额相等,但没有明确区分面额股和无面额股。新《公司法》明确规定了股份有限公司可以选择发行面额股或无面额股。这是对股份类型的一种扩展。

2. 面额股与无面额股转换的灵活性

新《公司法》增加了股份转换的灵活性,允许公司在公司章程中规定将已发行的面额股全部转换为无面额股,反之亦然。

3. 无面额股的资本计入要求

对于无面额股的发行,新《公司法》特别提出,若采用无面额股,公司必须将发行股份所得股款的二分之一以上计入注册资本。这是对无面额股发行条件的明确规定,确保了无面额股发行的合规性和资本充实性。

引入无面额股,可以在一定程度上解决传统面额股由于固定面额而导致的股本无法精确反映公司价值的问题。无面额股的引入有助于精细化管理公司的股本,使公司能更灵活地调整和设置股本结构,同时也有利于资本市场的发展。

第一百四十三条 同股同权

第一百四十三条 股份的发行,实行公平、公正的原则,同类别的每一股份应当具有同等权利。

同次发行的同类别股份,每股的发行条件和价格应当相同;认购人所认购的股份,每股应当支付相同价额。

【新旧条文对照】

2018年《公司法》	2024年《公司法》
第一百二十六条　股份的发行,实行公平、公正的原则,同种类的每一股份应当具有同等权利。 同次发行的同种类股票,每股的发行条件和价格应当相同;任何单位或者个人所认购的股份,每股应当支付相同价额。	第一百四十三条　股份的发行,实行公平、公正的原则,同类别的每一股份应当具有同等权利。 同次发行的同类别股份,每股的发行条件和价格应当相同;认购人所认购的股份,每股应当支付相同价额。

【重点解读】

本条是关于股份发行原则的规定。

与2018年《公司法》相比,新《公司法》在条文顺序上进行了调整,将原来的第一百二十六条调整至第一百四十三条。新《公司法》第一百四十三条保留了原有规定,即"发行的同类别股份,每股的发行条件和价格应当相同;认购人所认购的股份,每股应当支付相同价额"。在表述上,法条将"任何单位或者个人所认购的股份"修改为"认购人所认购的股份"。

第一百四十四条　类别股

第一百四十四条　公司可以按照公司章程的规定发行下列与普通股权利不同的类别股:

(一)优先或者劣后分配利润或者剩余财产的股份;

(二)每一股的表决权数多于或者少于普通股的股份;

(三)转让须经公司同意等转让受限的股份;

(四)国务院规定的其他类别股。

公开发行股份的公司不得发行前款第二项、第三项规定的类别股;公开发行前已发行的除外。

公司发行本条第一款第二项规定的类别股的，对于监事或者审计委员会成员的选举和更换，类别股与普通股每一股的表决权数相同。

【重点解读】

本条是关于类别股发行规则的规定。

与2018年《公司法》相比，本条属于新增条款，专门对发行类别股进行了详细规定。

（1）本条文明确了公司可以根据公司章程的规定发行多种类别的股份，这拓宽了公司资本结构设计的可能性，使公司能够根据自身发展需求和市场情况制定更为灵活的股权架构。

（2）本条文规定了公开发行股份的公司不能发行部分类别股（如表决权数量不同于普通股的股份和转让受限的股份），除非是在公开发行前已经发行了此类股份。这旨在保护公众投资者的利益，维护证券市场的公开、公平、公正原则。

（3）本条文特别规定了发行类别股的公司在监事或审计委员会成员的选举和更换事项上，类别股与普通股的表决权数应相同，这是为了确保监事会或审计委员会的独立性和公正性，使其有效监督公司的经营管理活动。

这一新增的内容体现了《公司法》与时俱进的精神，既尊重和保护了公司经营自主权，又加强了对公众投资者的保护力度。同时，它也为不同类型的投资人提供了更多的投资选择，有助于吸引更多社会资本投入，促进企业的多元化融资和长远发展。然而，这也意味着企业在设计和实施类别股策略时，必须充分考虑法律规定，确保合规操作。

第一百四十五条　章程中关于类别股的记载事项

第一百四十五条　发行类别股的公司，应当在公司章程中载明以下事项：

（一）类别股分配利润或者剩余财产的顺序；

（二）类别股的表决权数；

（三）类别股的转让限制；

（四）保护中小股东权益的措施；

（五）股东会认为需要规定的其他事项。

【重点解读】

本条是关于公司章程对类别股的法定记载事项的规定。

与2018年《公司法》相比，本条属于新增条款，在类别股的法定记载事项方面进行了明确且细化的规定。

（1）本条文新增了关于发行类别股公司的章程必备内容，明确规定了在公司章程中必须载明类别股分配利润或剩余财产的顺序，这是之前未明确提及的。

（2）本条文强调了类别股的表决权数应在公司章程中明确，使得类别股的权利配置更加透明化和规范化。

（3）本条文明确要求规定类别股的转让限制条件，进一步规范了股权市场的交易行为。

（4）本条文强调载明保护中小股东权益的措施，体现了新《公司法》在维护投资者特别是中小股东利益上的强化立场。

（5）本条文提及股东会可以根据实际情况决定公司章程中需要规定的其他事项，这赋予了公司更大的自主决策空间，同时也强调了公司治理中的民主决策原则。

这一条文与新《公司法》第一百四十四条中关于类别股发行规则的规定相呼应，给公众和投资者提供了明确的行为准则和方向。它为类别股设立了明确的规定，有助于保护投资者的权益，防止由于权益不明确导致的风险，为投资者提供法律保障。

第一百四十六条　类别股股东的双重表决

第一百四十六条　发行类别股的公司，有本法第一百一十六条第三款规定的事项等可能影响类别股股东权利的，除应当依照第一百一十六条第三款的规定经股东会决议外，还应当经出席类别股股东会议的股东所持表决权的三分之二以上通过。

公司章程可以对需经类别股股东会议决议的其他事项作出规定。

【重点解读】

本条是关于类别股股东表决权行使规则的规定。

与2018年《公司法》相比，本条属于新增条款。

对于发行类别股的公司，当遇到可能影响类别股股东权利的情况时（如本法第一百一十六条第三款所指明的情况），不仅需要遵循第一百一十六条第三款的规定经股东会决议，还必须经过出席类别股股东会议的股东所持表决权的三分之二以上同意。

其中，第一百一十六条第三款规定："股东会作出修改公司章程、增加或者减少注册资本的决议，以及公司合并、分立、解散或者变更公司形式的决议，应当经出席会议的股东所持表决权的三分之二以上通过。"

新《公司法》允许公司章程对需经类别股股东会议决议的其他事项作出规定，这给予了公司更大的自治空间，但也意味着公司需要更加谨慎制定和执行此类别股股东会议的决策规则。

这一条文是为了保护类别股股东的权益，让类别股股东对可能影响自身权益的重要事项有投票决定的权利。这一条款有助于保护股东的合法权益，防止公司在未经股东同意的情况下作出可能对股东权益产生负面影响的决定。

第一百四十七条　股份形式

第一百四十七条　公司的股份采取股票的形式。股票是公司签发的证明股东所持股份的凭证。

公司发行的股票，应当为记名股票。

【新旧条文对照】

2018年《公司法》	2024年《公司法》
第一百二十五条第二款　公司的股份采取股票的形式。股票是公司签发的证明股东所持股份的凭证。 第一百二十九条　公司发行的股票，~~可以为~~记名股票，~~也可以为无记名股票。~~ ~~公司向发起人、法人发行的股票，应当为记名股票，并应当记载该发起人、法人的名称或者姓名，不得另立户名或者以代表人姓名记名。~~	第一百四十七条　公司的股份采取股票的形式。股票是公司签发的证明股东所持股份的凭证。 公司发行的股票，<u>应当</u>为记名股票。

【重点解读】

本条是关于股票的规定。

与2018年《公司法》相比，新《公司法》在条文顺序上进行了调整，将原来的第一百二十五条第二款、第一百二十九条整合调整至第一百四十七条。

在具体内容上，新《公司法》仍然规定了公司的股份以股票的形式存在，并且股票是公司签发的证明股东所持股份的凭证。但新《公司法》第一百四十七条第二款明确规定，公司发行的股票应当为记名股票，这一点与2018年《公司法》第一百二十九条有显著不同。在2018年《公司法》中，公司发行的股票可以为记名股票，也可以为无记名股票。

第一百四十八条　股票的发行价格

第一百四十八条　<u>面额股</u>股票的发行价格可以按票面金额，也可以超过票面金额，但不得低于票面金额。

新公司法条文对照与重点解读

【新旧条文对照】

2018年《公司法》	2024年《公司法》
第一百二十七条　股票发行价格可以按票面金额，也可以超过票面金额，但不得低于票面金额。	第一百四十八条　面额股股票的发行价格可以按票面金额，也可以超过票面金额，但不得低于票面金额。

【重点解读】

本条是关于面额股股票发行价格的规定。

新《公司法》第一百四十八条明确规定："面额股股票的发行价格可以按票面金额，也可以超过票面金额，但不得低于票面金额。"这与2018年《公司法》的规定相同，但更明确地指出这一规定适用于面额股股票。

这个改动是为了适应新《公司法》中有关股票形式的规定。通过明确这一条款适用于面额股股票，可以避免对于发行价定价的混淆和误解。

第一百四十九条　股票的形式及载明的事项

第一百四十九条　股票采用纸面形式或者国务院证券监督管理机构规定的其他形式。

股票采用纸面形式的，应当载明下列主要事项：

（一）公司名称；

（二）公司成立日期或者股票发行的时间；

（三）股票种类、票面金额及代表的股份数，发行无面额股的，股票代表的股份数。

股票采用纸面形式的，还应当载明股票的编号，由法定代表人签名，公司盖章。

发起人股票采用纸面形式的，应当标明发起人股票字样。

【新旧条文对照】

2018年《公司法》	2024年《公司法》
第一百二十八条　股票采用纸面形式或者国务院证券监督管理机构规定的其他形式。 股票应当载明下列主要事项： （一）公司名称； （二）公司成立日期； （三）股票种类、票面金额及代表的股份数； ~~（四）股票的编号。~~ 股票由法定代表人签名，公司盖章。 发起人的股票，应当标明发起人股票字样。	第一百四十九条　股票采用纸面形式或者国务院证券监督管理机构规定的其他形式。 股票采用纸面形式的，应当载明下列主要事项： （一）公司名称； （二）公司成立日期或者股票发行的时间； （三）股票种类、票面金额及代表的股份数，发行无面额股的，股票代表的股份数。 股票采用纸面形式的，还应当载明股票的编号，由法定代表人签名，公司盖章。 发起人股票采用纸面形式的，应当标明发起人股票字样。

【重点解读】

本条是关于股票形式及法定记载事项的规定。

与2018年《公司法》相比，新《公司法》关于股票形式及法定记载事项有以下几个变化和延续之处。

1. 条文顺序发生改变

新《公司法》将原来的第一百二十八条调整至第一百四十九条。

2. 形式保持一致

新旧《公司法》均规定股票可以采用纸面形式或其他由国务院证券监督管理机构规定的其他形式。这表明股票形式的灵活性和适应未来可能的电子化发展趋势得以保留。

3. 调整股票记载事项

在2018年《公司法》中，股票应当载明公司成立日期。在新《公司法》中，该项表述调整为股票应当载明"公司成立日期或者股票发行的时间"，这意味着如果股票是在公司成立后一段时间才发行的，那么可以标注股票发行时间而非公司成立日期，这样更能反映股票的真实发行情况。

4. 对无面额股的明确提及

新《公司法》中特别提到发行无面额股的情况，要求在股票上载明股票代表的股份数，这在2018年《公司法》中虽然没有被明确提及，但实质上也是必要的记载事项。

5. 发起人股票的规定保持不变

新旧《公司法》均规定发起人的股票应在纸面形式上标明"发起人股票"字样。

新增的"发行无面额股的，股票代表的股份数"的表述，反映出新《公司法》对于无面额股发行的适应和规范，是为了适应市场的发展和变化。

第一百五十条　交付股票

第一百五十条　股份有限公司成立后，即向股东正式交付股票。公司成立前不得向股东交付股票。

【新旧条文对照】

2018年《公司法》	2024年《公司法》
第一百三十二条　股份有限公司成立后，即向股东正式交付股票。公司成立前不得向股东交付股票。	第一百五十条　股份有限公司成立后，即向股东正式交付股票。公司成立前不得向股东交付股票。

【重点解读】

本条是关于股票交付时间的规定。

与2018年《公司法》相比，新《公司法》在条文顺序上进行了调整，将原来的第一百三十二条调整至第一百五十条。在内容上，新《公司法》关于股票交付时间方面的规定与2018年《公司法》并无差异。

这一规定的意义在于维护股东权益和公司法人的合法地位。只有在公司依法完成设立登记，取得法人资格之后，股东才能正式持有和行使相应的股东权利。这样可以避免因公司未能成功设立而导致的法律风险和纠纷。

第一百五十一条　发行新股的决议

第一百五十一条　公司发行新股，股东会应当对下列事项作出决议：

（一）新股种类及数额；

（二）新股发行价格；

（三）新股发行的起止日期；

（四）向原有股东发行新股的种类及数额；

（五）发行无面额股的，新股发行所得股款计入注册资本的金额。

公司发行新股，可以根据公司经营情况和财务状况，确定其作价方案。

【新旧条文对照】

2018年《公司法》	2024年《公司法》
第一百三十三条　公司发行新股，股东大会应当对下列事项作出决议： （一）新股种类及数额； （二）新股发行价格； （三）新股发行的起止日期； （四）向原有股东发行新股的种类及数额。	第一百五十一条　公司发行新股，股东会应当对下列事项作出决议： （一）新股种类及数额； （二）新股发行价格； （三）新股发行的起止日期； （四）向原有股东发行新股的种类及数额； （五）发行无面额股的，新股发行所得股款计入注册资本的金额。 公司发行新股，可以根据公司经营情况和财务状况，确定其作价方案。

【重点解读】

本条是关于新股发行规则的规定。

与2018年《公司法》相比，新《公司法》关于公司发行新股的条款有以下变化。

1. 条文顺序发生改变

新《公司法》将原来的第一百三十三条调整至第一百五十一条。

2. 决议主体的表述变化

2018年《公司法》使用的是"股东大会"，新《公司法》将其改为"股东会"。

3. 新增决议事项

新《公司法》在原有的决议事项基础上增加了一项新的内容，即"（五）发行无面额股的，新股发行所得股款计入注册资本的金额"。这一新增事项明确了在发行无面额股的情况下，如何将新股发行所募集的资金折算成注册资本的具体金额，这是对无面额股发行规则的细化和完善。无面额股的发行可以在一定程度上提高公司的资金筹集效率，并在股东权益安排上提供更多便利。

4. 强调发行新股的灵活性

新《公司法》中增加了一句，"公司发行新股，可以根据公司经营情况和财务状况，确定其作价方案"。这一内容赋予了公司在发行新股时更大的自主权，允许公司在遵循法律基本原则的前提下，根据自身的实际情况灵活确定新股发行的定价策略，反映了《公司法》对市场化运作和公司自主决策的尊重。

第一百五十二条　授权董事会发行股份

第一百五十二条　公司章程或者股东会可以授权董事会在三年内决定发行不超过已发行股份百分之五十的股份。但以非货币财产作价出资的应当经股东会决议。

董事会依照前款规定决定发行股份导致公司注册资本、已发行股份数发生变化的，对公司章程该项记载事项的修改不需再由股东会表决。

【重点解读】

本条是关于授权资本制的规定。

与2018年《公司法》相比，本条属于新增条款。

新《公司法》赋予了公司章程或股东会在一定条件下的权限，允许它们授权董事会在三年期限内自行决定发行不超过已发行股份总数百分之五十的新股。这一修订提高了公司运营的灵活性，尤其是对于股份发行这类重大事项的决策流程，使得公司在面对市场机遇时能够更快地作出反应。

新《公司法》强调了非货币财产作价出资的情况，要求必须经过股东会的专门决议，突出了对非货币资产入股行为的审慎态度，确保所有股东的权益得到充分保护。

新《公司法》规定，在董事会根据上述授权决定发行股份并且由此导致公司注册资本或已发行股份数发生变更时，对公司章程相应记载事项的修改无须再次经过股东会表决。

这一变革简化了公司内部治理结构中某些环节的决策程序，有利于提高公司治理效率，但在某种程度上也加重了董事会的责任，要求董事会在行使职权时更加慎重和合规。

第一百五十三条　新股发行的董事会决议程序

第一百五十三条　公司章程或者股东会授权董事会决定发行新股的，董事会决议应当经全体董事三分之二以上通过。

【重点解读】

本条是关于股份有限公司授权发行新股的决议的规定。

与2018年《公司法》相比，本条属于新增条款。

新《公司法》明确规定了在公司章程或股东会授权董事会决定发行新股的情形下，董事会对此事项作出决议时所应达到的最低投票门槛。根据这条规定，当董事会行使决定发行新股的职权时，其决议必须得到全体董事三分之二以上的支持方可生效。

这一条文的出台体现了立法者对公司发行新股决策过程中的内部制约与平衡的关注，强化了董事会决策的民主性和严肃性，确保在不影响公司快速应对市场变化，灵活发行新股的同时，充分尊重并保障每位董事的意见表达和决策参与权，以降低由单一或少数董事可能导致的重大决策失误风险。

第一百五十四条　公开募集股份

第一百五十四条　公司向社会公开募集股份，应当经国务院证券监督管理机构注册，公告招股说明书。

招股说明书应当附有公司章程，并载明下列事项：

（一）发行的股份总数；

（二）面额股的票面金额和发行价格或者无面额股的发行价格；

（三）募集资金的用途；

（四）认股人的权利和义务；

（五）股份种类及其权利和义务；

（六）本次募股的起止日期及逾期未募足时认股人可以撤回所认股份的说明。

公司设立时发行股份的，还应当载明发起人认购的股份数。

【新旧条文对照】

2018年《公司法》	2024年《公司法》
第八十五条　发起人向社会公开募集股份，必须公告招股说明书，并制作认股书。认股书应当载明本法第八十六条所列事项，由认股人填写认购股数、金额、住所，并签名、盖章。认股人按照所认购股数缴纳股款。	第一百五十四条　公司向社会公开募集股份，应当经国务院证券监督管理机构注册，公告招股说明书。 招股说明书应当附有公司章程，并载明下列事项： （一）发行的股份总数；

第 6 章 | 股份有限公司的股份发行和转让

　　第八十六条　招股说明书应当附有~~发起人制订的~~公司章程，并载明下列事项：
　　（一）发起人认购的股份数；
　　~~（二）~~每股的票面金额和发行价格；
　　（三）~~无记名股票的~~发行总数；
　　（四）募集资金的用途；
　　（五）认股人的权利、义务；
　　（六）本次募股的起止~~期限~~及逾期未募足时认股人可以撤回所认股份的说明。
　　第一百三十四条第一款　公司经国务院证券监督管理机构~~核准公开发行新股时，必须~~公告新股招股说明书和~~财务会计报告，并制作认股书。~~

　　（二）面额股的票面金额和发行价格或者无面额股的发行价格；
　　（三）募集资金的用途；
　　（四）认股人的权利和义务；
　　（五）股份种类及其权利和义务；
　　（六）本次募股的起止日期及逾期未募足时认股人可以撤回所认股份的说明。
　　公司设立时发行股份的，还应当载明发起人认购的股份数。

【重点解读】

　　本条是关于公司公开募集股份及招股说明书载明事项的规定。
　　与2018年《公司法》相比，新《公司法》对条文内容进行了整合，并在顺序上进行了调整。具体解读如下。

1. 审批制度的转变

　　2018年《公司法》中规定发起人向社会公开募集股份须公告招股说明书，并在公开发行新股时经国务院证券监督管理机构核准。而新《公司法》则明确公司向社会公开募集股份应当经国务院证券监督管理机构注册。这反映了我国证券市场管理制度从核准制向注册制的改革方向。

2. 招股说明书内容的调整

　　新《公司法》删除了原来单独提及的"认股书"的制作要求，将其相关内容融入招股说明书之中；对招股说明书载明事项进行了部分合并和调整，保留了原条文中关于发行股份总数、募集资金用途、认股人的权利和义务、募股起止日期及认股撤回的规定；新增了对股份种类及其权利和义务的披露要求。将发起人认购的股份数纳入招股说明书内容，但在公司设立时发行股份的情形下才须载明，这与原法中发起人认购股份数始终须载入招股说明书有所区别。

新《公司法》在公司公开募集股份的法规体系中更注重信息披露的质量和全面性，以及适应注册制改革后市场化的监管方式。同时，对各类股份的权益披露提出了更明确细致的要求，以便投资者作出更为理智的投资决策。

第一百五十五条　股票承销

第一百五十五条　公司向社会公开募集股份，应当由依法设立的证券公司承销，签订承销协议。

【新旧条文对照】

2018年《公司法》	2024年《公司法》
第八十七条　发起人向社会公开募集股份，应当由依法设立的证券公司承销，签订承销协议。	第一百五十五条　公司向社会公开募集股份，应当由依法设立的证券公司承销，签订承销协议。

【重点解读】

本条是关于向社会公开募集股份的方式的规定。

与2018年《公司法》相比，新《公司法》在股份发行的主体上有了细微变化，2018年《公司法》使用的是"发起人"这一表述，而新《公司法》则使用了"公司"这一表述。这种变化在某种程度上反映了法律规定的演进和清晰化。

1. 主体明确性

使用"公司"作为股份发行的主体，使得法律规定更加明确和统一。与"发起人"相比，"公司"这一表述涵盖了股份发行的所有可能情况，不仅包括设立时的发行，也包括公司成立后的增发等。这有助于避免混淆和法律执行中的不确定性。

2. 法律逻辑的连贯性

使用"公司"作为主体，使得法律规定在逻辑上更加连贯。无论是设立时的股份发行还是公司成立后的股份发行，都是由公司这一主体进行的。将"公司"作为主体，有助于保持法律规定的内在一致性。

第一百五十六条　代收股款

第一百五十六条　公司向社会公开募集股份，应当同银行签订代收股款协议。

代收股款的银行应当按照协议代收和保存股款，向缴纳股款的认股人出具收款单据，并负有向有关部门出具收款证明的义务。

公司发行股份募足股款后，应予公告。

【新旧条文对照】

2018年《公司法》	2024年《公司法》
第八十八条　发起人向社会公开募集股份，应当同银行签订代收股款协议。 代收股款的银行应当按照协议代收和保存股款，向缴纳股款的认股人出具收款单据，并负有向有关部门出具收款证明的义务。 第一百三十六条　公司发行新股募足股款后，必须向公司登记机关办理变更登记，并公告。	第一百五十六条　公司向社会公开募集股份，应当同银行签订代收股款协议。 代收股款的银行应当按照协议代收和保存股款，向缴纳股款的认股人出具收款单据，并负有向有关部门出具收款证明的义务。 公司发行股份募足股款后，应予公告。

【重点解读】

本条是关于向社会公开募集股份时收取股款方式的规定。

与2018年《公司法》相比，新《公司法》关于股份发行的规定有一些关键的差异和变化。以下是针对这些差异的解读。

1. 股份发行后的登记与公告

新《公司法》将2018年《公司法》中的"发起人向社会公开募集股份"调整为"公司向社会公开募集股份"。这一变化明确了发起人和公司之间的主体转换，也反映了法律规定的演进。

新《公司法》明确规定，公司发行股份募足股款后，应予以公告，比2018年《公司法》有所简化，删除了"必须向公司登记机关办理变更登记"这一步。这一调整是对股份发行流程的进一步简化、明确和规范。公司公告募集情况有助于让债权人及公众了解公司情况。

2. 银行代收股款协议的重要性

新旧《公司法》都强调了发起人或公司与银行签订代收股款协议的重要性。这一协议确保了股款的代收和保存，并为缴纳股款的认股人出具收款单据。银行在此过程中承担着重要的责任，必须按照协议履行相关义务。

6.2 股份转让

第一百五十七条　股份转让规则

第一百五十七条　股份有限公司的股东持有的股份可以向其他股东转让，也可以向股东以外的人转让；公司章程对股份转让有限制的，其转让按照公司章程的规定进行。

【新旧条文对照】

2018年《公司法》	2024年《公司法》
第一百三十七条　股东持有的股份可以依法转让。	第一百五十七条　股份有限公司的股东持有的股份可以向其他股东转让，也可以向股东以外的人转让；公司章程对股份转让有限制的，其转让按照公司章程的规定进行。

【重点解读】

本条是关于股份转让的规定。

与2018年《公司法》相比，新《公司法》关于股份转让的规定有一些关键的差异和变化。以下是针对这些差异的解读。

1. 股份转让的开放性

2018年《公司法》明确指出股东持有的股份可以依法转让，但未明确规定是否可以向股东以外的人转让。而新《公司法》明确指出股东持有的股份不仅可以向其他股东转让，还可以向股东以外的人转让。这一变化体现了股份转让的开放性，允许更多的投资者参与公司的股份交易。

2. 公司章程的限制

新《公司法》强调了公司章程对股份转让的限制作用。如果公司章程对股份转让有限制，那么股份的转让必须按照公司章程的规定进行。这一规定尊重了公司的自主权，允许公司在法律规定的范围内制定自己的章程来规范股份转让行为。

第一百五十八条　股份转让的方式

第一百五十八条　股东转让其股份，应当在依法设立的证券交易场所进行或者按照国务院规定的其他方式进行。

【新旧条文对照】

2018年《公司法》	2024年《公司法》
第一百三十八条　股东转让其股份，应当在依法设立的证券交易场所进行或者按照国务院规定的其他方式进行。	第一百五十八条　股东转让其股份，应当在依法设立的证券交易场所进行或者按照国务院规定的其他方式进行。

【重点解读】

本条是关于股份转让方式的规定。

与2018年《公司法》相比，新《公司法》关于股份转让的规定没有发生变化。

根据新旧《公司法》的规定，股东转让其股份应当在依法设立的证券交易场所进行或者按照国务院规定的其他方式进行。这意味着，股份转让应当在合法、规范的平台上进行，遵循相关法律法规的规定，确保交易的公平、公正和透明。

第一百五十九条　股票转让方式

第一百五十九条　股票的转让，由股东以背书方式或者法律、行政法规规定的其他方式进行；转让后由公司将受让人的姓名或者名称及住所记载于股东名册。

股东会会议召开前二十日内或者公司决定分配股利的基准日前五日内，不得变更股东名册。法律、行政法规或者国务院证券监督管理机构对上市公司股东名册变更另有规定的，从其规定。

【新旧条文对照】

2018年《公司法》	2024年《公司法》
第一百三十九条　记名股票，由股东以背书方式或者法律、行政法规规定的其他方式转让；转让后由公司将受让人的姓名或者名称及住所记载于股东名册。 股东大会召开前二十日内或者公司决定分配股利的基准日前五日内，不得进行前款规定的股东名册的变更登记。但是，法律对上市公司股东名册变更登记另有规定的，从其规定。	第一百五十九条　股票的转让，由股东以背书方式或者法律、行政法规规定的其他方式进行；转让后由公司将受让人的姓名或者名称及住所记载于股东名册。 股东会会议召开前二十日内或者公司决定分配股利的基准日前五日内，不得变更股东名册。法律、行政法规或者国务院证券监督管理机构对上市公司股东名册变更另有规定的，从其规定。

【重点解读】

本条是关于股票转让方式的规定。

与2018年《公司法》相比，新《公司法》关于记名股票转让的规定有表述相似和细微变化的地方。

1. 股东名册变更登记的规定

新旧《公司法》都强调了在特定时间内不得进行股东名册的变更登记，即在股东会会议召开前二十日内或者公司决定分配股利的基准日前五日内。这一规定是为了确保在这些关键时间点上，股东名册的登记是准确的，以维护相关方的权益。

2. 法律体系的协调性

新《公司法》在股东名册变更登记的规定上更加协调和完善。如果法律、行政法规或者国务院证券监督管理机构对上市公司股东名册变更登记有特殊规定的，应从其规定，这反映了法律体系内部的协调和一致性。

第一百六十条　股份转让限制

第一百六十条　公司公开发行股份前已发行的股份，自公司股票在证券交易所上市交易之日起一年内不得转让。法律、行政法规或者国务院证券监督管理机构对上市公司的股东、实际控制人转让其所持有的本公司股份另有规定的，从其规定。

公司董事、监事、高级管理人员应当向公司申报所持有的本公司的股份及其变动情况，在就任时确定的任职期间每年转让的股份不得超过其所持有本公司股份总数的百分之二十五；所持本公司股份自公司股票上市交易之日起一年内不得转让。上述人员离职后半年内，不得转让其所持有的本公司股份。公司章程可以对公司董事、监事、高级管理人员转让其所持有的本公司股份作出其他限制性规定。

股份在法律、行政法规规定的限制转让期限内出质的，质权人不得在限制转让期限内行使质权。

新公司法条文对照与重点解读

【新旧条文对照】

2018年《公司法》	2024年《公司法》
第一百四十一条 ~~发起人持有的本公司股份，自公司成立之日起一年内不得转让。~~公司公开发行股份前已发行的股份，自公司股票在证券交易所上市交易之日起一年内不得转让。 公司董事、监事、高级管理人员应当向公司申报所持有的本公司的股份及其变动情况，在任职期间每年转让的股份不得超过其所持有本公司股份总数的百分之二十五；所持本公司股份自公司股票上市交易之日起一年内不得转让。上述人员离职后半年内，不得转让其所持有的本公司股份。公司章程可以对公司董事、监事、高级管理人员转让其所持有的本公司股份作出其他限制性规定。	第一百六十条 公司公开发行股份前已发行的股份，自公司股票在证券交易所上市交易之日起一年内不得转让。法律、行政法规或者国务院证券监督管理机构对上市公司的股东、实际控制人转让其所持有的本公司股份另有规定的，从其规定。 公司董事、监事、高级管理人员应当向公司申报所持有的本公司的股份及其变动情况，在就任时确定的任职期间每年转让的股份不得超过其所持有本公司股份总数的百分之二十五；所持本公司股份自公司股票上市交易之日起一年内不得转让。上述人员离职后半年内，不得转让其所持有的本公司股份。公司章程可以对公司董事、监事、高级管理人员转让其所持有的本公司股份作出其他限制性规定。 股份在法律、行政法规规定的限制转让期限内出质的，质权人不得在限制转让期限内行使质权。

【重点解读】

本条是关于股份转让限制的规定。

与2018年《公司法》相比，新《公司法》关于股份转让和质权行使的规定有一定的继承和变化。

1. 股份转让的限制期

新《公司法》再次明确指出公开发行股份前已发行的股份，在公司股票上市后一年内不得转让，删除了原版本的"发起人持有的本公司股份，自公司成立之日起一年内不得转让"的规定，使得发起人转让股份更为自由。

此外，新《公司法》增补了"法律、行政法规或者国务院证券监督管理机构对上市公司的股东、实际控制人转让其所持有的本公司股份另有规定的，从其规定"一条。这意味着，如果其他法律、行政法规或监管规定对股份转让有更严格的限制，应当遵循相关规定。

2. 董事、监事、高级管理人员的股份转让限制

新旧《公司法》都规定公司董事、监事、高级管理人员在任职期间每年转让的股份不得超过其所持有本公司股份总数的百分之二十五，并且所持本公司股份自公司股票上市交易之日起一年内不得转让。

此外，上述人员离职后半年内不得转让其所持有的本公司股份。这一规定旨在维护公司治理的稳定性和防止内部人交易。

3. 公司章程的自主权

新旧《公司法》允许公司章程对董事、监事、高级管理人员转让其所持有的本公司股份作出其他限制性规定。这一规定尊重了公司的自主权，允许公司在法律规定的范围内制定自己的章程来规范股份转让。

4. 股份质权的限制

新《公司法》新增了关于股份质权的规定，明确指出如果股份在法律、行政法规规定的限制转让期限内被出质，质权人不得在限制转让期限内行使质权。

第一百六十一条　异议股东回购请求权

第一百六十一条　有下列情形之一的，对股东会该项决议投反对票的股东可以请求公司按照合理的价格收购其股份，公开发行股份的公司除外：

（一）公司连续五年不向股东分配利润，而公司该五年连续盈利，并且符合本法规定的分配利润条件；

（二）公司转让主要财产；

（三）公司章程规定的营业期限届满或者章程规定的其他解散事由出现，股东会通过决议修改章程使公司存续。

自股东会决议作出之日起六十日内，股东与公司不能达成股份收购协议的，股东可以自股东会决议作出之日起九十日内向人民法院提起诉讼。

公司因本条第一款规定的情形收购的本公司股份，应当在六个月内依法转让或者注销。

【重点解读】

本条是关于股份有限公司的异议股东股份回购请求权的规定。

新《公司法》关于股份有限公司的异议股东股份回购请求权的规定主要有以下几点。

1. 回购请求权的定义

异议股东股份回购请求权是指在特定的情形下，对公司股东会议决议持反对意见的股东所享有的一种"要求公司以合理公平的价格收购自己股份"的权利。

2. 回购请求权的情形

根据新《公司法》的规定，异议股东可以请求公司回购其股份的情形包括：

（1）公司连续五年不向股东分配利润，而公司该五年连续盈利，并且符合本法规定的分配利润条件；

（2）公司转让主要财产；

（3）公司章程规定的营业期限届满或者章程规定的其他解散事由出现，股东会通过决议修改章程使公司存续。

3. 诉讼时效

异议股东如果对公司股东会议决议表示异议，并请求公司回购其股份，可以在自股东会决议作出之日起九十日内向人民法院提起诉讼。

新《公司法》对异议股东股份回购请求权的规定更加明确和具体，有助于保护异议股东的合法权益。同时，新《公司法》对于公司治理结构也提出了更高的要求，要求公司在决策过程中更加注重股东的利益和意见。

第一百六十二条　股份回购及质押

第一百六十二条　公司不得收购本公司股份。但是，有下列情形之一的除外：

（一）减少公司注册资本；

（二）与持有本公司股份的其他公司合并；

（三）将股份用于员工持股计划或者股权激励；

（四）股东因对股东会作出的公司合并、分立决议持异议，要求公司收购其股份；

（五）将股份用于转换公司发行的可转换为股票的公司债券；

（六）上市公司为维护公司价值及股东权益所必需。

公司因前款第一项、第二项规定的情形收购本公司股份的，应当经股东会决议；公司因前款第三项、第五项、第六项规定的情形收购本公司股份的，可以按照公司章程或者股东会的授权，经三分之二以上董事出席的董事会会议决议。

公司依照本条第一款规定收购本公司股份后，属于第一项情形的，应当自收购之日起十日内注销；属于第二项、第四项情形的，应当在六个月内转让或者注销；属于第三项、第五项、第六项情形的，公司合计持有的本公司股份数不得超过本公司已发行股份总数的百分之十，并应当在三年内转让或者注销。

上市公司收购本公司股份的，应当依照《中华人民共和国证券法》的规定履行信息披露义务。上市公司因本条第一款第三项、第五项、第六项规定的情形收购本公司股份的，应当通过公开的集中交易方式进行。

公司不得接受本公司的股份作为质权的标的。

新公司法条文对照与重点解读

【新旧条文对照】

2018年《公司法》	2024年《公司法》
第一百四十二条　公司不得收购本公司股份。但是，有下列情形之一的除外： （一）减少公司注册资本； （二）与持有本公司股份的其他公司合并； （三）将股份用于员工持股计划或者股权激励； （四）股东因对股东~~大~~会作出的公司合并、分立决议持异议，要求公司收购其股份； （五）将股份用于转换~~上市~~公司发行的可转换为股票的公司债券； （六）上市公司为维护公司价值及股东权益所必需。 　　公司因前款第（一）项、第（二）项规定的情形收购本公司股份的，应当经股东大会决议；公司因前款第（三）项、第（五）项、第（六）项规定的情形收购本公司股份的，可以依照公司章程~~的规定~~或者股东~~大~~会的授权，经三分之二以上董事出席的董事会会议决议。 　　公司依照本条第一款规定收购本公司股份后，属于第（一）项情形的，应当自收购之日起十日内注销；属于第（二）项、第（四）项情形的，应当在六个月内转让或者注销；属于第（三）项、第（五）项、第（六）项情形的，公司合计持有的本公司股份数不得超过本公司已发行股份~~总额~~的百分之十，并应当在三年内转让或者注销。	第一百六十二条　公司不得收购本公司股份。但是，有下列情形之一的除外： （一）减少公司注册资本； （二）与持有本公司股份的其他公司合并； （三）将股份用于员工持股计划或者股权激励； （四）股东因对股东会作出的公司合并、分立决议持异议，要求公司收购其股份； （五）将股份用于转换公司发行的可转换为股票的公司债券； （六）上市公司为维护公司价值及股东权益所必需。 　　公司因前款第一项、第二项规定的情形收购本公司股份的，应当经股东会决议；公司因前款第三项、第五项、第六项规定的情形收购本公司股份的，可以按照公司章程或者股东会的授权，经三分之二以上董事出席的董事会会议决议。 　　公司依照本条第一款规定收购本公司股份后，属于第一项情形的，应当自收购之日起十日内注销；属于第二项、第四项情形的，应当在六个月内转让或者注销；属于第三项、第五项、第六项情形的，公司合计持有的本公司股份数不得超过本公司已发行股份**总数**的百分之十，并应当在三年内转让或者注销。

上市公司收购本公司股份的，应当依照《中华人民共和国证券法》的规定履行信息披露义务。上市公司因本条第一款第（三）项、第（五）项、第（六）项规定的情形收购本公司股份的，应当通过公开的集中交易方式进行。 公司不得接受本公司的股票作为质押权的标的。	上市公司收购本公司股份的，应当依照《中华人民共和国证券法》的规定履行信息披露义务。上市公司因本条第一款第三项、第五项、第六项规定的情形收购本公司股份的，应当通过公开的集中交易方式进行。 公司不得接受本公司的股份作为质权的标的。

【重点解读】

本条是关于股份回购的规定。

与2018年《公司法》相比，新《公司法》关于公司股份收购的规定无实质性变化。主要涉及以下方面。

1. 股份收购的情形

新旧《公司法》都规定了公司不得收购本公司股份，但有特定情形除外。这些情形包括减少公司注册资本、与持有本公司股份的其他公司合并、将股份用于员工持股计划或股权激励等。

2. 股东会和董事会决议

当公司因某些情形需要收购本公司股份时，需要经过相应的决议。对于因减少公司注册资本和与持有本公司股份的其他公司合并而收购股份的情形，需要经股东会决议。而对于将股份用于员工持股计划或股权激励等其他情形，可以依照公司章程的规定或股东会的授权，经三分之二以上董事出席的董事会会议决议。这一规定确保了决策过程的规范性和透明度。

3. 股份收购后的处理

根据新旧《公司法》的规定，公司收购本公司股份后，根据不同的情形有不同的处理方式。例如，属于减少公司注册资本的情形的，应当自收购之日起十日内注销；属于与持有本公司股份的其他公司合并的情形的，应当在六个月内转让或注销。对于其他情形，公司合计持有的本公司股份数不得超过本公司已发行股份总数的百分之十，并应当在三年内转让或注销。这一规定旨在确保公司股份结构的稳定性和合理性。

4. 上市公司的信息披露义务

新旧《公司法》都强调了上市公司在收购本公司股份时应当履行的信息披露义务。这一规定符合《中华人民共和国证券法》的要求，有助于维护市场的公平性和保护投资者的利益。

5. 质押权的标的

新旧《公司法》都明确规定："公司不得接受本公司的股票作为质押权的标的。"这一规定是为了防止潜在的利益冲突和维护公司的利益。

第一百六十三条　禁止财务资助

第一百六十三条　公司不得为他人取得本公司或者其母公司的股份提供赠与、借款、担保以及其他财务资助，公司实施员工持股计划的除外。

为公司利益，经股东会决议，或者董事会按照公司章程或者股东会的授权作出决议，公司可以为他人取得本公司或者其母公司的股份提供财务资助，但财务资助的累计总额不得超过已发行股本总额的百分之十。董事会作出决议应当经全体董事的三分之二以上通过。

违反前两款规定，给公司造成损失的，负有责任的董事、监事、高级管理人员应当承担赔偿责任。

【重点解读】

本条是关于禁止财务资助的规定。

本条属于新增条款，主要涉及公司财务资助的限制和责任追究。以下是对该条规定的重点解读。

1. 禁止财务资助

本条明确规定，公司不得为他人取得本公司或者其母公司的股份提供赠与、借款、担保及其他财务资助，除非是公司实施员工持股计划。这一规定旨在防止公司资产的不当流失，确保公司的财务安全和稳定

2. 财务资助的例外与限制

为了公司的利益，经股东会决议或董事会按照公司章程或股东会的授权作出决议，公司可以为他人取得本公司或其母公司的股份提供财务资助。但财务资助的累计总额不得超过已发行股本总额的百分之十。同时，董事会作出相关决议时，应当经全体董事的三分之二以上通过。这些规定旨在确保决策的合理性和透明度。

3. 责任追究

如果违反了前两款的规定，给公司造成了损失，那么负有责任的董事、监事、高级管理人员应当承担赔偿责任。这一规定旨在强化相关人员的责任意识，确保他们在决策时更加审慎和负责。

第一百六十四条　股票丢失的救济

第一百六十四条　股票被盗、遗失或者灭失，股东可以依照《中华人民共和国民事诉讼法》规定的公示催告程序，请求人民法院宣告该股票失效。人民法院宣告该股票失效后，股东可以向公司申请补发股票。

【新旧条文对照】

2018年《公司法》	2024年《公司法》
第一百四十三条　记名股票被盗、遗失或者灭失，股东可以依照《中华人民共和国民事诉讼法》规定的公示催告程序，请求人民法院宣告该股票失效。人民法院宣告该股票失效后，股东可以向公司申请补发股票。	第一百六十四条　股票被盗、遗失或者灭失，股东可以依照《中华人民共和国民事诉讼法》规定的公示催告程序，请求人民法院宣告该股票失效。人民法院宣告该股票失效后，股东可以向公司申请补发股票。

【重点解读】

本条是关于股票被盗、遗失或灭失的补救途径的规定。

与2018年《公司法》相比，新《公司法》在这一条文上没有实质性的变化，基本没有修改或更新，以下是关于这一条文的重点解读。

1. 适用范围

这一条文明确指出，当股票被盗、遗失或灭失时，股东可以采取相应的法律措施。这为股东提供了法律保障，确保他们能够有效地维护自己的权益。

2. 公示催告程序

股东可以依照《中华人民共和国民事诉讼法》规定的公示催告程序，请求人民法院宣告该股票失效。这一程序有助于确保股票失效的合法性和公正性，防止股票被非法使用或转让。

3. 补发股票

在人民法院宣告该股票失效后，股东可以向公司申请补发股票。这一规定确保了股东的权益得到恢复，使他们能够继续持有并行使股票所代表的权利。

第一百六十五条　上市公司股票交易

第一百六十五条　上市公司的股票，依照有关法律、行政法规及证券交易所交易规则上市交易。

【新旧条文对照】

2018年《公司法》	2024年《公司法》
第一百四十四条　上市公司的股票，依照有关法律、行政法规及证券交易所交易规则上市交易。	第一百六十五条　上市公司的股票，依照有关法律、行政法规及证券交易所交易规则上市交易。

【重点解读】

本条是关于上市公司股票交易的规定。

与2018年《公司法》相比，新《公司法》没有实质性的修改或更新，以下是关于这一条文的重点解读。

1. 适用范围

这一条文明确指出，上市公司的股票应当按照相关法律、行政法规和证券交易所的交易规则进行上市交易。这为上市公司股票的交易提供了明确的法律框架和规范。

2. 法律与行政法规的约束

上市公司的股票上市交易受到相关法律和行政法规的约束。这意味着上市公司必须遵守相关法律法规，确保股票交易的合法性和规范性。

3. 证券交易所交易规则

除了法律和行政法规的约束外，上市公司的股票交易还需遵守证券交易所的交易规则。这些规则涉及交易的具体操作、信息披露、监管等方面，旨在确保市场的公平、透明和稳定。

第一百六十六条　上市公司信息披露

第一百六十六条　上市公司应当依照法律、行政法规的规定披露相关信息。

【新旧条文对照】

2018年《公司法》	2024年《公司法》
第一百四十五条　上市公司必须依照法律、行政法规的规定，公开其财务状况、经营情况及重大诉讼，在每会计年度内半年公布一次财务会计报告。	第一百六十六条　上市公司应当依照法律、行政法规的规定披露相关信息。

【重点解读】

本条是关于上市公司信息披露制度的规定。

新《公司法》这一条文主要涉及对上市公司信息披露义务的要求。新《公司法》删除了上市公司必须依照法律、行政法规的规定公开其财务状况、经营情况及重大诉讼的内容。关于上市公司的信息披露，《中华人民共和国证券法》中有具体规定。

第一百六十七条　股东资格的继承

第一百六十七条　自然人股东死亡后，其合法继承人可以继承股东资格；但是，**股份转让受限的股份有限公司**的章程另有规定的除外。

【新旧条文对照】

2018年《公司法》	2024年《公司法》
第七十五条　自然人股东死亡后，其合法继承人可以继承股东资格；但是，公司章程另有规定的除外。	第一百六十七条　自然人股东死亡后，其合法继承人可以继承股东资格；但是，**股份转让受限的股份有限公司**的章程另有规定的除外。

【重点解读】

本条是关于股份有限公司自然人股东的股东资格继承的规定。

与2018年《公司法》相比，新《公司法》进行了一些修改。以下是关于这一条文的重点解读。

1. 合法继承人继承股东资格

2018年《公司法》和新《公司法》都明确规定："自然人股东死亡后，其合法继承人可以继承股东资格。"这意味着除非公司章程另有规定，合法继承人有权继承死亡股东的股东资格。

2. 公司章程的特殊规定

2018年《公司法》提到"公司章程另有规定的除外"，这意味着公司章程中可以规定特定的条款来限制或规定继承人如何继承股东资格。新《公司法》在这一点上进行了修改，明确指出"股份转让受限的股份有限公司的章程另有规定的除外"。这意味着**在某些特定类型的股份有限公司中，公司章程可以作出特殊规定，限制股份转让或其他相关事项**。

尽管新旧版本在表述上有所不同，但基本的原则仍然保持一致。合法继承人有权继承股东资格，但公司章程可以作出特殊规定。新《公司法》又强调了"股份转让受限的股份有限公司的章程有特殊规定的除外"。

第 7 章
国家出资（原国有独资）公司组织机构的特别规定

7.1 国家出资公司概述

第一百六十八条至第一百六十九条　范围及其管理体制

第一百六十八条　国家出资公司的组织机构，适用本章规定；本章没有规定的，适用本法其他规定。

本法所称国家出资公司，是指国家出资的国有独资公司、国有资本控股公司，包括国家出资的有限责任公司、股份有限公司。

第一百六十九条　国家出资公司，由国务院或者地方人民政府分别代表国家依法履行出资人职责，享有出资人权益。国务院或者地方人民政府可以授权国有资产监督管理机构或者其他部门、机构代表本级人民政府对国家出资公司履行出资人职责。

代表本级人民政府履行出资人职责的机构、部门，以下统称为履行出资人职责的机构。

【新旧条文对照】

2018年《公司法》	2024年《公司法》
第六十四条　国有独资公司的设立和组织机构，适用本节规定；本节没有规定的，适用本章第一节、第二节的规定。	第一百六十八条　国家出资公司的组织机构，适用本章规定；本章没有规定的，适用本法其他规定。

新公司法条文对照与重点解读

本法所称国有独资公司，是指国家单独出资、由国务院或者地方人民政府授权本级人民政府国有资产监督管理机构履行出资人职责的有限责任公司。	本法所称国家出资公司，是指国家出资的国有独资公司、国有资本控股公司，包括国家出资的有限责任公司、股份有限公司。 　　第一百六十九条　国家出资公司，由国务院或者地方人民政府分别代表国家依法履行出资人职责，享有出资人权益。国务院或者地方人民政府可以授权国有资产监督管理机构或者其他部门、机构代表本级人民政府对国家出资公司履行出资人职责。 　　代表本级人民政府履行出资人职责的机构、部门，以下统称为履行出资人职责的机构。

【重点解读】

以上两条是关于国家出资公司及履行出资人职责机构的规定。

与2018年《公司法》相比，新《公司法》将这一部分拆分为两条，主要涉及国家出资公司出资人职责的相关规定。以下是关于这一部分的重点解读。

1. 适用范围

新《公司法》进一步明确了国家出资公司的组织机构适用本章规定，并列举了国家出资公司包括国有独资公司、国有资本控股公司等类型。这表明国家出资公司在组织机构方面受到特定的法律约束。

2. 明确国家出资公司的定义

新《公司法》明确指出，国家出资公司具体是指国家出资的国有独资公司、国有资本控股公司，包括国家出资的有限责任公司、股份有限公司。这为相关公司提供了明确的法律定位和分类。

3. 履行出资人职责的机构

新《公司法》新增了关于履行出资人职责的机构的规定。履行出资人职责的机构的具体定义为经过国务院或者地方人民政府授权的代表本级人民政府履行出资人职责的机构、部门，这些机构代表本级人民政府对国家出资公司履行出资人职责，并享有相应的出资人权益。这为履行出资人职责的机构提供了明确的法律地位和权利义务。

第一百七十条　党对国家出资公司的领导

第一百七十条　国家出资公司中中国共产党的组织，按照中国共产党章程的规定发挥领导作用，研究讨论公司重大经营管理事项，支持公司的组织机构依法行使职权。

【重点解读】

本条是关于党对国家出资公司的领导的规定。

新《公司法》这一条文主要涉及国家出资公司中中国共产党的组织在公司运营中的作用。以下是关于这一条文的重点解读。

1. 党组织的领导作用

这一条文明确指出，在国家出资公司中，中国共产党的组织应当按照中国共产党章程的规定发挥领导作用。这意味着在这些公司中，党的组织对公司的决策和运营具有重要的影响力。

2. 参与重大经营管理事项的研究讨论

党的组织不仅在公司的日常运营中起到领导作用，还负责研究讨论公司的重大经营管理事项。这意味着在公司的重大决策过程中，党组织具有参与和决策的权利。

3. 支持公司组织机构依法行使职权

这一条文强调了党的组织对公司的支持，确保公司的组织机构能够依法行使职权。这要求党的组织在维护公司合法合规运营方面发挥积极的作用。

7.2 国家出资公司的章程、董事会、经理、董事、高管、审计、合规

第一百七十一条 国有独资公司章程制定

第一百七十一条 国有独资公司章程由履行出资人职责的机构制定。

【新旧条文对照】

2018年《公司法》	2024年《公司法》
第六十五条 国有独资公司章程由~~国有资产监督管理机构~~制定，~~或者由董事会制订报国有资产监督管理机构批准。~~	第一百七十一条 国有独资公司章程由履行出资人职责的机构制定。

【重点解读】

本条是关于国有独资公司章程制定的规定。

与2018年《公司法》相比，新《公司法》这一部分有了变化。

在2018年《公司法》中，"国有独资公司章程由国有资产监督管理机构制定，或者由董事会制订报国有资产监督管理机构批准"。而在新《公司法》中，这一规定有所变化。国有独资公司章程改为由履行出资人职责的机构制定。这意味着履行出资人职责的机构直接负责制定国有独资公司的章程，不再需要经过董事会的制定和报批。

这一变化意味着国家对国有独资公司的管理和监督更加严格，以防止可能出现的违规行为，维护国家利益。直接由履行出资人职责的机构制定公司章程，可以更好地确保国家对国有独资公司的控制和监管，有利于进一步规范公司的运营和管理。

第7章 | 国家出资（原国有独资）公司组织机构的特别规定

第一百七十二条　国有独资公司重大事项决定权

第一百七十二条　国有独资公司不设股东会，由履行出资人职责的机构行使股东会职权。履行出资人职责的机构可以授权公司董事会行使股东会的部分职权，但公司章程的制定和修改，公司的合并、分立、解散、申请破产，增加或者减少注册资本，分配利润，应当由履行出资人职责的机构决定。

【新旧条文对照】

2018年《公司法》	2024年《公司法》
第六十六条　国有独资公司不设股东会，由国有资产监督管理机构行使股东会职权。国有资产监督管理机构可以授权公司董事会行使股东会的部分职权，决定公司的重大事项，但公司的合并、分立、解散、增加或者减少注册资本和发行公司债券，必须由国有资产监督管理机构决定；其中，重要的国有独资公司合并、分立、解散、申请破产的，应当由国有资产监督管理机构审核后，报本级人民政府批准。 前款所称重要的国有独资公司，按照国务院的规定确定。	第一百七十二条　国有独资公司不设股东会，由履行出资人职责的机构行使股东会职权。履行出资人职责的机构可以授权公司董事会行使股东会的部分职权，但公司章程的制定和修改，公司的合并、分立、解散、申请破产，增加或者减少注册资本，分配利润，应当由履行出资人职责的机构决定。

【重点解读】

本条是关于国有独资公司重大事项决定的规定。

与2018年《公司法》相比，新《公司法》的这一部分有一些明显的变化。以下是关于这一部分的重点解读。

1. 不设股东会

2018年《公司法》明确指出"国有独资公司不设股东会，由国有资产监督管理机构行使股东会职权"。这表明国有独资公司没有股东会这

207

一组织机构。在新《公司法》中，这一规定保持不变，仍然强调国有独资公司不设股东会，并由履行出资人职责的机构行使股东会职权。

2. 部分职权的授权

2018年《公司法》中提到，国有资产监督管理机构可以授权公司董事会行使股东会的部分职权，决定公司的重大事项。在新《公司法》中，这一规定有所调整，规定履行出资人职责的机构可以授权公司董事会行使股东会的部分职权，但对公司章程的制定和修改等特定事项，仍需由履行出资人职责的机构决定。这表明在某些重大事项上，履行出资人职责的机构保留最终的决定权。

3. 重大事项的决定权

两个版本都明确指出，对于公司的合并、分立、解散、增加或减少注册资本等重大事项，必须由国有资产监督管理机构或履行出资人职责的机构决定。

第一百七十三条　国有独资公司的董事会

第一百七十三条　国有独资公司的董事会依照本法规定行使职权。

国有独资公司的董事会成员中，应当过半数为外部董事，并应当有公司职工代表。

董事会成员由履行出资人职责的机构委派；但是，董事会成员中的职工代表由公司职工代表大会选举产生。

董事会设董事长一人，可以设副董事长。董事长、副董事长由履行出资人职责的机构从董事会成员中指定。

【新旧条文对照】

2018年《公司法》	2024年《公司法》
第六十七条　国有独资公司设董事会，依照本法第四十六条、第六十六条的规定行使职权。董事每届任期不得超过三年。董事会成员中应当有公司职工代表。	第一百七十三条　国有独资公司的董事会依照本法规定行使职权。国有独资公司的董事会成员中，应当过半数为外部董事，并应当有公司职工代表。

董事会成员由 国有资产监督管理机构委派；但是，董事会成员中的职工代表由公司职工代表大会选举产生。 董事会设董事长一人，可以设副董事长。董事长、副董事长由 国有资产监督管理机构 从董事会成员中指定。	董事会成员由 履行出资人职责的机构 委派；但是，董事会成员中的职工代表由公司职工代表大会选举产生。 董事会设董事长一人，可以设副董事长。董事长、副董事长由 履行出资人职责的机构 从董事会成员中指定。

【重点解读】

本条是关于国有独资公司董事会的规定。

与2018年《公司法》相比，新《公司法》这一部分的内容有一些继承和变化。以下是关于这一部分的重点解读。

1. 董事会的设立和职权

在2018年《公司法》中，国有独资公司设董事会，并依照公司法第四十六条、第六十六条的规定行使职权。在新《公司法》中，董事会仍然依照公司法行使职权。

2. 董事的任期

2018年《公司法》规定，董事每届任期不得超过三年。这为董事的任期提供了明确的时间限制。在新《公司法》中，这一规定没有变化，董事的每届任期仍然为不超过三年。

3. 董事会成员的委派和选举

新旧《公司法》都规定，董事会成员中的职工代表由公司职工代表大会选举产生。这意味着职工代表是由公司的职工选举产生的，具有一定的民主性和代表性。

对于董事会的其他成员，2018年《公司法》中明确指出由国有资产监督管理机构委派。而在新《公司法》中，履行出资人职责的机构委派董事会成员。

4. 外部董事的要求

新《公司法》特别强调，董事会成员中应当过半数为外部董事。这

209

一规定有助于提高董事会的独立性和专业性，减少内部人控制的风险。

5. 董事长的产生

新旧《公司法》都规定，董事长、副董事长由国有资产监督管理机构或履行出资人职责的机构从董事会成员中指定。

第一百七十四条　国有独资公司的经理

第一百七十四条　国有独资公司的经理由董事会聘任或者解聘。经履行出资人职责的机构同意，董事会成员可以兼任经理。

【新旧条文对照】

2018年《公司法》	2024年《公司法》
第六十八条　国有独资公司设经理，由董事会聘任或者解聘。经理依照本法第四十九条规定行使职权。经国有资产监督管理机构同意，董事会成员可以兼任经理。	第一百七十四条　国有独资公司的经理由董事会聘任或者解聘。经履行出资人职责的机构同意，董事会成员可以兼任经理。

【重点解读】

本条是关于国有独资公司经理的规定。

与2018年《公司法》相比，新《公司法》这一部分的内容有继承也有变化。以下是关于这一部分的重点解读。

1. 经理的聘任与解聘

在2018年《公司法》中，国有独资公司的经理由董事会聘任或解聘。这表明经理是由董事会决定的，具有一定的权威性和自主权。在新《公司法》中，这一规定保持不变，经理仍然由董事会聘任或解聘。

2. 经理的职权

2018年《公司法》规定，经理依照本法第四十九条的规定行使职权。在新《公司法》中，经理仍然要依照公司法第七十四条的相关规定行使职权，如"经理对董事会负责，根据公司章程的规定或者董事会的授权行使职权。经理列席董事会会议"等。

3. 董事会成员兼任经理

2018年《公司法》规定："经国有资产监督管理机构同意，董事会成员可以兼任经理。"在新《公司法》中，这一规定调整为"经履行出资人职责的机构同意，董事会成员可以兼任经理"。这意味着履行出资人职责的机构对兼任经理的董事会成员的管理和监督更加集中和统一。

第一百七十五条　国有独资公司董事、高级管理人员兼职限制

第一百七十五条　国有独资公司的董事、高级管理人员，未经履行出资人职责的机构同意，不得在其他有限责任公司、股份有限公司或者其他经济组织兼职。

【新旧条文对照】

2018年《公司法》	2024年《公司法》
第六十九条　国有独资公司的~~董事长、副董事长、~~董事、高级管理人员，未经国有资产监督管理机构同意，不得在其他有限责任公司、股份有限公司或者其他经济组织兼职。	第一百七十五条　国有独资公司的董事、高级管理人员，未经履行出资人职责的机构同意，不得在其他有限责任公司、股份有限公司或者其他经济组织兼职。

【重点解读】

本条是关于国有独资公司董事、高级管理人员禁止兼职的规定。

新《公司法》相较于2018年《公司法》，主要在以下方面进行了调整。

1. 监管机构调整

监管机构从"国有资产监督管理机构"变为"履行出资人职责的机构"。

2. 兼职限制更加明确

新《公司法》规定，未经履行出资人职责的机构同意，国有独资公司的董事、高级管理人员不得在其他公司或经济组织兼职。这与2018年《公司法》中的"国有独资公司的董事长、副董事长、董事、高级管理人员，未经国有资产监督管理机构同意，不得在其他有限责任公司、股份有限公司或者其他经济组织兼职"相比，条款核心内容基本保持一致，但去掉了"董事长、副董事长"，以"履行出资人职责的机构"来替换"国有资产监督管理机构"的表述，使前后条款表述一致，表达更加简洁明确，更便于理解和执行。

第一百七十六条　国有独资公司的审计委员会

第一百七十六条　国有独资公司在董事会中设置由董事组成的审计委员会行使本法规定的监事会职权的，不设监事会或者监事。

【新旧条文对照】

2018年《公司法》	2024年《公司法》
第七十条　国有独资公司监事会成员不得少于五人，其中职工代表的比例不得低于三分之一，具体比例由公司章程规定。 监事会成员由国有资产监督管理机构委派；但是，监事会成员中的职工代表由公司职工代表大会选举产生。监事会主席由国有资产监督管理机构从监事会成员中指定。 监事会行使本法第五十二条第（一）项至第（三）项规定的职权和国务院规定的其他职权。	第一百七十六条　国有独资公司在董事会中设置由董事组成的审计委员会行使本法规定的监事会职权的，不设监事会或者监事。

【重点解读】

本条是关于国有独资公司监事会设置例外的规定。

与2018年《公司法》相比，新《公司法》关于国有独资公司监事会设置的规定有以下主要变化。

1. 监事会设置的例外

新《公司法》规定，国有独资公司在董事会中设置由董事组成的审计委员会行使本法规定的监事会职权的，可以不设监事会或者监事。这一规定为国有独资公司提供了灵活的监事会设置方式，允许审计委员会行使监事会职权，以适应不同公司的实际需求。

2. 简化组织结构

新《公司法》允许国有独资公司不设监事会或者监事，旨在简化公司的组织结构，减少组织层次，降低管理成本，提高管理效率，使公司的运营更加灵活和高效。

3. 强化董事会职责

通过在董事会中设置审计委员会行使监事会职权，新《公司法》强调了董事会的职责和功能。这意味着董事会将承担更多的监督职责，以确保公司的合规运作和资产安全。这一变化反映了国有独资公司治理结构的发展趋势，有助于推动国有独资公司的现代化改革和持续发展。

第一百七十七条　国家出资公司的合规管理

第一百七十七条　国家出资公司应当依法建立健全内部监督管理和风险控制制度，加强内部合规管理。

【重点解读】

本条是关于国家出资公司合规管理的规定。

新《公司法》这一条文属于新增内容。以下是关于这一条文的重点解读。

1. 建立健全内部监督管理和风险控制制度

这一条文明确规定国家出资公司应当依法建立健全内部监督管理和风险控制制度。这意味着国家出资公司应当注重内部的监督管理和风险控制，制定和完善相关制度，以确保公司的稳定和健康发展。

2. 加强内部合规管理

这一条文还特别强调了国家出资公司应加强内部合规管理。合规管理是指公司遵守法律法规、行业规范和内部规章制度的行为。加强合规管理，可以有效防范和化解风险，确保公司的行为合法、合规、合理。

第8章
公司董事、监事、高级管理人员的资格和义务

8.1 任职资格与基本义务

第一百七十八条　任职资格限制

第一百七十八条　有下列情形之一的，不得担任公司的董事、监事、高级管理人员：

（一）无民事行为能力或者限制民事行为能力；

（二）因贪污、贿赂、侵占财产、挪用财产或者破坏社会主义市场经济秩序，被判处刑罚，或者因犯罪被剥夺政治权利，执行期满未逾五年，被宣告缓刑的，自缓刑考验期满之日起未逾二年；

（三）担任破产清算的公司、企业的董事或者厂长、经理，对该公司、企业的破产负有个人责任的，自该公司、企业破产清算完结之日起未逾三年；

（四）担任因违法被吊销营业执照、责令关闭的公司、企业的法定代表人，并负有个人责任的，自该公司、企业被吊销营业执照、责令关闭之日起未逾三年；

（五）个人因所负数额较大债务到期未清偿被人民法院列为失信被执行人。

违反前款规定选举、委派董事、监事或者聘任高级管理人员的，该选举、委派或者聘任无效。

董事、监事、高级管理人员在任职期间出现本条第一款所列情形的，公司应当解除其职务。

新公司法条文对照与重点解读

【新旧条文对照】

2018年《公司法》	2024年《公司法》
第一百四十六条　有下列情形之一的，不得担任公司的董事、监事、高级管理人员： （一）无民事行为能力或者限制民事行为能力； （二）因贪污、贿赂、侵占财产、挪用财产或者破坏社会主义市场经济秩序，被判处刑罚，执行期满未逾五年，或者因犯罪被剥夺政治权利，执行期满未逾五年； （三）担任破产清算的公司、企业的董事或者厂长、经理，对该公司、企业的破产负有个人责任的，自该公司、企业破产清算完结之日起未逾三年； （四）担任因违法被吊销营业执照、责令关闭的公司、企业的法定代表人，并负有个人责任的，自该公司、企业被吊销营业执照之日起未逾三年； （五）个人所负数额较大的债务到期未清偿。 公司违反前款规定选举、委派董事、监事或者聘任高级管理人员的，该选举、委派或者聘任无效。 董事、监事、高级管理人员在任职期间出现本条第一款所列情形的，公司应当解除其职务。	第一百七十八条　有下列情形之一的，不得担任公司的董事、监事、高级管理人员： （一）无民事行为能力或者限制民事行为能力； （二）因贪污、贿赂、侵占财产、挪用财产或者破坏社会主义市场经济秩序，被判处刑罚，或者因犯罪被剥夺政治权利，执行期满未逾五年，被宣告缓刑的，自缓刑考验期满之日起未逾二年； （三）担任破产清算的公司、企业的董事或者厂长、经理，对该公司、企业的破产负有个人责任的，自该公司、企业破产清算完结之日起未逾三年； （四）担任因违法被吊销营业执照、责令关闭的公司、企业的法定代表人，并负有个人责任的，自该公司、企业被吊销营业执照、责令关闭之日起未逾三年； （五）个人因所负数额较大债务到期未清偿被人民法院列为失信被执行人。 违反前款规定选举、委派董事、监事或者聘任高级管理人员的，该选举、委派或者聘任无效。 董事、监事、高级管理人员在任职期间出现本条第一款所列情形的，公司应当解除其职务。

【重点解读】

本条是关于董事、监事、高级管理人员任职资格限制的规定。

与2018年《公司法》相比，新《公司法》在条文顺序上进行了调整，将原来的第一百四十六条调整至第一百七十八条。

1. 刑事处罚限制条件的细化

2018年《公司法》规定，因贪污、贿赂、侵占财产、挪用财产或者破坏社会主义市场经济秩序，被判处刑罚，执行期满未逾五年，或者因犯罪被剥夺政治权利，执行期满未逾五年的人不得担任相关职务。新《公司法》在此基础上，对被判缓刑的情况进行了补充，规定被宣告缓刑的，自缓刑考验期满之日起未逾二年的人也不得担任相关职务。

2. 债务清偿限制的更新

2018年《公司法》规定，个人所负数额较大的债务到期未清偿者不得担任相关职务。新《公司法》对该条件进行了明确界定，规定个人因所负数额较大债务到期未清偿而被人民法院列为失信被执行人的，不得担任相关职务。

第一百七十九条至第一百八十条　守法义务和忠实勤勉义务

第一百七十九条　董事、监事、高级管理人员应当遵守法律、行政法规和公司章程。

第一百八十条　董事、监事、高级管理人员对公司负有忠实义务，应当采取措施避免自身利益与公司利益冲突，不得利用职权牟取不正当利益。

董事、监事、高级管理人员对公司负有勤勉义务，执行职务应当为公司的最大利益尽到管理者通常应有的合理注意。

公司的控股股东、实际控制人不担任公司董事但实际执行公司事务的，适用前两款规定。

新公司法条文对照与重点解读

【新旧条文对照】

2018年《公司法》	2024年《公司法》
第一百四十七条第一款　董事、监事、高级管理人员应当遵守法律、行政法规和公司章程，对公司负有忠实义务和勤勉义务。	第一百七十九条　董事、监事、高级管理人员应当遵守法律、行政法规和公司章程。 　　第一百八十条　董事、监事、高级管理人员对公司负有忠实义务，应当采取措施避免自身利益与公司利益冲突，不得利用职权牟取不正当利益。 　　董事、监事、高级管理人员对公司负有勤勉义务，执行职务应当为公司的最大利益尽到管理者通常应有的合理注意。 　　公司的控股股东、实际控制人不担任公司董事但实际执行公司事务的，适用前两款规定。

【重点解读】

本条是关于董事、监事、高级管理人员的守法、忠实和勤勉义务的规定。

与2018年《公司法》相比，新《公司法》将董事、监事、高级管理人员的忠实义务和勤勉义务分开规定，更加明确了各自的内容和要求。

（1）增加"应当采取措施避免自身利益与公司利益冲突，不得利用职权牟取不正当利益"。增加的目的是进一步明确和强化董事、监事、高级管理人员对公司的忠实义务，规范其行为，保护公司和股东的合法权益。

（2）增加"执行职务应当为公司的最大利益尽到管理者通常应有的合理注意"。增加的目的是适应市场经济的发展，防止和制止董事、监事、高级管理人员利用其职权或者信息优势，从事与公司利益相抵触的行为。

如利用公司资源为自己或者关联方谋取私利，损害公司或者其他股东的利益，或者利用公司的机会与信息，从事与公司竞争的活动，损害公司的市场地位和商誉等。

这一规定有利于规范公司治理，保护公司和股东的利益，防止董事、监事、高级管理人员滥用职权或者玩忽职守。

（3）增加"公司的控股股东、实际控制人不担任公司董事但实际执行公司事务的，适用前两款规定"。新《公司法》增加了对公司的控股股东、实际控制人的规定，明确了他们对公司负有忠实义务和勤勉义务。

控股股东和实际控制人需要合法、合理、合规执行，即使他们不担任公司董事，也应当遵守公司法的规定。这有利于防止控股股东、实际控制人利用其影响力损害公司或者其他股东的利益，维护公司的独立性和公平性。

8.2 禁止与限制行为

第一百八十一条至第一百八十五条 禁止、限制与回避行为

第一百八十一条 董事、监事、高级管理人员不得有下列行为：
（一）侵占公司财产、挪用公司资金；
（二）将公司资金以其个人名义或者以其他个人名义开立账户存储；
（三）利用职权贿赂或者收受其他非法收入；
（四）接受他人与公司交易的佣金归为己有；
（五）擅自披露公司秘密；
（六）违反对公司忠实义务的其他行为。

第一百八十二条 董事、监事、高级管理人员，直接或者间接与本公司订立合同或者进行交易，应当就与订立合同或者进行交易有关的事项向董事会或者股东会报告，并按照公司章程的规定经董事会或者股东会决议通过。

新公司法条文对照与重点解读

董事、监事、高级管理人员的近亲属，董事、监事、高级管理人员或者其近亲属直接或者间接控制的企业，以及与董事、监事、高级管理人员有其他关联关系的关联人，与公司订立合同或者进行交易，适用前款规定。

第一百八十三条　董事、监事、高级管理人员，不得利用职务便利为自己或者他人谋取属于公司的商业机会。但是，有下列情形之一的除外：

（一）向董事会或者股东会报告，并按照公司章程的规定经董事会或者股东会决议通过；

（二）根据法律、行政法规或者公司章程的规定，公司不能利用该商业机会。

第一百八十四条　董事、监事、高级管理人员未向董事会或者股东会报告，并按照公司章程的规定经董事会或者股东会决议通过，不得自营或者为他人经营与其任职公司同类的业务。

第一百八十五条　董事会对本法第一百八十二条至第一百八十四条规定的事项决议时，关联董事不得参与表决，其表决权不计入表决权总数。出席董事会会议的无关联关系董事人数不足三人的，应当将该事项提交股东会审议。

【新旧条文对照】

2018年《公司法》	2024年《公司法》
第一百四十七条第二款　董事、监事、高级管理人员不得利用职权收受贿赂或者其他非法收入，不得侵占公司的财产。 第一百四十八条第一款　董事、高级管理人员不得有下列行为： （一）挪用公司资金； （二）将公司资金以其个人名义或者以其他个人名义开立账户存储；	第一百八十一条　董事、监事、高级管理人员不得有下列行为： （一）侵占公司财产、挪用公司资金； （二）将公司资金以其个人名义或者以其他个人名义开立账户存储； （三）利用职权贿赂或者收受其他非法收入；

第 8 章 | 公司董事、监事、高级管理人员的资格和义务

~~(三)违反公司章程的规定，未经股东会、股东大会或者董事会同意，将公司资金借贷给他人或者以公司财产为他人提供担保；~~

（四）违反公司章程的规定或者未经股东会、~~股东大会~~同意，与本公司订立合同或者进行交易；

（五）未经股东会~~或者股东大会~~同意，利用职务便利为自己或者他人谋取属于公司的商业机会，自营或者为他人经营与所任职公司同类的业务；

（六）接受他人与公司交易的佣金归为己有；

（七）擅自披露公司秘密；

（八）违反对公司忠实义务的其他行为。

（四）接受他人与公司交易的佣金归为己有；

（五）擅自披露公司秘密；

（六）违反对公司忠实义务的其他行为。

第一百八十二条　董事、监事、高级管理人员，直接或者间接与本公司订立合同或者进行交易，应当就与订立合同或者进行交易有关的事项向董事会或者股东会报告，并按照公司章程的规定经董事会或者股东会决议通过。

董事、监事、高级管理人员的近亲属，董事、监事、高级管理人员或者其近亲属直接或者间接控制的企业，以及与董事、监事、高级管理人员有其他关联关系的关联人，与公司订立合同或者进行交易，适用前款规定。

第一百八十三条　董事、监事、高级管理人员，不得利用职务便利为自己或者他人谋取属于公司的商业机会。但是，有下列情形之一的除外：

（一）向董事会或者股东会报告，并经董事会或者股东会决议；

（二）根据法律、行政法规或者公司章程的规定，公司不能利用该商业机会。

第一百八十四条　董事、监事、高级管理人员未向董事会或者股东会报告，并按照公司章程的规定经董事会或者股东会决议通过，不得自营或者为他人经营与其任职公司同类的业务。

新公司法条文对照与重点解读

	第一百八十五条　董事会对本法第一百八十二条至第一百八十四条规定的事项决议时，关联董事不得参与表决，其表决权不计入表决权总数。出席董事会会议的无关联关系董事人数不足三人的，应当将该事项提交股东会审议。

【重点解读】

本条是关于董事、监事、高级管理人员禁止行为、关联交易的披露及表决程序、不得篡夺公司商业机会、竞业禁止义务及关联董事表决回避规则的规定。

1. 增加"监事"

新《公司法》明确了董事、监事、高级管理人员都不得有违反公司利益的行为，而2018年《公司法》只针对董事、高级管理人员。这说明新《公司法》对监事的责任和义务有了更严格的规定，强化了监事的监督作用。

2. 调整结构

新《公司法》将2018年《公司法》中的第一百四十七条第二款和第一百四十八条合并为第一百八十一条，并将第一百四十八条的（四）（五）两项内容分别拆分为第一百八十二条、第一百八十三条和第一百八十四条。使得条款更加清晰和有逻辑，避免混淆和重复。

新《公司法》在第一百八十二条和第一百八十三条中增加了董事、监事、高级管理人员的近亲属、控制的企业和关联人的相关规定，以及商业机会的例外情形，目的是防止董事、监事、高级管理人员通过其他方式与公司发生利益冲突，防止其利用职务之便进行利益输送或损害公司的利益。

3. 增加细节

新《公司法》对董事、监事、高级管理人员的行为规范和义务进行了更为详细和具体的规定，以适应现代商业环境的变化和加强对公司利益的保护。这些规定有助于提高公司的治理水平和透明度，确保公司的稳定和健康发展。同时，这些规定也有助于防止董事、监事、高级管理人员滥用职权或进行不正当的行为，保护公司和中小股东的利益。

第一百八十六条　公司归入权

第一百八十六条　董事、监事、高级管理人员违反本法第一百八十一条至第一百八十四条规定所得的收入应当归公司所有。

【新旧条文对照】

2018年《公司法》	2024年《公司法》
第一百四十八条第二款　董事、高级管理人员违反前款规定所得的收入应当归公司所有。	第一百八十六条　董事、监事、高级管理人员违反本法第一百八十一条至第一百八十四条规定所得的收入应当归公司所有。

【重点解读】

本条是关于公司归入权的规定。

关于本条规定的调整对象，需注意两个变化。与2018年《公司法》相比，新《公司法》增加了"监事"和"本法第一百八十一条至第一百八十四条规定"的内容，说明涉及的范围有所扩大。这表明新《公司法》对于公司治理的规定更加全面和详细，也更加注重对监事的职责和行为的规范，有助于提高公司的治理水平和透明度。

8.3　义务、责任与诉讼

第一百八十七条　董事、监事、高级管理人员列席股东会的义务

第一百八十七条　股东会要求董事、监事、高级管理人员列席会议

的，董事、监事、高级管理人员应当列席并接受股东的质询。

【新旧条文对照】

2018年《公司法》	2024年《公司法》
第一百五十条第一款　股东会~~或者股东大会~~要求董事、监事、高级管理人员列席会议的，董事、监事、高级管理人员应当列席并接受股东的质询。	第一百八十七条　股东会要求董事、监事、高级管理人员列席会议的董事、监事、高级管理人员应当列席并接受股东的质询。

【重点解读】

本条是关于董事、监事、高级管理人员列席股东会会议并接受股东质询的规定。

与2018年《公司法》相比，新《公司法》在该条删除了"或者股东大会"的内容。

新旧条文没有实质性的变化，此条文是为了确保董事、监事、高级管理人员能够回答股东的问题，并就公司的经营、管理等方面的情况进行解释和说明。

条文的核心内容表明了法律对公司治理的要求在不断发展和完善，<mark>目的是加强对公司利益的保护，防止董事、监事、高级管理人员滥用职权或进行不正当的行为</mark>。这也提醒相关人员应更加严格地遵守法律和公司章程的规定，履行自己的职责和义务，确保公司的稳定和健康发展。

第一百八十八条　董事、监事、高级管理人员的赔偿责任

第一百八十八条　董事、监事、高级管理人员执行职务违反法律、行政法规或者公司章程的规定，给公司造成损失的，应当承担赔偿责任。

【新旧条文对照】

2018年《公司法》	2024年《公司法》
第一百四十九条　董事、监事、高级管理人员执行公司职务时违反法律、行政法规或者公司章程的规定，给公司造成损失的，应当承担赔偿责任。	第一百八十八条　董事、监事、高级管理人员执行职务违反法律、行政法规或者公司章程的规定，给公司造成损失的，应当承担赔偿责任。

【重点解读】

本条是关于董事、监事、高级管理人员对公司的赔偿责任的规定。

与2018年《公司法》相比，新《公司法》在该条删除了"公司"二字。

1. 确立赔偿责任的重要性

本条文是为了确保董事、监事、高级管理人员在执行职务时能够遵守法律、行政法规和公司章程的规定，防止董事、监事、高级管理人员滥用职权或进行不正当的行为从而给公司造成不必要的损失。

本条文重点在于提醒相关人员应更加严格地遵守法律和公司章程的规定，履行自己的职责和义务，确保企业的稳定和健康发展。

2. 公司合规管理的重要性

董事、监事、高级管理人员作为公司核心管理人员，应当在合规管理中发挥重要作用。他们需要确保公司的经营行为符合法律法规和公司章程的规定，遵守行业标准和道德规范。同时，他们也需要积极推动公司的合规文化建设，提高员工的合规意识和行为规范。

第一百八十九条　股东代表诉讼

第一百八十九条　董事、高级管理人员有前条规定的情形的，有限责任公司的股东、股份有限公司连续一百八十日以上单独或者合计持有公司百分之一以上股份的股东，可以书面请求监事会向人民法院提起诉讼；监事有前条规定的情形的，前述股东可以书面请求董事会向人民法院提起诉讼。

　　监事会或者董事会收到前款规定的股东书面请求后拒绝提起诉讼，或者自收到请求之日起三十日内未提起诉讼，或者情况紧急、不立即提起诉讼将会使公司利益受到难以弥补的损害的，前款规定的股东有权为公司利益以自己的名义直接向人民法院提起诉讼。

　　他人侵犯公司合法权益，给公司造成损失的，本条第一款规定的股东可以依照前两款的规定向人民法院提起诉讼。

　　公司全资子公司的董事、监事、高级管理人员有前条规定情形，或者他人侵犯公司全资子公司合法权益造成损失的，有限责任公司的股东、股份有限公司连续一百八十日以上单独或者合计持有公司百分之一以上股份的股东，可以依照前三款规定书面请求全资子公司的监事会、董事会向人民法院提起诉讼或者以自己的名义直接向人民法院提起诉讼。

【新旧条文对照】

2018年《公司法》	2024年《公司法》
第一百五十一条　董事、高级管理人员有本法第一百四十九条规定的情形的，有限责任公司的股东、股份有限公司连续一百八十日以上单独或者合计持有公司百分之一以上股份的股东，可以书面请求监事会或者不设监事会的有限责任公司的监事向人民法院提起诉讼；监事有本法第一百四十九条规定的情形的，前述股东可以书面请求董事会或者不设董事会的有限责任公司的执行董事向人民法院提起诉讼。	第一百八十九条　董事、高级管理人员有前条规定的情形的，有限责任公司的股东、股份有限公司连续一百八十日以上单独或者合计持有公司百分之一以上股份的股东，可以书面请求监事会向人民法院提起诉讼；监事有前条规定的情形的，前述股东可以书面请求董事会向人民法院提起诉讼。监事会或者董事会收到前款规定的股东书面请求后拒绝提起诉讼，或者自收到请求之日起三十日内未提起诉讼，或者情况紧急、不

第 8 章 | 公司董事、监事、高级管理人员的资格和义务

监事会~~、不设监事会的有限责任公司的监事，~~或者董事会~~、执行董事~~收到前款规定的股东书面请求后拒绝提起诉讼，或者自收到请求之日起三十日内未提起诉讼，或者情况紧急、不立即提起诉讼将会使公司利益受到难以弥补的损害的，前款规定的股东有权为子公司的利益以自己的名义直接向人民法院提起诉讼。 他人侵犯公司合法权益，给公司造成损失的，本条第一款规定的股东可以依照前两款的规定向人民法院提起诉讼。	立即提起诉讼将会使公司利益受到难以弥补的损害的，前款规定的股东有权为公司利益以自己的名义直接向人民法院提起诉讼。 他人侵犯公司合法权益，给公司造成损失的，本条第一款规定的股东可以依照前两款的规定向人民法院提起诉讼。 公司全资子公司的董事、监事、高级管理人员有前条规定情形，或者他人侵犯公司全资子公司合法权益造成损失的，有限责任公司的股东、股份有限公司连续一百八十日以上单独或者合计持有公司百分之一以上股份的股东，可以依照前三款规定书面请求全资子公司的监事会、董事会向人民法院提起诉讼或者以自己的名义直接向人民法院提起诉讼。

【重点解读】

本条是关于股东代表诉讼的规定。

与2018年《公司法》相比，新《公司法》将"本法第一百四十九条"替换成"前条"，将"或者不设监事会的有限责任公司的监事"删除，增加了"公司全资子公司的董事、监事、高级管理人员有前条规定情形，或者他人侵犯公司全资子公司合法权益造成损失的，有限责任公司的股东、股份有限公司连续一百八十日以上单独或者合计持有公司百分之一以上股份的股东，可以依照前三款规定书面请求全资子公司的监事会、董事会向人民法院提起诉讼或者以自己的名义直接向人民法院提起诉讼"的内容。

1. 对股东权利的保护

新旧《公司法》都明确规定了股东有权保护自己的权益，包括对董事、高级管理人员的行为进行监督和诉讼的权利。股东可以通过书面请求监事会或者不设监事会的有限责任公司的监事提起诉讼，或者在特定情况下直接向人民法院提起诉讼，以维护公司的利益。

2. 对诉讼机制的完善

新《公司法》中还特别提到了全资子公司的董事、监事、高级管理人员的行为，并增加了相应的诉讼机制，以保护全资子公司的股东权益。这反映了法律对于全资子公司的关注和保护，确保全资子公司的运营和管理符合法律和公司章程的规定。

第一百九十条　股东自己诉讼

第一百九十条　董事、高级管理人员违反法律、行政法规或者公司章程的规定，损害股东利益的，股东可以向人民法院提起诉讼。

【新旧条文对照】

2018年《公司法》	2024年《公司法》
第一百五十二条　董事、高级管理人员违反法律、行政法规或者公司章程的规定，损害股东利益的，股东可以向人民法院提起诉讼。	第一百九十条　董事、高级管理人员违反法律、行政法规或者公司章程的规定，损害股东利益的，股东可以向人民法院提起诉讼。

【重点解读】

本条是关于股东自己直接诉讼的规定。

与2018年《公司法》相比，新《公司法》内容上没有作任何修改。

通过诉讼机制，股东可以有效地保护自己的权益，维护公司的利益和稳定。这也提醒董事、高级管理人员应当严格遵守法律、行政法规和公司章程的规定，履行自己的职责和义务，避免损害股东的利益。

第一百九十一条　董事、高级管理人员执行职务造成损害的责任承担

第一百九十一条　董事、高级管理人员执行职务，给他人造成损害的，公司应当承担赔偿责任；董事、高级管理人员存在故意或者重大过失的，也应当承担赔偿责任。

【重点解读】

本条是关于董事、高级管理人员对第三人的赔偿责任的规定。

与2018年《公司法》相比，本条属于新增条款。董事、高级管理人员在执行职务时给他人造成损害的，公司应当承担赔偿责任。这表明董事、高级管理人员的行为是代表公司的，其行为的结果应当由公司来承担。这种赔偿责任是为了保护受害人的利益，同时也是为了维护公司的利益和稳定。

当董事、高级管理人员存在故意或者重大过失时，他们也应当承担赔偿责任。这强调了董事、高级管理人员应当对自己的行为负责。

故意和重大过失是指董事、高级管理人员明知自己的行为会给公司或他人带来损害，或者由于疏忽大意或过于自信而未能预见到这种损害的发生。在这种情况下，他们应当对自己的行为负责，并承担相应的赔偿责任，这要求董事和高级管理人员一定要谨慎执行职务。

第一百九十二条　控股股东、实际控制人的连带责任

第一百九十二条　公司的控股股东、实际控制人指示董事、高级管理人员从事损害公司或者股东利益的行为的，与该董事、高级管理人员承担连带责任。

【重点解读】

本条是关于控股股东、实际控制人的连带责任的规定。

本条属于新增条款。

如果公司的控股股东、实际控制人指示董事、高级管理人员从事损害公司或者股东利益的行为，他们将与该董事、高级管理人员承担连带责任。这意味着控股股东、实际控制人需要对自己的行为负责，并与其他责任人共同承担赔偿责任。

这种规定保护了公司和股东的利益，防止控股股东、实际控制人滥用其控制地位，防止其损害公司和股东的权益。通过明确各方的责任，可以促使他们更加负责任地行事。

这一规定有助于加强公司治理的监督和制约，促使控股股东、实际控制人和董事、高级管理人员更加谨慎地履行自己的职责和义务，避免损害公司或他人的利益。

第一百九十三条　董事责任保险

第一百九十三条　公司可以在董事任职期间为董事因执行公司职务承担的赔偿责任投保责任保险。

公司为董事投保责任保险或者续保后，董事会应当向股东会报告责任保险的投保金额、承保范围及保险费率等内容。

【重点解读】

本条是关于董事责任保险的规定。

与2018年《公司法》相比，本条属于新增条款。

这一条文明确允许公司在董事任职期间为其因执行公司职务而可能承担的赔偿责任投保责任保险。这是一种风险转移机制，旨在确保董事在履行职责过程中，如果因决策或行为导致公司或第三方遭受损失，其个人资产不会因此受到过大影响。

这一条文规定了公司在为董事投保责任保险或进行续保后，董事会需要向股东会报告关于责任保险的具体内容，包括投保金额、承保范围及保险费率等。这一要求确保了公司股东对董事责任保险情况的知情权，有助于增强公司治理的透明度和股东对董事行为的监督。

这一条文体现了《公司法》在平衡董事权益与公司及股东利益方面

的考虑。一方面，《公司法》允许为董事投保责任保险，为董事提供了一定程度的风险保障，鼓励其更加积极、大胆地履行职责，避免过于保守或畏惧风险而影响决策效果。

另一方面，《公司法》规定董事会在投保或续保后的报告义务，确保了股东对公司资金使用的知情权和监督权，防止公司滥用资金为董事购买不必要的或过于昂贵的保险。

最后，这一条文也有助于提升公司的治理水平。公开董事责任保险的相关信息，可以促使董事更加审慎地行使职权，减少不当行为的发生，同时也增强了股东对董事行为的信任和支持。

第 9 章
公司债券

9.1 公司债券及其募集办法

第一百九十四条 公司债券的定义、发行方式及法律适用

第一百九十四条 本法所称公司债券，是指公司发行的约定按期还本付息的有价证券。

公司债券可以公开发行，也可以非公开发行。

公司债券的发行和交易应当符合《中华人民共和国证券法》等法律、行政法规的规定。

【新旧条文对照】

2018年《公司法》	2024年《公司法》
第一百五十三条 本法所称公司债券，是指公司依照法定程序发行、约定在一定期限还本付息的有价证券。 公司发行公司债券应当符合《中华人民共和国证券法》规定的发行条件。	第一百九十四条 本法所称公司债券，是指公司发行的约定按期还本付息的有价证券。 公司债券可以公开发行，也可以非公开发行。 公司债券的发行和交易应当符合《中华人民共和国证券法》等法律、行政法规的规定。

【重点解读】

本条是关于公司债券的定义、发行方式及法律适用的规定。

与2018年《公司法》相比，新《公司法》在条文顺序上进行了调

整，将原来的第一百五十三条下拉至第一百九十四条。

在内容方面，新《公司法》分别对公司债券定义、发行方式、法律适用进行了修改。

1. 公司债券定义变化

在2018年《公司法》中，公司债券的定义是公司依照法定程序发行、约定在一定期限还本付息的有价证券。这一表述主要强调了公司债券作为有价证券的基本属性。

在新《公司法》中，公司债券的定义是公司发行的约定按期还本付息的有价证券。这一表述更加强调了公司债券的债务属性，即到期需要还本付息的特点。这一变化进一步明确了公司债券作为债务证券的特点。

2. 发行方式变化

2018年《公司法》中没有明确提到公司债券的发行方式，而新《公司法》则明确指出公司债券可以公开发行，也可以非公开发行。这一变化为公司提供了更多的发行选择，使得公司在选择发行方式时更加灵活，能够更好地适应市场的需求。

3. 法律适用变化

2018年《公司法》中指出，公司发行公司债券应当符合《中华人民共和国证券法》规定的发行条件。这一表述仅对公司债券的发行作出了法律适用的规定。

新《公司法》明确指出，公司债券的发行和交易应当符合《中华人民共和国证券法》等法律、行政法规的规定。这一表述同时对公司债券的发行和交易作出了法律适用的规定，为公司发行债券提供了更为明确的法律依据。

新《公司法》对公司债券的定义和发行方式进行了更具体、更明确的表述，使得公司在发行债券时有更多的选择和灵活性。同时，明确发行条件和法律规定也有助于规范市场行为，保护投资者利益，进而促进资本市场的健康发展。

第一百九十五条　公司债券募集办法

第一百九十五条　**公开**发行公司债券，**应当经国务院证券监督管理机构注册**，公告公司债券募集办法。

公司债券募集办法应当载明下列主要事项：

（一）公司名称；

（二）债券募集资金的用途；

（三）债券总额和债券的票面金额；

（四）债券利率的确定方式；

（五）还本付息的期限和方式；

（六）债券担保情况；

（七）债券的发行价格、发行的起止日期；

（八）公司净资产额；

（九）已发行的尚未到期的公司债券总额；

（十）公司债券的承销机构。

【新旧条文对照】

2018年《公司法》	2024年《公司法》
第一百五十四条　发行公司债券的申请经国务院授权的部门核准后，应当公告公司债券募集办法。 公司债券募集办法中应当载明下列主要事项： （一）公司名称； （二）债券募集资金的用途； （三）债券总额和债券的票面金额； （四）债券利率的确定方式； （五）还本付息的期限和方式； （六）债券担保情况； （七）债券的发行价格、发行的起止日期；	第一百九十五条　**公开**发行公司债券，**应当经国务院证券监督管理机构注册**，公告公司债券募集办法。 公司债券募集办法应当载明下列主要事项： （一）公司名称； （二）债券募集资金的用途； （三）债券总额和债券的票面金额； （四）债券利率的确定方式； （五）还本付息的期限和方式； （六）债券担保情况； （七）债券的发行价格、发行的起止日期；

（八）公司净资产额； （九）已发行的尚未到期的公司债券总额； （十）公司债券的承销机构。	（八）公司净资产额； （九）已发行的尚未到期的公司债券总额； （十）公司债券的承销机构。

【重点解读】

本条是关于公开发行公司债券的注册与公告的规定。

与2018年《公司法》相比，新《公司法》在条文顺序上进行了调整，将原来的第一百五十四条下拉至第一百九十五条。

在内容方面，新《公司法》条文删除了"申请""授权的部门核准后"，增加了"应当""证券监督管理机构注册"。

新《公司法》中关于公司债券发行的主要变化是从"核准制"转变为"注册制"。这一变化是根据《中华人民共和国证券法》和《国务院办公厅关于贯彻实施修订后的证券法有关工作的通知》的要求进行的。

在2018年《公司法》中，发行公司债券的申请是由"国务院的授权部门"进行核准的。而在新《公司法》中，发行公司债券应经"国务院证券监督管理机构注册"。这一变化反映了监管权力的集中化和专业化，有助于提高审批效率和监管的一致性。

在核准制下，企业发行公司债券需要经过严格的审批，审批机关会对发行条件、公司资质等进行全面审核，符合要求的企业才能获得发行许可。

而在注册制下，企业发行公司债券需要向监管机构提交相关注册申请，监管机构对申请进行形式审查，只对申请文件是否符合法律法规和部门规章的形式要求进行审查，不进行实质性审核和价值判断。如果申请文件不存在法律规定的禁止情形，监管机构即可予以注册。

这一变化旨在提高公司债券发行的效率和可预期性，降低企业融资成本，同时加强对投资者的保护。

在注册制下，监管机构会对发行人信息披露的准确性和完整性进行监督，确保投资者能够获取充分的信息以便作出投资决策。此外，监管机构还会对发行人的合规性和财务状况进行持续跟踪，及时发现和防范风险。

从核准制到注册制的转变是我国资本市场改革的重要举措之一，有助于提高资本市场的透明度和规范性，促进企业融资和经济发展。

9.2 公司债券的发行与转让

第一百九十六条 公司债券的记载事项

第一百九十六条 公司以纸面形式发行公司债券的，应当在债券上载明公司名称、债券票面金额、利率、偿还期限等事项，并由法定代表人签名，公司盖章。

【新旧条文对照】

2018年《公司法》	2024年《公司法》
第一百五十五条 公司以实物券方式发行公司债券的，必须在债券上载明公司名称、债券票面金额、利率、偿还期限等事项，并由法定代表人签名，公司盖章。	第一百九十六条 公司以纸面形式发行公司债券的，应当在债券上载明公司名称、债券票面金额、利率、偿还期限等事项，并由法定代表人签名，公司盖章。

【重点解读】

本条是关于纸面形式债券票面法定载明事项的规定。

与2018年《公司法》相比，新《公司法》在条文顺序上进行了调整，将原来的第一百五十五条下拉至第一百九十六条。

在内容方面，新《公司法》删除了"实物券方式""必须"，增加了"纸面形式""应当"。

新《公司法》最明显的变化在于对公司债券发行方式的表述。在2018年《公司法》条文中，公司以"实物券"方式发行债券，而在新《公司法》条文中，公司则以"纸面形式"发行。

公司债券票面法定载明事项的条文变动主要是对公司债券发行方式的表述，其他关于债券票面法定载明事项的要求则保持不变。这一变化反映了随着时代的发展，法律条款也在不断地适应新的技术和市场需求。

第一百九十七条　记名公司债券

第一百九十七条　公司债券应当为记名债券。

【新旧条文对照】

2018年《公司法》	2024年《公司法》
第一百五十六条　公司债券，~~可以~~为记名债券，~~也可以为无记名债券。~~	第一百九十七条　公司债券应当为记名债券。

【重点解读】

本条是关于记名债券的规定。

与2018年《公司法》相比，新《公司法》在条文顺序上进行了调整，将原来的第一百五十六条下拉至第一百九十七条。

在内容方面，新《公司法》删除了"也可以为无记名债券"，明确了公司债券在发行时应当采用记名方式。

从允许发行记名和无记名债券到只允许发行记名债券的转变，反映了法律对于公司债券市场规范化和透明度要求的提升。记名债券可以更好地追踪债券的持有者和交易记录，有助于减少非法交易和操纵市场的风险。

记名债券通常与更严格的持有者身份验证和记录保存要求相关联。这种变化有助于增强对投资者的保护，确保只有合法和经过验证的投资者能够持有和交易公司债券。

该变化会对市场产生一定影响，因为公司需要调整其债券发行策略以适应新的法律要求。同时，市场参与者也需要适应这种变化，并确保其交易和持有行为符合新的法律规定。

　　这一变化旨在提升市场的规范化和透明度，增强对投资者的保护，并促进更健康的债券市场发展。然而，这也要求公司和市场参与者适应新的法律环境，并采取相应的措施来确保合规性。

第一百九十八条　公司债券持有人名册

　　第一百九十八条　公司发行公司债券应当置备公司债券持有人名册。

　　发行公司债券的，应当在公司债券持有人名册上载明下列事项：

　　（一）债券持有人的姓名或者名称及住所；

　　（二）债券持有人取得债券的日期及债券的编号；

　　（三）债券总额，债券的票面金额、利率、还本付息的期限和方式；

　　（四）债券的发行日期。

【新旧条文对照】

2018年《公司法》	2024年《公司法》
第一百五十七条　公司发行公司债券应当置备公司债券~~存根簿~~。 　　发行~~记名~~公司债券的，应当在公司债券~~存根簿~~上载明下列事项： 　　（一）债券持有人的姓名或者名称及住所； 　　（二）债券持有人取得债券的日期及债券的编号； 　　（三）债券总额，债券的票面金额、利率、还本付息的期限和方式； 　　（四）债券的发行日期。 　　~~发行无记名公司债券的，应当在公司债券存根簿上载明债券总额、利率、偿还期限和方式、发行日期及债券的编号。~~	第一百九十八条　公司发行公司债券应当置备公司债券持有人名册。 　　发行公司债券的，应当在公司债券持有人名册上载明下列事项： 　　（一）债券持有人的姓名或者名称及住所； 　　（二）债券持有人取得债券的日期及债券的编号； 　　（三）债券总额，债券的票面金额、利率、还本付息的期限和方式； 　　（四）债券的发行日期。

【重点解读】

本条是关于债券持有人名册置备及其应载明事项的规定。

与2018年《公司法》相比，新《公司法》在条文顺序上进行了调整，将原来的第一百五十七条下拉至第一百九十八条。

在内容方面，新《公司法》条文删除了"存根簿"和无记名公司债券存根簿载明信息相关要求，增加了"持有人名册"。

从"公司债券存根簿"到"公司债券持有人名册"的转变，反映了法律对于公司债券发行后记录管理的侧重点有所不同。存根簿主要是用来记录债券发行信息，而持有人名册则更强调对债券持有人的管理和信息追踪。

通过置备债券持有人名册，公司可以更有效地追踪和管理债券持有人信息，这有助于加强对投资者的保护。在发生债券兑付、转让或其他与投资者权益相关的事件时，公司能够更迅速地联系到债券持有人，确保相关信息的及时传达和处理。

统一记载要求有助于简化公司债券发行的管理流程，提高市场规范化程度。这也有助于减少因不同记载要求而产生的潜在法律纠纷和市场操作风险。

由于新《公司法》第一百九十七条已经规定了"公司债券应当为记名债券"，所以该条文内容删除了2018年《公司法》中无记名公司债券存根簿载明信息相关要求的部分，属于前后统一性调整。

这一变化在一定程度上反映了市场和监管环境的变化，旨在提高市场规范化程度和增强投资者保护，有助于适应公司债券市场的新挑战和需求。

第一百九十九条　公司债券的登记结算

第一百九十九条　公司债券的登记结算机构应当建立债券登记、存管、付息、兑付等相关制度。

新公司法条文对照与重点解读

【新旧条文对照】

2018年《公司法》	2024年《公司法》
第一百五十八条 记名公司债券的登记结算机构应当建立债券登记、存管、付息、兑付等相关制度。	第一百九十九条 公司债券的登记结算机构应当建立债券登记、存管、付息、兑付等相关制度。

【重点解读】

本条是关于公司债券登记结算机构的制度要求的规定。

与2018年《公司法》相比，新《公司法》在条文顺序上进行了调整，将原来的第一百五十八条下拉至第一百九十九条。

在内容方面，新《公司法》条文删除了"记名公司"的说法，这也与新《公司法》第一百九十七条"公司债券应当为记名债券"保持前后一致。新《公司法》第一百九十七条明确了公司债券在发行时应当采用记名方式，取消了无记名债券的发行选项，所以此处条文删除"记名"两字，默认新发的公司债券为记名债券。

同时，从2018年《公司法》规定仅限于记名公司债券，到2024年涵盖所有公司债券，新《公司法》条文也对旧发无记名公司债券的登记结算机构作出了约束，这是一种适用范围的扩大。

扩展登记结算机构的职责范围至所有公司债券，可以加强对投资者的保护。登记结算机构作为公司债券市场的中介机构，承担着债券的登记、存管、付息和兑付等职责。建立和完善相关制度，可以确保这些职责的顺利履行，降低操作风险，保障市场的正常运转。

无论是记名还是无记名债券持有者，都能享受到更统一、更规范的登记结算服务，这有助于提升投资者的信心和维护市场稳定。

这一变化反映了法律对于公司债券市场整体规范性和透明度的要求提升。不论是记名还是无记名债券，登记结算机构都需要建立相应的制度来确保债券的正常运作和保护投资者的权益。

这一变化也是市场规范化进程的一部分。统一所有公司债券在登记结算方面的要求，有助于减少市场操作的复杂性和潜在风险，提高市场效率。

第二百条　公司债券的转让

第二百条　公司债券可以转让，转让价格由转让人与受让人约定。

公司债券的转让应当符合法律、行政法规的规定。

【新旧条文对照】

2018年《公司法》	2024年《公司法》
第一百五十九条　公司债券可以转让，转让价格由转让人与受让人约定。~~公司债券在证券交易所上市交易的，按照证券交易所的交易规则转让。~~	第二百条　公司债券可以转让，转让价格由转让人与受让人约定。公司债券的转让应当符合法律、行政法规的规定。

【重点解读】

本条是关于公司债券转让的规定。

与2018年《公司法》相比，新《公司法》在条文顺序上进行了调整，将原来的第一百五十九条下拉至第二百条。

在内容方面，新《公司法》条文删除了"公司债券在证券交易所上市交易的，按照证券交易价的交易规则转让"的规定。

新《公司法》条文强调"公司债券的转让应当符合法律、行政法规的规定"，这意味着监管机构正在加强对公司债券转让的规范和管理，以确保市场活动的合法性和规范性。

这一变化体现了法律对于金融市场，特别是债券市场管理的进一步完善和规范化。通过强调法律和行政法规在公司债券转让中的指导作用，监管机构可以更好地规范市场行为，减少债券市场的乱象，保障市场的健康、稳定和有序发展。同时，这也为监管部门提供了更为明确的法律依据，便于其对债券市场进行更为有效的监管。

第二百零一条　公司债券的转让方式

第二百零一条　公司债券由债券持有人以背书方式或者法律、行政法规规定的其他方式转让；转让后由公司将受让人的姓名或者名称及住所记载于公司债券持有人名册。

【新旧条文对照】

2018年《公司法》	2024年《公司法》
第一百六十条　记名公司债券，由债券持有人以背书方式或者法律、行政法规规定的其他方式转让；转让后由公司将受让人的姓名或者名称及住所记载于公司债券存根簿。无记名公司债券的转让，由债券持有人将该债券交付给受让人后即发生转让的效力。	第二百零一条　公司债券由债券持有人以背书方式或者法律、行政法规规定的其他方式转让；转让后由公司将受让人的姓名或者名称及住所记载于公司债券持有人名册。

【重点解读】

本条是关于公司债券转让方式的规定。

与2018年《公司法》相比，新《公司法》在条文顺序上进行了调整，将原来的第一百六十条下拉至第二百零一条。

在内容方面，新《公司法》删除了"记名"和无记名公司债券转让相关内容，将"存根簿"改为"持有人名册"。

新《公司法》不再区分记名公司债券和无记名公司债券，而是统一规定"公司债券由债券持有人以背书方式或者法律、行政法规规定的其他方式进行转让"。转让完成后，公司需要将受让人的姓名或名称及住所信息记载于公司债券持有人名册上。

这一变化一方面是为了与新《公司法》第一百九十七条、第一百九十八条的内容保持前后统一，另一方面也反映了监管机构对公司债券管理和服务的要求更加细致和全面。

这也反映了《公司法》在不断适应市场的发展，不断优化和调整公司债券转让制度。这些调整有助于提高公司债券市场的运作效率，保护投资者的合法权益，促进资本市场的健康发展。

9.3 可转换公司债券

第二百零二条　可转换公司债券的发行

第二百零二条　股份有限公司经股东会决议，或者经公司章程、股东会授权由董事会决议，可以发行可转换为股票的公司债券，并规定具体的转换办法。上市公司发行可转换为股票的公司债券，应当经国务院证券监督管理机构注册。

发行可转换为股票的公司债券，应当在债券上标明可转换公司债券字样，并在公司债券持有人名册上载明可转换公司债券的数额。

【新旧条文对照】

2018年《公司法》	2024年《公司法》
第一百六十一条　上市公司经股东大会决议可以发行可转换为股票的公司债券，并在公司债券募集办法中规定具体的转换办法。上市公司发行可转换为股票的公司债券，应当报国务院证券监督管理机构核准。 发行可转换为股票的公司债券，应当在债券上标明可转换公司债券字样，并在公司债券存根簿上载明可转换公司债券的数额。	第二百零二条　股份有限公司经股东会决议，或者经公司章程、股东会授权由董事会决议，可以发行可转换为股票的公司债券，并规定具体的转换办法。上市公司发行可转换为股票的公司债券，应当经国务院证券监督管理机构注册。 发行可转换为股票的公司债券，应当在债券上标明可转换公司债券字样，并在公司债券持有人名册上载明可转换公司债券的数额。

新公司法条文对照与重点解读

【重点解读】

本条是关于可转换债券的发行及载明事项的规定。

与2018年《公司法》相比,新《公司法》在条文顺序上进行了调整,将原来的第一百六十一条下拉至第二百零二条。

在内容方面,新《公司法》条文对可转换债券的发行主体进行了扩展,新增了股份有限公司,还将"核准""存根簿"修改为"注册""持有人名册",这也是为了与前述条文保持一致。

2018年《公司法》规定,上市公司可以发行可转换为股票的公司债券。而新《公司法》则将这一权限扩展至所有股份有限公司,只要经过股东会决议或经公司章程、股东会授权由董事会决议即可。

将发行可转换为股票的公司债券的权限从上市公司扩展至所有股份有限公司,有助于释放更多市场主体的活力。这为更多公司提供了利用可转换债券进行融资的机会,促进了资本市场的多元化发展。

在2018年《公司法》中,上市公司发行可转换为股票的公司债券需要报国务院证券监督管理机构核准。而在新《公司法》中,上市公司发行此类债券应当经国务院证券监督管理机构注册。这意味着从核准制向注册制的转变。这一转变简化了发行流程,提高了市场效率。

在记载可转换公司债券数额的文档方面,2018年《公司法》要求在公司债券存根簿上进行记载,而新《公司法》则改为在公司债券持有人名册上载明。这一变化与前面提到的从"公司债券存根簿"到"公司债券持有人名册"的整体转变相一致,强调了对债券持有人的管理和信息追踪。

虽然发行主体的扩展和发行流程的简化会带来市场风险的变化,但通过在公司债券持有人名册上载明可转换公司债券的数额等措施,可以加强对投资者的保护和市场规范化管理。这有助于维护市场秩序和投资者信心。

从2018年到2024年,《公司法》中关于发行可转换为股票的公司债券的规定发生了重要变化,主要体现在发行主体扩展、核准制度改为注册制度,以及记载文档的调整等方面。这些变化旨在释放市场主体活力，提高市场效率，加强对投资者的保护，以及促进市场规范化发展。

第二百零三条　可转换公司债券转换股票

第二百零三条　发行可转换为股票的公司债券的，公司应当按照其转换办法向债券持有人换发股票，但债券持有人对转换股票或者不转换股票有选择权。法律、行政法规另有规定的除外。

【新旧条文对照】

2018年《公司法》	2024年《公司法》
第一百六十二条　发行可转换为股票的公司债券的，公司应当按照其转换办法向债券持有人换发股票，但债券持有人对转换股票或者不转换股票有选择权。	第二百零三条　发行可转换为股票的公司债券的，公司应当按照其转换办法向债券持有人换发股票，但债券持有人对转换股票或者不转换股票有选择权。法律、行政法规另有规定的除外。

【重点解读】

本条是关于可转换债券转换的规定。

与2018年《公司法》相比，新《公司法》在条文顺序上进行了调整，将原来的第一百六十二条下拉至第二百零三条。

在内容方面，新《公司法》在原有规定的基础上增加了"法律、行政法规另有规定的除外"。

新旧两版《公司法》都明确规定了债券持有人在可转换债券发行中拥有选择权，即可以选择是否将其持有的债券转换为公司的股票。这是保护债券持有人利益的重要措施，使得他们能够根据市场情况和自身需求作出决策。

新《公司法》增加了"法律、行政法规另有规定的除外"这一句，这意味着在某些特定情况下，如果法律或行政法规有特别规定，债券持有人的选择权可能会受到限制或调整。这种例外规定为未来的法律和政策调整留下了空间，以适应市场变化和监管需求。

通过增加例外规定，新《公司法》在保障债券持有人选择权的同时，也体现了法律环境的适应性和灵活性。这有助于确保公司债券市场的健康发展和法律制度的与时俱进。

第二百零四条　债券持有人会议

第二百零四条　公开发行公司债券的，应当为同期债券持有人设立债券持有人会议，并在债券募集办法中对债券持有人会议的召集程序、会议规则和其他重要事项作出规定。债券持有人会议可以对与债券持有人有利害关系的事项作出决议。

除公司债券募集办法另有约定外，债券持有人会议决议对同期全体债券持有人发生效力。

【重点解读】

本条是关于公开发行公司债券持有人会议的规定。

本条属于新增条款。

这一条文首先明确了"公开发行公司债券的，应当为同期债券持有人设立债券持有人会议"。这是一个重要的机制，旨在确保债券持有人的集体权益得到保护，并为他们提供一个共同讨论和决议与债券相关问题的平台。

这一条文要求在债券募集办法中对债券持有人会议的召集程序、会议规则和其他重要事项作出明确规定。这确保了会议的召开和进行都有明确的法律依据，避免了可能出现的争议或混乱。

这一条文规定债券持有人会议可以对与债券持有人有利害关系的事项作出决议。这赋予了债券持有人会议实质性的决策权，确保其能够就关键问题进行表决。

这一条文规定除非公司债券募集办法另有约定，否则债券持有人会议决议对同期全体债券持有人发生效力。这意味着，一旦会议作出决议，它将具有普遍约束力，所有同期的债券持有人都需要遵守。

这一条文的核心是加强对债券持有人的权益保护，并为他们提供一个有效的集体行动机制。设立债券持有人会议，可以确保债券持有人的声音被充分听取，并在必要时采取集体行动来维护其权益。

这一条文还强调了募集办法在规范债券持有人会议方面的重要性。募集办法作为发行债券时的关键文件，不仅需要明确债券的基本条款和条件，还需要详细规定债券持有人会议的运作方式，以确保其合法、公正、有效地进行。

最后，这一条文明确了债券持有人会议决议的效力和约束范围，进一步增强了其权威性和实用性。这有助于维护市场秩序，促进债券市场的健康发展。

第二百零五条　债券受托管理人

第二百零五条　公开发行公司债券的，发行人应当为债券持有人聘请债券受托管理人，由其为债券持有人办理受领清偿、债权保全、与债券相关的诉讼以及参与债务人破产程序等事项。

【重点解读】

本条是关于债券受托管理人选任及其职责的规定。

本条属新增条款。

本条文规定了发行人在公开发行公司债券时，必须为债券持有人聘请债券受托管理人。这意味着，除了设立债券持有人会议，还要聘请一个专门的机构或个人来代表债券持有人的利益行事。债券受托管理人的核心职责包括受领清偿、债权保全、参与与债券相关的诉讼，以及参与债务人破产程序等。

本条文要求债券受托管理人负责接收和分配债券的本金和利息支付，确保债券持有人按时获得应得的款项。

本条文要求债券受托管理人在发现或预见到可能损害债券持有人权益的情况时，有责任采取措施保护这些权益，例如提起诉讼、申请财产保全等。

　　本条文要求如果出现与债券相关的争议或纠纷导致诉讼，债券受托管理人将代表债券持有人参与这些诉讼，维护他们的合法权益。

　　本条文要求债券受托管理人在公司或债务人进入破产程序时，代表债券持有人参与其中，确保他们在破产清算或重组中获得应有的待遇和权益保障。

　　本条文的目的是进一步加强对债券持有人的保护，确保他们在公司债券发行和交易过程中的权益得到充分维护。通过引入债券受托管理人这一角色，为债券持有人提供了一个专业的、有经验的代表，以应对可能出现的各种风险和争议。

　　此外，债券受托管理人的存在也有助于减轻债券持有人的个体行动成本，提高他们维权的效率和效果。因为债券持有人往往是分散的、众多的，如果没有一个集中的代表来为他们行事，那么在面对复杂的法律和金融问题时，他们可能会感到力不从心。

　　本条文是《公司法》在债券市场规范化、投资者保护方面的一个重要举措，有助于促进公司债券市场的健康、稳定发展。

第二百零六条　债券受托管理人的义务与责任

　　第二百零六条　债券受托管理人应当勤勉尽责，公正履行受托管理职责，不得损害债券持有人利益。

　　受托管理人与债券持有人存在利益冲突可能损害债券持有人利益的，债券持有人会议可以决议变更债券受托管理人。

　　债券受托管理人违反法律、行政法规或者债券持有人会议决议，损害债券持有人利益的，应当承担赔偿责任。

【重点解读】

　　本条是关于债券受托管理人义务、变更及损害赔偿责任的规定。

　　本条属于新增条款。

　　本条文首先明确了债券受托管理人应当勤勉尽责、公正地履行其受托管理职责。这是确保债券持有人权益不受损害的基础要求。勤勉尽责意味着债券受托管理人需要以高度的责任心和专业性来处理与债券相关的事务，而公正履职则要求其在处理事务时不偏不倚，始终维护债券持有人的最大利益。

本条文规定了当受托管理人与债券持有人存在利益冲突，且这种冲突可能损害债券持有人利益时，债券持有人会议有权决议变更债券受托管理人。这一机制为债券持有人提供了一个重要的保护手段，确保他们在利益冲突发生时能够及时更换不合适的受托管理人，从而维护自身的合法权益。

本条文规定了如果债券受托管理人违反了法律、行政法规或者债券持有人会议的决议，并因此损害了债券持有人的利益，那么债券受托管理人应当承担相应的赔偿责任。这一规定不仅加强了对债券受托管理人的法律约束，也为债券持有人提供了一种有效的救济途径，即在权益受到侵害时可以通过法律手段追究受托管理人的赔偿责任。

本条文的核心在于规范债券受托管理人的行为，确保其能够忠实、勤勉、公正地履行职责，维护债券持有人的合法权益。**通过明确受托管理人的职责要求、利益冲突处理机制和违法违规责任，该条款构建了一个相对完善的债券持有人保护体系。**

最后，本条文也体现了《公司法》在维护市场秩序和保护投资者权益方面的坚定立场。通过强化对债券受托管理人的监管和追责机制，提升整个债券市场的透明度和公信力，促进市场的健康稳定发展。

第 10 章
公司财务、会计

10.1 公司财务、会计制度概述

第二百零七条 公司财务、会计制度

第二百零七条 公司应当依照法律、行政法规和国务院财政部门的规定建立本公司的财务、会计制度。

【新旧条文对照】

2018年《公司法》	2024年《公司法》
第一百六十三条 公司应当依照法律、行政法规和国务院财政部门的规定建立本公司的财务、会计制度。	第二百零七条 公司应当依照法律、行政法规和国务院财政部门的规定建立本公司的财务、会计制度。

【重点解读】

本条是关于公司财务与会计制度的规定。

与2018年《公司法》相比,新《公司法》在条文顺序上进行了调整,将原来的第一百六十三条调整至第二百零七条。

在内容上,新《公司法》关于公司财务与会计制度的规定没有改变。这表明,在历次修订中,对于公司财务、会计制度建设和执行的高标准要求始终保持不变,强调了公司财务管理的合法性、合规性,要求公司在财务管理上必须严格遵守国家法律法规和相关部门的规定,确保公司财务信息的真实性、准确性和完整性。这对于维护市场秩序、保障

投资者权益和促进公司健康发展具有重要意义。

第二百零八条　公司财务会计报告的编制

第二百零八条　公司应当在每一会计年度终了时编制财务会计报告，并依法经会计师事务所审计。

财务会计报告应当依照法律、行政法规和国务院财政部门的规定制作。

【新旧条文对照】

2018年《公司法》	2024年《公司法》
第一百六十四条　公司应当在每一会计年度终了时编制财务会计报告，并依法经会计师事务所审计。 财务会计报告应当依照法律、行政法规和国务院财政部门的规定制作。	第二百零八条　公司应当在每一会计年度终了时编制财务会计报告，并依法经会计师事务所审计。 财务会计报告应当依照法律、行政法规和国务院财政部门的规定制作。

【重点解读】

本条是关于公司编制年度财务会计报告要求的规定。

与2018年《公司法》相比，新《公司法》在条文顺序上进行了调整，将原来的第一百六十四条调整至第二百零八条。

新《公司法》关于公司编制年度财务会计报告要求的规定方面维持了一贯的严格要求和标准，没有对此类基本规定进行实质性更改。这也是法律稳定性与连续性的体现。

第二百零九条　公司财务会计报告的公示

第二百零九条　有限责任公司应当按照公司章程规定的期限将财务会计报告送交各股东。

股份有限公司的财务会计报告应当在召开股东会年会的二十日前置

备于本公司，供股东查阅；公开发行股份的股份有限公司应当公告其财务会计报告。

【新旧条文对照】

2018年《公司法》	2024年《公司法》
第一百六十五条　有限责任公司应当依照公司章程规定的期限将财务会计报告送交各股东。 股份有限公司的财务会计报告应当在召开股东大会年会的二十日前置备于本公司，供股东查阅；公开发行股票的股份有限公司必须公告其财务会计报告。	第二百零九条　有限责任公司应当按照公司章程规定的期限将财务会计报告送交各股东。 股份有限公司的财务会计报告应当在召开股东会年会的二十日前置备于本公司，供股东查阅；公开发行股份的股份有限公司应当公告其财务会计报告。

【重点解读】

本条是关于财务会计报告送交股东及公告的规定。

与2018年《公司法》相比，新《公司法》在条文顺序上进行了调整，将原来的第一百六十五条调整至第二百零九条。

2018年《公司法》第一百六十五条使用了"依照"，即"有限责任公司应当依照公司章程规定的期限将财务会计报告送交各股东"。新《公司法》第二百零九条将"依照"改为"按照"，即"有限责任公司应当按照公司章程规定的期限将财务会计报告送交各股东"。

"依照"通常表示法律行为要完全遵循某一法律、法规或其他规范性文件的规定，带有明显的指示性和刚性要求。"按照"同样表达遵照、参照的意思，但有时候在法律语境下，它的语气相对柔和一些，侧重于按照某种程序、步骤或标准行事。将"依照"改为"按照"，程度有所削弱，适用性变强，但仍表示要根据公司章程的相应规定来执行，体现了对公司自治规则的尊重和遵循。

2018年《公司法》第一百六十五条使用了"公开发行股票的股份有限公司必须公告其财务会计报告"，而新《公司法》第二百零九条将"公开发行股票的股份有限公司"改为"公开发行股份的股份有限公司"，但保留了"公告其财务会计报告"的说法。

此处变化主要是措辞的细微调整，从"公开发行股票"变为"公开发行股份"，目的是使表述更为准确和通用，因为股份有限公司的股份包含多种类型，不仅仅是普通股票，也可能包括优先股等其他类型股份。但这并不改变核心要求，即所有公开发行股份的股份有限公司，都需要公告其财务会计报告。

10.2 公司利润分配制度

第二百一十条至第二百一十一条 税后利润分配及违规责任

第二百一十条 公司分配当年税后利润时，应当提取利润的百分之十列入公司法定公积金。公司法定公积金累计额为公司注册资本的百分之五十以上的，可以不再提取。

公司的法定公积金不足以弥补以前年度亏损的，在依照前款规定提取法定公积金之前，应当先用当年利润弥补亏损。

公司从税后利润中提取法定公积金后，经股东会决议，还可以从税后利润中提取任意公积金。

公司弥补亏损和提取公积金后所余税后利润，有限责任公司按照股东实缴的出资比例分配利润，全体股东约定不按照出资比例分配利润的除外；股份有限公司按照股东所持有的股份比例分配利润，公司章程另有规定的除外。

公司持有的本公司股份不得分配利润。

第二百一十一条 公司违反本法规定向股东分配利润的，股东应当将违反规定分配的利润退还公司；给公司造成损失的，股东及负有责任的董事、监事、高级管理人员应当承担赔偿责任。

新公司法条文对照与重点解读

【新旧条文对照】

2018年《公司法》	2024年《公司法》
第三十四条　股东按照实缴的出资比例 分取红利；公司新增资本时，股东有权优先按照实缴的出资比例认缴出资。但是， 全体股东约定不按照出资比例 分取红利或者不按照出资比例优先认缴出资的 除外。 第一百六十六条　公司分配当年税后利润时，应当提取利润的百分之十列入公司法定公积金。公司法定公积金累计额为公司注册资本的百分之五十以上的，可以不再提取。 公司的法定公积金不足以弥补以前年度亏损的，在依照前款规定提取法定公积金之前，应当先用当年利润弥补亏损。 公司从税后利润中提取法定公积金后，经股东会 或者股东大会 决议，还可以从税后利润中提取任意公积金。 公司弥补亏损和提取公积金后所余税后利润，有限责任公司依照 本法第三十四条的规定 分配； 股份有限 公司按照股东持有的股份比例分配，但股份有限公司章程规定 不按持股比例 分配的除外。 股东会、股东大会或者董事会违反前款规定，在公司弥补亏损和提取法定公积金之前 向股东分配利润的，股东必须将违反规定分配的利润退还公司。 公司持有的本公司股份不得分配利润。	第二百一十条　公司分配当年税后利润时，应当提取利润的百分之十列入公司法定公积金。公司法定公积金累计额为公司注册资本的百分之五十以上的，可以不再提取。 公司的法定公积金不足以弥补以前年度亏损的，在依照前款规定提取法定公积金之前，应当先用当年利润弥补亏损。 公司从税后利润中提取法定公积金后，经股东会决议，还可以从税后利润中提取任意公积金。 公司弥补亏损和提取公积金后所余税后利润，有限责任公司按照股东实缴的出资比例 分配利润，全体股东约定不按照出资比例分配利润的除外；股份有限公司按照股东所持有的股份比例分配利润，公司章程 另有规定 的除外。 公司持有的本公司股份不得分配利润。 第二百一十一条　公司违反本法规定向股东分配利润的，股东 应当将 违反规定分配的利润退还公司； 给公司造成损失的，股东及负有责任的董事、监事、高级管理人员应当承担赔偿责任。

254

【重点解读】

本两条是关于公司税后利润分配和违法分配利润的法律后果的规定。

与2018年《公司法》相比，新《公司法》在条文顺序上进行了调整，将原来的第三十四条、第一百六十六条整合调整至第二百一十条和第二百一十一条。

在对非法利润分配的处罚上，新《公司法》相较于2018年《公司法》有所加强。新《公司法》不仅规定违反利润分配规定的股东必须退还利润，还明确提出如果公司因此遭受损失，股东及负有责任的董事、监事、高级管理人员应当承担赔偿责任。

这一规定旨在通过加强法律责任和规定，预防因非法利润分配而产生的各种内部和外部纠纷，从而保护公司和股东的利益，维护市场的稳定和公平。

第二百一十二条　公司利润分配的时限

第二百一十二条　股东会作出分配利润的决议的，董事会应当在股东会决议作出之日起六个月内进行分配。

【重点解读】

本条是关于公司分配利润时间的规定。

本条属于新增条款。

新《公司法》规定股东会作出分配利润的决议后，董事会必须在股东会决议作出之日起六个月内实施利润分配。这一新增条款旨在规范公司内部治理结构中利润分配的实际操作流程，确保股东会决议能够得到有效执行，并及时将利润分配给股东，从而保障股东权益，提高公司治理效率和透明度。

10.3 公司公积金制度

第二百一十三条　公司资本公积金

第二百一十三条　公司以超过股票票面金额的发行价格发行股份所得的溢价款、发行无面额股所得股款未计入注册资本的金额以及国务院财政部门规定列入资本公积金的其他项目，应当列为公司资本公积金。

【新旧条文对照】

2018年《公司法》	2024年《公司法》
第一百六十七条　股份有限公司以超过股票票面金额的发行价格发行股份所得的溢价款以及国务院财政部门规定列入资本公积金的其他收入，应当列为公司资本公积金。	第二百一十三条　公司以超过股票票面金额的发行价格发行股份所得的溢价款、发行无面额股所得股款未计入注册资本的金额以及国务院财政部门规定列入资本公积金的其他项目，应当列为公司资本公积金。

【重点解读】

本条是关于公司资本公积金构成的规定。

与2018年《公司法》相比，新《公司法》在条文顺序上进行了调整，将原来的第一百六十七条调整至第二百一十三条。

与2018年《公司法》相比，新《公司法》在描述中将"股份有限公司"变为了"公司"。随着《公司法》不断改革与发展，为了适应新的公司组织形式和资本运作模式，将相关规定提炼为一般性的公司准则，可以更好地适应中国特色社会主义市场经济发展和公司治理的实际需求。

新《公司法》在关于公司资本公积金的规定中增加了"发行无面额股所得股款未计入注册资本的金额"的内容。这一改动反映的是对股份发行方式多样性的适应，特别是对无面额股发行的规范化管理，目的是确保无论采取何种发行方式，公司都能够合理地筹集和运用资本公积金。此外，法条仍维持了国务院财政部门在确定资本公积金来源中的重要作用，为其后续可能增设的其他特定项目留出了制度空间。

第二百一十四条　公司公积金的用途

第二百一十四条　公司的公积金用于弥补公司的亏损、扩大公司生产经营或者转为增加公司注册资本。

公积金弥补公司亏损，应当先使用任意公积金和法定公积金；仍不能弥补的，可以按照规定使用资本公积金。

法定公积金转为增加注册资本时，所留存的该项公积金不得少于转增前公司注册资本的百分之二十五。

【新旧条文对照】

2018年《公司法》	2024年《公司法》
第一百六十八条　公司的公积金用于弥补公司的亏损、扩大公司生产经营或者转为增加公司资本。但是，资本公积金不得用于弥补公司的亏损。 法定公积金转为资本时，所留存的该项公积金不得少于转增前公司注册资本的百分之二十五。	第二百一十四条　公司的公积金用于弥补公司的亏损、扩大公司生产经营或者转为增加公司注册资本。 公积金弥补公司亏损，应当先使用任意公积金和法定公积金；仍不能弥补的，可以按照规定使用资本公积金。 法定公积金转为增加注册资本时，所留存的该项公积金不得少于转增前公司注册资本的百分之二十五。

【重点解读】

本条是关于公司公积金的用途的规定。

与2018年《公司法》相比，新《公司法》在条文顺序上进行了调整，将原来的第一百六十八条调整至第二百一十四条。

在公积金的用途描述上，新《公司法》将2018年《公司法》中的"转为资本"改为"转为增加注册资本"，使得表达更具体，范围更明确。

新《公司法》明确了公积金弥补亏损的顺序，指明"应当先使用任意公积金和法定公积金；仍不能弥补的，可以按照规定使用资本公积金"。这是新《公司法》中的新增内容，比2018年《公司法》中的"资本公积金不得用于弥补公司的亏损"的表述更加具体和详细。对公积金弥补亏损的顺序进行明确，是为了防止公司随意动用资本公积金，保护公司的资本结构稳定，防止公司过度扩张。

10.4　外部审计与其他规则

第二百一十五条　聘用、解聘会计师事务所

第二百一十五条　公司聘用、解聘承办公司审计业务的会计师事务所，按照公司章程的规定，由股东会、董事会或者监事会决定。

公司股东会、董事会或者监事会就解聘会计师事务所进行表决时，应当允许会计师事务所陈述意见。

【新旧条文对照】

2018年《公司法》	2024年《公司法》
第一百六十九条　公司聘用、解聘承办公司审计业务的会计师事务所，依照公司章程的规定，由股东会、~~股东大会~~或者董事会决定。公司股东会、~~股东大会~~或者董事会就解聘会计师事务所进行表决时，应当允许会计师事务所陈述意见。	第二百一十五条　公司聘用、解聘承办公司审计业务的会计师事务所，按照公司章程的规定，由股东会、董事会或者监事会决定。公司股东会、董事会或者监事会就解聘会计师事务所进行表决时，应当允许会计师事务所陈述意见。

【重点解读】

本条是关于公司聘用、解聘会计师事务所的规定。

与2018年《公司法》相比，新《公司法》在条文顺序上进行了调整，将原来的第一百六十九条调整至第二百一十五条。

新《公司法》不再保留"股东大会"的说法，在关于公司聘用、解聘会计师事务所的规定上，决策机构新增了"监事会"。

新《公司法》赋予了监事会更多参与公司重大决策的权利，特别是在选择和更换会计师事务所这一关乎公司财务透明度和审计独立性的重要事务上，进一步完善了公司治理结构，提升了决策的多元化和监督的有效性。同时，新《公司法》继续强调尊重和保障会计师事务所在被解聘过程中的申述权，这对于维护审计行业的职业尊严和审计工作的公正性具有重要意义。

第二百一十六条　公司提供真实信息的义务

第二百一十六条　公司应当向聘用的会计师事务所提供真实、完整的会计凭证、会计账簿、财务会计报告及其他会计资料，不得拒绝、隐匿、谎报。

【新旧条文对照】

2018年《公司法》	2024年《公司法》
第一百七十条　公司应当向聘用的会计师事务所提供真实、完整的会计凭证、会计账簿、财务会计报告及其他会计资料，不得拒绝、隐匿、谎报。	第二百一十六条　公司应当向聘用的会计师事务所提供真实、完整的会计凭证、会计账簿、财务会计报告及其他会计资料，不得拒绝、隐匿、谎报。

【重点解读】

本条是关于公司对会计师事务所的诚实义务的规定。

与2018年《公司法》相比，新《公司法》仅在条文顺序上进行了调整，将原来的第一百七十条调整至第二百一十六条。

这条规定仍然保证了会计师事务所能够获得真实、完整的会计资料，有助于会计师事务所进行准确的审计工作，也有利于保护投资者、债权人和其他利益相关者的合法权益，保持市场秩序的稳定。

第二百一十七条　公司的会计账簿与资产

第二百一十七条　公司除法定的会计账簿外，不得另立会计账簿。

对公司资金，不得以任何个人名义开立账户存储。

【新旧条文对照】

2018年《公司法》	2024年《公司法》
第一百七十一条　公司除法定的会计账簿外，不得另立会计账簿。 对公司资产，不得以任何个人名义开立账户存储。	第二百一十七条　公司除法定的会计账簿外，不得另立会计账簿。 对公司资金，不得以任何个人名义开立账户存储。

【重点解读】

本条是关于禁止另立会计账簿及开立个人账户的规定。

与2018年《公司法》相比，新《公司法》在条文顺序上进行了调整，将原来的第一百七十一条调整至第二百一十七条。

在内容上，新《公司法》将"对公司资产"修改为"对公司资金"。"公司资产"范围较大，包含了公司内的物质资产和非物质资产，而"公司资金"的概念更加具体，主要针对流动资产，特别是现金及等价物。这一修改进一步增强了规定的可操作性和可执行性。

第 11 章
公司合并、分立、增资、减资

11.1 公司合并

第二百一十八条 公司合并形式

第二百一十八条 公司合并可以采取吸收合并或者新设合并。

一个公司吸收其他公司为吸收合并，被吸收的公司解散。两个以上公司合并设立一个新的公司为新设合并，合并各方解散。

【新旧条文对照】

2018年《公司法》	2024年《公司法》
第一百七十二条 公司合并可以采取吸收合并或者新设合并。 一个公司吸收其他公司为吸收合并，被吸收的公司解散。两个以上公司合并设立一个新的公司为新设合并，合并各方解散。	第二百一十八条 公司合并可以采取吸收合并或者新设合并。 一个公司吸收其他公司为吸收合并，被吸收的公司解散。两个以上公司合并设立一个新的公司为新设合并，合并各方解散。

【重点解读】

本条是关于公司合并形式的规定。

本条明确了公司合并的两种形式：吸收合并与新设合并。公司之间合并，可以强化原公司的竞争力，促进社会化大生产的发展。

在实践中，吸收合并即兼并，简易化理解即A公司+B公司=A公司。吸收合并工作完成后，A公司进行变更登记、B公司进行注销登记。新设合并即A公司+B公司=C公司，合并各方需要解散，A公司、B公司进行注销登记，C公司进行设立登记。

第二百一十九条　公司简易合并

第二百一十九条　公司与其持股百分之九十以上的公司合并，被合并的公司不需经股东会决议，但应当通知其他股东，其他股东有权请求公司按照合理的价格收购其股权或者股份。

公司合并支付的价款不超过本公司净资产百分之十的，可以不经股东会决议；但是，公司章程另有规定的除外。

公司依照前两款规定合并不经股东会决议的，应当经董事会决议。

【重点解读】

本条是关于公司合并无须股东会决议的情形的规定。

简易合并主要适用于两种情形。

（1）公司如果与其持股90%以上的公司合并，此时，作为持股90%以上的股东，已经具有2/3以上表决权，无须再经股东会决议，但应当通知其他股东，其他股东有权请求公司按照合理的价格收购其股权或者股份。这一种情形无须被合并公司股东会形成决议。

（2）公司合并支付的价款不超过自身公司净资产百分之十的这一种情形也无须自身公司股东会形成决议。但是，公司章程另有规定的除外。

该条文简化了合并中的决议程序，能够兼顾小股东权益与合并效率的关系，避免因实施无意义的程序而影响合并工作的进行。需要注意的是，虽然公司简易合并程序相对简化，但仍然需要遵守相关法律法规的规定，确保合并过程的合法性和公平性。同时，参与合并的公司应当认真履行信息披露和利害关系人告知的义务，确保所有相关方的权益得到保障。

第二百二十条　合并公告

第二百二十条　公司合并，应当由合并各方签订合并协议，并编制资产负债表及财产清单。公司应当自作出合并决议之日起十日内通知债权人，并于三十日内在报纸上或者国家企业信用信息公示系统公告。债权人自接到通知之日起三十日内，未接到通知的自公告之日起四十五日内，可以要求公司清偿债务或者提供相应的担保。

【新旧条文对照】

2018年《公司法》	2024年《公司法》
第一百七十三条　公司合并，应当由合并各方签订合并协议，并编制资产负债表及财产清单。公司应当自作出合并决议之日起十日内通知债权人，并于三十日内在报纸上公告。债权人自接到通知书之日起三十日内，未接到通知书的自公告之日起四十五日内，可以要求公司清偿债务或者提供相应的担保。	第二百二十条　公司合并，应当由合并各方签订合并协议，并编制资产负债表及财产清单。公司应当自作出合并决议之日起十日内通知债权人，并于三十日内在报纸上或者国家企业信用信息公示系统公告。债权人自接到通知之日起三十日内，未接到通知的自公告之日起四十五日内，可以要求公司清偿债务或者提供相应的担保。

【重点解读】

本条是关于公司合并程序的规定。

公司合并是多方法律行为，参与合并的各公司必须签订协议，达成一致意见，公司才能合并。新《公司法》对公司合并的程序进行了规定，即"签订公司合并协议→编制资产负债表及财产清单→自作出合并决议之日起十日内通知债权人，三十日内在报纸上或者国家企业信用信息公示系统公告"。在信息通知环节，公司一方面要通知债权人，另一方面要进行公告，二者缺一不可。

债权人若不同意公司合并，可以要求公司清偿债务或者提供相应的担保。

第二百二十一条　合并后的债的承继

第二百二十一条　公司合并时，合并各方的债权、债务，应当由合并后存续的公司或者新设的公司承继。

【新旧条文对照】

2018年《公司法》	2024年《公司法》
第一百七十四条　公司合并时，合并各方的债权、债务，应当由合并后存续的公司或者新设的公司承继。	第二百二十一条　公司合并时，合并各方的债权、债务，应当由合并后存续的公司或者新设的公司承继。

【重点解读】

本条是对公司合并各方的债权、债务承继的规定。

公司合并后，新设合并中的原公司解散并注销，吸收合并中被吸收的公司解散并注销，主体资格都将不复存在。此时，被解散公司的债权人就自然成为新设公司或存续公司的债权人，由其对因合并而被解散并注销的公司的债权、债务承担法律责任。新《公司法》第二百二十一条明确强调了此规定，此举是对债权人利益的保护。

11.2　公司分立

第二百二十二条　分立公告

第二百二十二条　公司分立，其财产作相应的分割。

公司分立，应当编制资产负债表及财产清单。公司应当自作出分立决议之日起十日内通知债权人，并于三十日内在报纸上或者国家企业信用信息公示系统公告。

第 11 章 ｜ 公司合并、分立、增资、减资

【新旧条文对照】

2018年《公司法》	2024年《公司法》
第一百七十五条　公司分立，其财产作相应的分割。 公司分立，应当编制资产负债表及财产清单。公司应当自作出分立决议之日起十日内通知债权人，并于三十日内在报纸上公告。	第二百二十二条　公司分立，其财产作相应的分割。 公司分立，应当编制资产负债表及财产清单。公司应当自作出分立决议之日起十日内通知债权人，并于三十日内在报纸上或者国家企业信用信息公示系统公告。

【重点解读】

本条是对公司分立程序的规定。

公司分立，当就财产的分割问题达成一致协议。"财产"既包括积极财产如债权，也包括消极财产如债务。

公司分立需要保护债权人的利益，履行债权人保护程序，即公司在作出分立决议后须在规定的时间内通过公告等方式通知债权人。新《公司法》第二百二十二条对其作出了规定，"公司应当自作出分立决议之日起十日内通知债权人，并于三十日内在报纸上或者国家企业信用信息公示系统公告"。此处需注意信息发布的时间起点，即"自作出分立决议之日"。

与2018年《公司法》对比，新《公司法》增添了"国家企业信用信息公示系统公告"这一信息公告平台。此举有助于强化信用监管、扩大社会监督范围，营造公平竞争的市场环境。

第二百二十三条　公司分立前的债务承担

第二百二十三条　公司分立前的债务由分立后的公司承担连带责任。但是，公司在分立前与债权人就债务清偿达成的书面协议另有约定的除外。

【新旧条文对照】

2018年《公司法》	2024年《公司法》
第一百七十六条　公司分立前的债务由分立后的公司承担连带责任。但是，公司在分立前与债权人就债务清偿达成的书面协议另有约定的除外。	第二百二十三条　公司分立前的债务由分立后的公司承担连带责任。但是，公司在分立前与债权人就债务清偿达成的书面协议另有约定的除外。

【重点解读】

本条是关于公司分立前的债务承担的规定。

为保护债权人的利益，《公司法》在对公司分立法律后果这一层面对其进行了相应的规制。根据新《公司法》第二百二十三条的规定可知，对公司分立债务的归属有以下两种。

（1）公司与债权人没有特别约定，债务由分立后的公司承担连带责任。

（2）公司与债权人有债务归属约定，依据当事人意思自治原则，公司与债权人可以对公司分立前的债务承担进行约定，并达成书面协议，在分立前债权人得知公司即将分立后，可以与公司就债务承担达成协议，约定债务由其中一家公司偿还或者其他偿还方式。

11.3　公司减少注册资本

第二百二十四条　公司一般减资

第二百二十四条　公司减少注册资本，应当编制资产负债表及财产清单。

公司应当自股东会作出减少注册资本决议之日起十日内通知债权人，并于三十日内在报纸上或者国家企业信用信息公示系统公告。债权人自接到通知之日起三十日内，未接到通知的自公告之日起四十五日内，有权要求公司清偿债务或者提供相应的担保。

公司减少注册资本，应当按照股东出资或者持有股份的比例相应减少出资额或者股份，法律另有规定、有限责任公司全体股东另有约定或者股份有限公司章程另有规定的除外。

【新旧条文对照】

2018年《公司法》	2024年《公司法》
第一百七十七条　公司需要减少注册资本时，必须编制资产负债表及财产清单。 公司应当自作出减少注册资本决议之日起十日内通知债权人，并于三十日内在报纸上公告。 债权人自接到通知书之日起三十日内，未接到通知书的自公告之日起四十五日内，有权要求公司清偿债务或者提供相应的担保。	第二百二十四条　公司减少注册资本，应当编制资产负债表及财产清单。 公司应当自股东会作出减少注册资本决议之日起十日内通知债权人，并于三十日内在报纸上或者国家企业信用信息公示系统公告。债权人自接到通知之日起三十日内，未接到通知的自公告之日起四十五日内，有权要求公司清偿债务或者提供相应的担保。 公司减少注册资本，应当按照股东出资或者持有股份的比例相应减少出资额或者股份，法律另有规定、有限责任公司全体股东另有约定或者股份有限公司章程另有规定的除外。

【重点解读】

本条是关于公司减少注册资本的规定。

相较于2018年《公司法》，新《公司法》明确了股东会是作出公司减少注册资本决议的主体。

由于公司减资可能减少公司的责任财产，同时可能免除公司股东的出资义务，进而可能损害债权人的利益。因此公司减资时，须履行债权人保护程序。首先，"公司应当自股东会作出减少注册资本决议之日起十日内通知债权人，并于三十日内在报纸上或者国家企业信用信息公示系统公告"；其次，公司应当履行债权人提出的清偿债务或者提供担保的请求。

新《公司法》新增的"公司减少注册资本，应当按照股东出资或者持有股份的比例相应减少出资额或者股份"的规定，其意在防止大股东滥用现行公司法的减资制度损害中小股东的利益。依照这种方式，减资后各个股东的股权比例不发生改变。在此种方式下，全体股东协商一致后，一般不需要签订减资协议。另外，本款内容也提到"法律另有规定、有限责任公司全体股东另有约定或者股份有限公司章程另有规定的除外"。这一例外情形应是对实践中的诸多需求的一种回应。

第二百二十五条　公司简易减资

第二百二十五条　公司依照本法第二百一十四条第二款的规定弥补亏损后，仍有亏损的，可以减少注册资本弥补亏损。减少注册资本弥补亏损的，公司不得向股东分配，也不得免除股东缴纳出资或者股款的义务。

依照前款规定减少注册资本的，不适用前条第二款的规定，但应当自股东会作出减少注册资本决议之日起三十日内在报纸上或者国家企业信用信息公示系统公告。

公司依照前两款的规定减少注册资本后，在法定公积金和任意公积金累计额达到公司注册资本百分之五十前，不得分配利润。

【重点解读】

本条是关于减少注册资本弥补亏损的规定。

根据本法条第二款的规定，如果公司的公积金不足以弥补公司亏损，可以按照规定使用资本公积金。当弥补亏损后，仍有亏损，可减少注册资本弥补亏损，但该部分注册资本不得向股东分配，也不得免除股东缴纳出资或者股款的义务。需注意弥补亏损的顺序："法定公积金+任意公积金→资本公积金→减少注册资本。"

按照前述规定减少注册资本，不需要专门通知债权人，因为依照上述规定操作的减少注册资本，只是财务账面的调整，并未有资金的流出，但应当在报纸上或者国家企业信用信息公示系统公告。注册资本减少后，与此相对应的法定公积金比例会出现变化。因此，为了防止变相掏空公司、分配利润，法条规定禁止在法定公积金和任意公积金累计额达到公司注册资本的50%前分配利润。

第二百二十六条　违法减资的法律责任

第二百二十六条　违反本法规定减少注册资本的，股东应当退还其收到的资金，减免股东出资的应当恢复原状；给公司造成损失的，股东及负有责任的董事、监事、高级管理人员应当承担赔偿责任。

【重点解读】

本条是关于违法减少注册资本的法律责任的规定。

公司减少注册资本必须经过法定程序。若违反规定减少注册资本，则会影响公司债权人的利益。为了促进公司健康发展，维护社会经济秩序，切实维护债权人的合法权益，本条强化了管理层的义务和责任，明确规定了公司违法减资"给公司造成损失的，股东及负有责任的董事、监事、高级管理人员应当承担赔偿责任"。

11.4　公司增加注册资本

第二百二十七条　股东优先认购权

第二百二十七条　有限责任公司增加注册资本时，股东在同等条件下有权优先按照实缴的出资比例认缴出资。但是，全体股东约定不按照出资比例优先认缴出资的除外。

股份有限公司为增加注册资本发行新股时，股东不享有优先认购权，公司章程另有规定或者股东会决议决定股东享有优先认购权的除外。

新公司法条文对照与重点解读

【新旧条文对照】

2018年《公司法》	2024年《公司法》
第三十四条 ~~股东按照实缴的出资比例分取红利；~~公司~~新增~~资本时，股东有权优先按照实缴的出资比例认缴出资。但是，全体股东约定不按照出资比例分取红利或者不按照出资比例优先认缴出资的除外。	第二百二十七条 有限责任公司增加注册资本时，股东在同等条件下有权优先按照实缴的出资比例认缴出资。但是，全体股东约定不按照出资比例优先认缴出资的除外。股份有限公司为增加注册资本发行新股时，股东不享有优先认购权，公司章程另有规定或者股东会决议决定股东享有优先认购权的除外。

【重点解读】

本条是关于股东优先认缴出资权和优先认购权的规定。

关于股东优先认缴出资权的规定，新《公司法》较于2018年《公司法》，有两处新增的内容。新《公司法》将2018年《公司法》提及的"公司新增资本时"改为"有限责任公司增加注册资本时"。新《公司法》将2018年《公司法》提及的"股东有权优先"改为"股东在同等条件下有权优先"。

《公司法》规定公司类型分为有限责任公司和股份有限公司两种。有限责任公司具有闭合性。为了维护股东之间的信任关系，实现动态平衡，在公司新增注册资本时，股东有权优先按照实缴的出资比例认缴出资。这样的设计不会改变股东之间原有的出资比例。如果不按实缴出资比例认缴，将可能改变股东间原有的出资比例，甚至有新的股东进入，从而打破原有的股东占股比。因此，若不依照实缴的出资比例认缴出资，《公司法》规定须全体股东同意、约定。

新《公司法》新增了"在同等条件下"的限定，使法规更严谨，便于更好地协调利益各方的关系。

股份有限公司由于股东数量较多，特别是存在无记名股票股东，若笼统规定股东享有优先认购的权利，实践中则不好操作。同时对新股的认购权也必须进行限制，以避免公司股权被部分股东掌握，不利于公司的生产和发展。新《公司法》对股份有限公司为增加注册资本发行新股时的优先认购权进行了明确的规定，即"**股份有限公司为增加注册资本发行新股时，股东不享有优先认购权，公司章程另有规定或者股东会决议决定股东享有优先认购权的除外**"。

第二百二十八条　股东认缴新增资本的出资

第二百二十八条　有限责任公司增加注册资本时，股东认缴新增资本的出资，依照本法设立有限责任公司缴纳出资的有关规定执行。

股份有限公司为增加注册资本发行新股时，股东认购新股，依照本法设立股份有限公司缴纳股款的有关规定执行。

【新旧条文对照】

2018年《公司法》	2024年《公司法》
第一百七十八条　有限责任公司增加注册资本时，股东认缴新增资本的出资，依照本法设立有限责任公司缴纳出资的有关规定执行。 股份有限公司为增加注册资本发行新股时，股东认购新股，依照本法设立股份有限公司缴纳股款的有关规定执行。 ~~第一百七十九条　公司合并或者分立，登记事项发生变更的，应当依法向公司登记机关办理变更登记；公司解散的，应当依法办理公司注销登记；设立新公司的，应当依法办理公司设立登记。~~ ~~公司增加或者减少注册资本，应当依法向公司登记机关办理变更登记。~~	第二百二十八条　有限责任公司增加注册资本时，股东认缴新增资本的出资，依照本法设立有限责任公司缴纳出资的有关规定执行。 股份有限公司为增加注册资本发行新股时，股东认购新股，依照本法设立股份有限公司缴纳股款的有关规定执行。

【重点解读】

本条是关于公司增加注册资本的规定。

为了扩大经营规模，与公司的实际资产相符，提高公司的资本信誉等，公司有时需要增加注册资本。增加注册资本有下列途径：一是吸收外来新资本，包括增加新股东或股东追加投资；二是用公积金增加资本或利润转增资本。此处所讲的增加注册资本是指前一种方式。由于此种方式不会损害公司债权人的利益，因此公司无须履行保护债权人的权益。但公司增资是公司特别决议事项，故须依照本法设立有限责任公司缴纳出资的有关规定执行。

股份有限公司股东向公司认购新增股份，可以用货币出资，也可用实物、知识产权等可以依法转让的非货币财产作价出资。公司股东一旦向公司认购新增股份后，就有义务按约定缴纳出资。

第 12 章
公司解散和清算

12.1 解散、存续与强制解散

第二百二十九条　公司解散原因

第二百二十九条　公司因下列原因解散：

（一）公司章程规定的营业期限届满或者公司章程规定的其他解散事由出现；

（二）股东会决议解散；

（三）因公司合并或者分立需要解散；

（四）依法被吊销营业执照、责令关闭或者被撤销；

（五）人民法院依照本法第二百三十一条的规定予以解散。

公司出现前款规定的解散事由，应当在十日内将解散事由通过国家企业信用信息公示系统予以公示。

【新旧条文对照】

2018年《公司法》	2024年《公司法》
第一百八十条　公司因下列原因解散： （一）公司章程规定的营业期限届满或者公司章程规定的其他解散事由出现； （二）股东会或者股东大会决议解散；	第二百二十九条　公司因下列原因解散： （一）公司章程规定的营业期限届满或者公司章程规定的其他解散事由出现； （二）股东会决议解散； （三）因公司合并或者分立需要

新公司法条文对照与重点解读

（三）因公司合并或者分立需要解散； （四）依法被吊销营业执照、责令关闭或者被撤销； （五）人民法院依照本法第一百八十二条的规定予以解散。	解散； （四）依法被吊销营业执照、责令关闭或者被撤销； （五）人民法院依照本法**第二百三十一条**的规定予以解散。 **公司出现前款规定的解散事由，应当在十日内将解散事由通过国家企业信用信息公示系统予以公示。**

【重点解读】

本条是关于公司解散原因的规定。

与2018年《公司法》相比，新《公司法》在条文顺序上进行了调整，将原来的第一百八十条下拉至第二百二十九条。

在内容方面，新《公司法》删除了"股东大会"，增加了解散原因公示要求的相关规定。

这一条文将"股东会或者股东大会决议解散"修改为"股东会决议解散"，统一使用"股东会"，不再使用"股东大会"，与全文保持一致。

2018年《公司法》规定"人民法院依照本法第一百八十二条的规定予以解散"，而新《公司法》则改为"人民法院依照本法第二百三十一条的规定予以解散"。这一变化的原因是《公司法》修订后的重新编排，属于常规的前后文对照检查。

新《公司法》在列举解散原因后，新增了一款规定，即公司应当在出现解散事由后十日内通过国家企业信用信息公示系统予以公示。这一新增要求旨在提高公司解散的透明度，保护债权人和其他利益相关方的知情权，便于他们及时了解公司的经营状况并采取相应措施。

第二百三十条　公司存续

第二百三十条　公司有前条第一款第一项、第二项情形，且尚未向股东分配财产的，可以通过修改公司章程或者经股东会决议而存续。

依照前款规定修改公司章程或者经股东会决议，有限责任公司须经持有三分之二以上表决权的股东通过，股份有限公司须经出席股东会会议的股东所持表决权的三分之二以上通过。

【新旧条文对照】

2018年《公司法》	2024年《公司法》
第一百八十一条　公司有本法第一百八十条第（一）项情形的，可以通过修改公司章程而存续。 依照前款规定修改公司章程，有限责任公司须经持有三分之二以上表决权的股东通过，股份有限公司须经出席股东大会会议的股东所持表决权的三分之二以上通过。	第二百三十条　公司有前条第一款第一项、第二项情形，且尚未向股东分配财产的，可以通过修改公司章程或者经股东会决议而存续。 依照前款规定修改公司章程或者经股东会决议，有限责任公司须经持有三分之二以上表决权的股东通过，股份有限公司须经出席股东会会议的股东所持表决权的三分之二以上通过。

【重点解读】

本条是关于使公司存续的表决规则的规定。

与2018年《公司法》相比，新《公司法》在条文顺序上进行了调整，将原来的第一百八十一条下拉至第二百三十条。

新《公司法》本条将使公司存续的适用情形扩展到了前条第一款第一项、第二项情形，且增加了"且尚未向股东分配财产的"这一条件。这意味着，除了营业期限届满，公司在出现其他解散事由但尚未分配财产的情况下，也可以通过修改公司章程或经股东会决议而存续。

通过扩展适用情形和增加决策方式，新《公司法》赋予了公司在面临解散时更大的灵活性和适应性。这有助于公司在遇到突发事件或经营困境时，能够更快速地作出调整，以维护公司的稳定和发展。

新旧《公司法》均规定了修改公司章程所需的股东表决权比例，但在新《公司法》中，除了修改公司章程，还增加了"经股东会决议"这一存续方式，并同样适用了上述表决权比例要求。这体现了对股东权益的保护，确保重大决策能够经过充分的讨论和权衡，防止少数股东或管理层滥用权力损害公司整体利益。

这一条文明确了不同情形下的决策机制和表决权比例要求，有助于规范公司治理结构，促进公司内部权力的合理分配和行使。这对于提高公司决策效率、防范内部人控制等具有积极意义。

第二百三十一条　强制解散公司

第二百三十一条　公司经营管理发生严重困难，继续存续会使股东利益受到重大损失，通过其他途径不能解决的，持有公司百分之十以上表决权的股东，可以请求人民法院解散公司。

【新旧条文对照】

2018年《公司法》	2024年《公司法》
第一百八十二条　公司经营管理发生严重困难，继续存续会使股东利益受到重大损失，通过其他途径不能解决的，持有公司~~全部股东~~表决权百分之十以上的股东，可以请求人民法院解散公司。	第二百三十一条　公司经营管理发生严重困难，继续存续会使股东利益受到重大损失，通过其他途径不能解决的，持有公司百分之十以上表决权的股东，可以请求人民法院解散公司。

【重点解读】

本条是关于法院强制解散公司的规定。

与2018年《公司法》相比，新《公司法》在条文顺序上进行了调整，将原来的第一百八十二条下拉至第二百三十一条。

2018年《公司法》使用"持有公司全部股东表决权百分之十以上"的表述，而新《公司法》则简化为"持有公司百分之十以上表决权"。两者实质意义相同，且所表达的实质内容未发生变化，但后者的表述更为简洁、精练。

12.2 清算与破产相关规定

第二百三十二条　清算组的成立与组成

第二百三十二条　公司因本法第二百二十九条第一款第一项、第二项、第四项、第五项规定而解散的，应当清算。董事为公司清算义务人，应当在解散事由出现之日起十五日内组成清算组进行清算。

清算组由董事组成，但是公司章程另有规定或者股东会决议另选他人的除外。

清算义务人未及时履行清算义务，给公司或者债权人造成损失的，应当承担赔偿责任。

第二百三十三条　申请法院指定清算组

第二百三十三条　公司依照前条第一款的规定应当清算，逾期不成立清算组进行清算或者成立清算组后不清算的，利害关系人可以申请人民法院指定有关人员组成清算组进行清算。人民法院应当受理该申请，并及时组织清算组进行清算。

公司因本法第二百二十九条第一款第四项的规定而解散的，作出吊销营业执照、责令关闭或者撤销决定的部门或者公司登记机关，可以申请人民法院指定有关人员组成清算组进行清算。

新公司法条文对照与重点解读

【新旧条文对照】

2018年《公司法》	2024年《公司法》
第一百八十三条　公司因本法第一百八十条第（一）项、第（二）项、第（四）项、第（五）项规定而解散的，应当在解散事由出现之日起十五日内成立清算组，开始清算。有限责任公司的清算组由股东组成，股份有限公司的清算组由董事或者股东大会确定的人员组成。逾期不成立清算组进行清算的，债权人可以申请人民法院指定有关人员组成清算组进行清算。人民法院应当受理该申请，并及时组织清算组进行清算。	第二百三十二条　公司因本法第二百二十九条第一款第一项、第二项、第四项、第五项规定而解散的，应当清算。董事为公司清算义务人，应当在解散事由出现之日起十五日内组成清算组进行清算。 清算组由董事组成，但是公司章程另有规定或者股东会决议另选他人的除外。 清算义务人未及时履行清算义务，给公司或者债权人造成损失的，应当承担赔偿责任。 第二百三十三条　公司依照前条第一款的规定应当清算，逾期不成立清算组进行清算或者成立清算组后不清算的，利害关系人可以申请人民法院指定有关人员组成清算组进行清算。人民法院应当受理该申请，并及时组织清算组进行清算。 公司因本法第二百二十九条第一款第四项的规定而解散的，作出吊销营业执照、责令关闭或者撤销决定的部门或者公司登记机关，可以申请人民法院指定有关人员组成清算组进行清算。

【重点解读】

本条是关于清算义务人及其责任、强制清算的规定。

与2018年《公司法》相比，新《公司法》在条文顺序上进行了调整，将原来的第一百八十三条分解为两个条文，并下拉至第二百三十二条和第二百三十三条。

1. 清算组成员的变化

2018年《公司法》规定："有限责任公司的清算组由股东组成，股份有限公司的清算组由董事或者股东大会确定的人员组成。"这表明，不同类型公司的清算组成员的确定方式存在差异。

新《公司法》则统一规定，清算组由董事组成，但公司章程另有规定或者股东会决议另选他人的除外。这一变化简化了清算组的组成方式，提高了法律的适用性和灵活性。同时，它也强调了公司章程和股东会决议在确定清算组成员方面的重要性。

2. 清算义务人的变化

新《公司法》新增了"董事为公司清算义务人"的表述，明确规定了董事在公司解散后的清算义务。这一变化有助于强化董事的责任意识，确保公司解散后能够及时、有效地进行清算。

同时，新《公司法》还规定了清算义务人未及时履行清算义务，给公司或债权人造成损失时应承担赔偿责任，这进一步增强了清算义务的法律约束力。

3. 申请法院指定清算组进行清算的变化

新《公司法》新增了"或者成立清算组后不清算的"的表述，且将"债权人"修改为"利害关系人"。这一规定为债权人或利害关系人提供了法律救济途径，确保了公司解散后清算程序的顺利进行。

同时，新《公司法》进一步明确了，公司因被吊销营业执照、责令关闭或者撤销而解散时，作出相应决定的部门或公司登记机关也可以申请人民法院指定有关人员组成清算组进行清算。这一新增规定有助于加强政府部门在公司解散后清算程序中的监管作用，更好地保护相关利益方的合法权益。

第二百三十四条　清算组的职权

第二百三十四条　清算组在清算期间行使下列职权：

（一）清理公司财产，分别编制资产负债表和财产清单；

（二）通知、公告债权人；

（三）处理与清算有关的公司未了结的业务；

（四）清缴所欠税款以及清算过程中产生的税款；

（五）清理债权、债务；

（六）分配公司清偿债务后的剩余财产；

（七）代表公司参与民事诉讼活动。

【新旧条文对照】

2018年《公司法》	2024年《公司法》
第一百八十四条　清算组在清算期间行使下列职权： （一）清理公司财产，分别编制资产负债表和财产清单； （二）通知、公告债权人； （三）处理与清算有关的公司未了结的业务； （四）清缴所欠税款以及清算过程中产生的税款； （五）清理债权、债务； （六）处理公司清偿债务后的剩余财产； （七）代表公司参与民事诉讼活动。	第二百三十四条　清算组在清算期间行使下列职权： （一）清理公司财产，分别编制资产负债表和财产清单； （二）通知、公告债权人； （三）处理与清算有关的公司未了结的业务； （四）清缴所欠税款以及清算过程中产生的税款； （五）清理债权、债务； （六）分配公司清偿债务后的剩余财产； （七）代表公司参与民事诉讼活动。

【重点解读】

本条是关于清算组职权的规定。

与2018年《公司法》相比，新《公司法》在条文顺序上进行了调整，将原来的第一百八十四条下拉至第二百三十四条。

新《公司法》将"处理公司清偿债务后的剩余财产"修改为"分配公司清偿债务后的剩余财产"。从"处理"到"分配"的表述调整，更加准确地反映了清算组在处理剩余财产时的实际职责。在清算过程中，清算组需要按照法定程序和顺序对公司剩余财产进行分配，以保障债权人、股东等利益相关方的合法权益。

第二百三十五条　债权人申报债权

第二百三十五条　清算组应当自成立之日起十日内通知债权人，并于六十日内在报纸上或者国家企业信用信息公示系统公告。债权人应当自接到通知之日起三十日内，未接到通知的自公告之日起四十五日内，向清算组申报其债权。

债权人申报债权，应当说明债权的有关事项，并提供证明材料。清算组应当对债权进行登记。

在申报债权期间，清算组不得对债权人进行清偿。

【新旧条文对照】

2018年《公司法》	2024年《公司法》
第一百八十五条　清算组应当自成立之日起十日内通知债权人，并于六十日内在报纸上公告。债权人应当自接到通知书之日起三十日内，未接到通知书的自公告之日起四十五日内，向清算组申报其债权。 债权人申报债权，应当说明债权的有关事项，并提供证明材料。清算组应当对债权进行登记。 在申报债权期间，清算组不得对债权人进行清偿。	第二百三十五条　清算组应当自成立之日起十日内通知债权人，并于六十日内在报纸上或者国家企业信用信息公示系统公告。债权人应当自接到通知之日起三十日内，未接到通知的自公告之日起四十五日内，向清算组申报其债权。 债权人申报债权，应当说明债权的有关事项，并提供证明材料。清算组应当对债权进行登记。 在申报债权期间，清算组不得对债权人进行清偿。

【重点解读】

本条是关于清算组通知和公告债权人的规定。

与2018年《公司法》相比，新《公司法》在条文顺序上进行了调整，将原来的第一百八十五条下拉至第二百三十五条。

新《公司法》在清算组公告方式方面，新增了"或者国家企业信用

新公司法条文对照与重点解读

信息公示系统公告"的表述。

　　随着信息技术的发展，国家企业信用信息公示系统已成为企业信息公开的重要平台。在新《公司法》中新增该平台作为清算组公告的方式之一，能够更好地保障债权人的知情权，提高公告的效率和覆盖面，同时也体现了公告方式的多样化和现代化。

第二百三十六条　清算程序

　　第二百三十六条　清算组在清理公司财产、编制资产负债表和财产清单后，应当制订清算方案，并报股东会或者人民法院确认。

　　公司财产在分别支付清算费用、职工的工资、社会保险费用和法定补偿金，缴纳所欠税款，清偿公司债务后的剩余财产，有限责任公司按照股东的出资比例分配，股份有限公司按照股东持有的股份比例分配。

　　清算期间，公司存续，但不得开展与清算无关的经营活动。公司财产在未依照前款规定清偿前，不得分配给股东。

【新旧条文对照】

2018年《公司法》	2024年《公司法》
第一百八十六条　清算组在清理公司财产、编制资产负债表和财产清单后，应当~~制定~~清算方案，并报股东会~~、股东大会~~或者人民法院确认。 公司财产在分别支付清算费用、职工的工资、社会保险费用和法定补偿金，缴纳所欠税款，清偿公司债务后的剩余财产，有限责任公司按照股东的出资比例分配，股份有限公司按照股东持有的股份比例分配。 清算期间，公司存续，但不得开展与清算无关的经营活动。公司财产在未依照前款规定清偿前，不得分配给股东。	第二百三十六条　清算组在清理公司财产、编制资产负债表和财产清单后，应当制订清算方案，并报股东会或者人民法院确认。 公司财产在分别支付清算费用、职工的工资、社会保险费用和法定补偿金，缴纳所欠税款，清偿公司债务后的剩余财产，有限责任公司按照股东的出资比例分配，股份有限公司按照股东持有的股份比例分配。 清算期间，公司存续，但不得开展与清算无关的经营活动。公司财产在未依照前款规定清偿前，不得分配给股东。

【重点解读】

本条是关于制定清算方案及处分公司财产的规定。

与2018年《公司法》相比，新《公司法》在条文顺序上进行了调整，将原来的第一百八十六条下拉至第二百三十六条。

新《公司法》删除了"股东大会"这一表述，统一使用"股东会"，不再使用"股东大会"，与全文保持一致。

新《公司法》将"制定清算方案"修改为"制订清算方案"，更正相关词语的误用，使用词更加准确、规范。

第二百三十七条　破产申请

第二百三十七条　清算组在清理公司财产、编制资产负债表和财产清单后，发现公司财产不足清偿债务的，应当依法向人民法院申请破产清算。

人民法院受理破产申请后，清算组应当将清算事务移交给人民法院指定的破产管理人。

【新旧条文对照】

2018年《公司法》	2024年《公司法》
第一百八十七条　清算组在清理公司财产、编制资产负债表和财产清单后，发现公司财产不足清偿债务的，应当依法向人民法院申请宣告破产。公司经人民法院裁定宣告破产后，清算组应当将清算事务移交给人民法院。	第二百三十七条　清算组在清理公司财产、编制资产负债表和财产清单后，发现公司财产不足清偿债务的，应当依法向人民法院申请破产清算。人民法院受理破产申请后，清算组应当将清算事务移交给人民法院指定的破产管理人。

【重点解读】

本条是关于公司解散清算转化为破产清算的规定。

与2018年《公司法》相比，新《公司法》在条文顺序上进行了调整，将原来的第一百八十七条下拉至第二百三十七条。

新《公司法》将"申请宣告破产"修改为"申请破产清算"。这一变化更加准确地描述了清算组在发现公司财产不足清偿债务时应当采取的法律行动，即向法院申请启动破产清算程序，这更加符合《企业破产法》的立法精神和实际操作流程。

新《公司法》进一步明确了清算组应当将清算事务移交给"人民法院指定的破产管理人"，而非"人民法院"。这一变化体现了破产清算程序的规范化和专业化，确保清算事务能够由具备专业知识和经验的破产管理人接管。

第二百三十八条　清算组成员的义务和责任

第二百三十八条　清算组成员履行清算职责，负有忠实义务和勤勉义务。

清算组成员怠于履行清算职责，给公司造成损失的，应当承担赔偿责任；因故意或者重大过失给债权人造成损失的，应当承担赔偿责任。

【新旧条文对照】

2018年《公司法》	2024年《公司法》
第一百八十九条　清算组成员应当忠于职守，依法履行清算义务。清算组成员不得利用职权收受贿赂或者其他非法收入，不得侵占公司财产。清算组成员因故意或者重大过失给公司或者债权人造成损失的，应当承担赔偿责任。	第二百三十八条　清算组成员履行清算职责，负有忠实义务和勤勉义务。清算组成员怠于履行清算职责，给公司造成损失的，应当承担赔偿责任；因故意或者重大过失给债权人造成损失的，应当承担赔偿责任。

【重点解读】

本条是关于清算组成员的义务的规定。

与2018年《公司法》相比，新《公司法》在条文顺序上进行了调整，将原来的第一百八十九条下拉至第二百三十八条。

新《公司法》将清算组成员的义务表述为"负有忠实义务和勤勉义务"，从"忠于职守，依法履行清算义务"到"负有忠实义务和勤勉义务"的转变，体现了法律对清算组成员职责和义务的更高要求。这一变化更加准确地概括了清算组成员在履行职责时应遵循的基本原则。

新《公司法》进一步细化了责任承担方式，明确区分了"怠于履行清算职责，给公司造成损失"和"因故意或重大过失给债权人造成损失"两种情况，并分别规定了相应的赔偿责任。这有助于增强清算组成员的责任感，促使他们更加谨慎、认真地履行清算职责，从而保障公司和债权人的合法权益。

12.3　公司注销与依法破产清算

第二百三十九条　公司注销

第二百三十九条　公司清算结束后，清算组应当制作清算报告，报股东会或者人民法院确认，并报送公司登记机关，申请注销公司登记。

【新旧条文对照】

2018年《公司法》	2024年《公司法》
第一百八十八条　公司清算结束后，清算组应当制作清算报告，报股东会~~、股东大会~~或者人民法院确认，并报送公司登记机关，申请注销公司登记~~，公告公司终止~~。	第二百三十九条　公司清算结束后，清算组应当制作清算报告，报股东会或者人民法院确认，并报送公司登记机关，申请注销公司登记。

【重点解读】

本条是关于清算报告的报送及公司注销登记的规定。

与2018年《公司法》相比，新《公司法》在条文顺序上进行了调整，将原来的第一百八十八条下拉至第二百三十九条。

新《公司法》删除了"股东大会"的表述，统一使用"股东会"，不再使用"股东大会"，与全文保持一致。

新《公司法》删除了"公告公司终止"的表述，体现了法律条文的精确性。

第二百四十条　简易注销登记

第二百四十条　公司在存续期间未产生债务，或者已清偿全部债务的，经全体股东承诺，可以按照规定通过简易程序注销公司登记。

通过简易程序注销公司登记，应当通过国家企业信用信息公示系统予以公告，公告期限不少于二十日。公告期限届满后，未有异议的，公司可以在二十日内向公司登记机关申请注销公司登记。

公司通过简易程序注销公司登记，股东对本条第一款规定的内容承诺不实的，应当对注销登记前的债务承担连带责任。

【重点解读】

本条是关于简易注销公司登记的规定。

本条属于新增条款。

本条文要求通过简易程序进行注销登记的公司要具备在存续期间未产生债务，或者已清偿全部债务，且经过全体股东承诺的条件。这是公司能够选择简易程序进行注销的前提条件。这意味着，如果公司存在未清偿的债务，那么它将不能通过简易程序进行注销。

本条文规定公司在决定通过简易程序注销后，需要通过国家企业信用信息公示系统进行公告，公告期限不少于二十日。这是为了确保相关利益方有机会了解公司的注销计划，并在必要时提出异议。

本条文规定公告期限届满后，如果未收到任何异议，公司可以在二十日内向公司登记机关申请注销公司登记。这意味着，只要公告期内没有收到异议，公司就可以相对快速地完成注销程序。

本条文规定如果股东在公司通过简易程序注销登记时，对公司未产生债务或已清偿全部债务的承诺不实，那么股东将对注销登记前的债务承担连带责任。这是为了确保股东在注销过程中不会隐瞒债务，从而保护债权人的利益。

本条文为那些未产生债务或已清偿全部债务的公司提供了一个相对简单、快速的注销程序。全体股东承诺和公告制度，确保了注销过程的透明性和公正性。同时，股东对承诺不实的承担连带责任的规定强化了股东在注销过程中的责任意识和风险意识。

本条文旨在提高公司注销的效率，降低注销成本，同时保护相关利益方的合法权益。它反映了《公司法》在促进市场退出机制便利化的同时，也致力于维护市场秩序的平衡考虑。

第二百四十一条　强制注销登记

第二百四十一条　公司被吊销营业执照、责令关闭或者被撤销，满三年未向公司登记机关申请注销公司登记的，公司登记机关可以通过国家企业信用信息公示系统予以公告，公告期限不少于六十日。公告期限届满后，未有异议的，公司登记机关可以注销公司登记。

依照前款规定注销公司登记的，原公司股东、清算义务人的责任不受影响。

【重点解读】

本条是关于强制注销公司登记的规定。

本条属于新增条款。

本条文明确了被吊销营业执照、责令关闭或者被撤销的公司未按时申请注销时，公司登记机关的强制处理方式。

本条文规定公司登记机关在发现上述情况后，会通过国家企业信用信息公示系统进行公告，公告期限不少于六十日。这一规定旨在通知相关利益方，并给予他们提出异议的机会。

本条文规定如果公告期限届满后没有收到任何异议，公司登记机关有权注销公司登记。这意味着，尽管公司未主动申请注销，但在满足一定条件和程序后，公司登记机关可以依职权进行注销。

本条文规定被公司登记机关经公告予以注销的公司，其股东和清算义务人的责任并不因此受到影响。这意味着，如果公司在注销前存在未了结的债务或其他法律责任，原股东和清算义务人仍需要承担相应的责任。

本条文主要针对那些在被吊销营业执照等情形下未主动申请注销的公司。通过规定公告和异议期，确保了注销程序的公正性和透明性。同时，**明确原公司股东和清算义务人的责任不受影响，旨在防止公司通过不申请注销来逃避法律责任。**

本条文旨在维护市场秩序，促进无效或非法公司的及时退出，同时保护相关利益方的合法权益。它体现了《公司法》在促进市场健康发展和维护公平正义方面的立法宗旨。

第二百四十二条　宣告破产及破产清算

第二百四十二条　公司被依法宣告破产的，依照有关企业破产的法律实施破产清算。

【新旧条文对照】

2018年《公司法》	2024年《公司法》
第一百九十条　公司被依法宣告破产的，依照有关企业破产的法律实施破产清算。	第二百四十二条　公司被依法宣告破产的，依照有关企业破产的法律实施破产清算。

【重点解读】

本条是关于破产清算的法律适用的规定。

与2018年《公司法》相比，新《公司法》仅在条文顺序上进行了调整，将原来的第一百九十条下拉至第二百四十二条。

新旧《公司法》在内容上没有任何变化，都强调了《公司法》与其他相关法律之间的衔接和配合。在公司破产的情况下，公司不仅需要遵循《公司法》的规定，还需要遵守有关企业破产的法律，以确保各方利益得到妥善处理和保护。

第 13 章
外国公司的分支机构

13.1　外国公司与分支机构设立

第二百四十三条　外国公司的概念

第二百四十三条　本法所称外国公司，是指依照外国法律在中华人民共和国境外设立的公司。

【新旧条文对照】

2018年《公司法》	2024年《公司法》
第一百九十一条　本法所称外国公司是指依照外国法律在中国境外设立的公司。	第二百四十三条　本法所称外国公司，是指依照外国法律在中华人民共和国境外设立的公司。

【重点解读】

本条是关于外国公司的定义的规定。

与2018年《公司法》相比，新《公司法》在条文顺序上进行了调整，将原来的第一百九十一条调整至第二百四十三条。

在对外国公司的定义上，新《公司法》将"中国"更为准确地描述为"中华人民共和国"，即完整的国家名称，以增强条款的专业性和准确性。

第二百四十四条　外国公司分支机构的设立程序

第二百四十四条　外国公司在中华人民共和国境内设立分支机构，应当向中国主管机关提出申请，并提交其公司章程、所属国的公司登记证书等有关文件，经批准后，向公司登记机关依法办理登记，领取营业执照。

外国公司分支机构的审批办法由国务院另行规定。

【新旧条文对照】

2018年《公司法》	2024年《公司法》
第一百九十二条　外国公司在中国境内设立分支机构，必须向中国主管机关提出申请，并提交其公司章程、所属国的公司登记证书等有关文件，经批准后，向公司登记机关依法办理登记，领取营业执照。 外国公司分支机构的审批办法由国务院另行规定。	第二百四十四条　外国公司在中华人民共和国境内设立分支机构，应当向中国主管机关提出申请，并提交其公司章程、所属国的公司登记证书等有关文件，经批准后，向公司登记机关依法办理登记，领取营业执照。 外国公司分支机构的审批办法由国务院另行规定。

【重点解读】

本条是关于外国公司分支机构的设立程序的规定。

与2018年《公司法》相比，新《公司法》在条文顺序上进行了调整，将原来的第一百九十二条调整至第二百四十四条。

新《公司法》将"中国"更为准确地描述为"中华人民共和国"，即完整的国家名称，这可以增强条款的专业性和准确性。

新《公司法》将"必须向中国主管机关提出申请"调整为"应当向中国主管机关提出申请"。

第二百四十五条 外国公司分支机构的设立条件

第二百四十五条 外国公司在中华人民共和国境内设立分支机构，应当在中华人民共和国境内指定负责该分支机构的代表人或者代理人，并向该分支机构拨付与其所从事的经营活动相适应的资金。

对外国公司分支机构的经营资金需要规定最低限额的，由国务院另行规定。

【新旧条文对照】

2018年《公司法》	2024年《公司法》
第一百九十三条 外国公司在中国境内设立分支机构，必须在中国境内指定负责该分支机构的代表人或者代理人，并向该分支机构拨付与其所从事的经营活动相适应的资金。 对外国公司分支机构的经营资金需要规定最低限额的，由国务院另行规定。	第二百四十五条 外国公司在中华人民共和国境内设立分支机构，应当在中华人民共和国境内指定负责该分支机构的代表人或者代理人，并向该分支机构拨付与其所从事的经营活动相适应的资金。 对外国公司分支机构的经营资金需要规定最低限额的，由国务院另行规定。

【重点解读】

本条是关于外国公司分支机构的设立条件的规定。

与2018年《公司法》相比，新《公司法》在条文顺序上进行了调整，将原来的第一百九十三条调整至第二百四十五条。

新《公司法》将"中国"更为准确地描述为"中华人民共和国"，即完整的国家名称，这可以增强条款的专业性和准确性。

新《公司法》将"必须在中国境内指定负责该分支机构的代表人或者代理人"调整为"应当在中华人民共和国境内指定负责该分支机构的代表人或者代理人"。

13.2　分支机构名称与法律地位

第二百四十六条　外国公司分支机构的名称

第二百四十六条　外国公司的分支机构应当在其名称中标明该外国公司的国籍及责任形式。

外国公司的分支机构应当在本机构中置备该外国公司章程。

【新旧条文对照】

2018年《公司法》	2024年《公司法》
第一百九十四条　外国公司的分支机构应当在其名称中标明该外国公司的国籍及责任形式。 外国公司的分支机构应当在本机构中置备该外国公司章程。	第二百四十六条　外国公司的分支机构应当在其名称中标明该外国公司的国籍及责任形式。 外国公司的分支机构应当在本机构中置备该外国公司章程。

【重点解读】

本条是关于外国公司分支机构的名称要求及章程置备的规定。

与2018年《公司法》相比，新《公司法》在条文顺序上进行了调整，将原来的第一百九十四条调整至第二百四十六条。

在内容上，新《公司法》未作修改，对关于外国公司分支机构的名称要求及章程置备的规定保持了一致性。这说明这一部分的法规已经相对成熟，对于处理外国公司在中国设立分支机构的实践有良好的适应性。对于外国公司来说，这种稳定性有利于他们更好地理解和遵守法律规定，还可以降低外国公司的合规成本。

第二百四十七条　外国公司分支机构的法律地位

第二百四十七条　外国公司在中华人民共和国境内设立的分支机构不具有中国法人资格。

外国公司对其分支机构在中华人民共和国境内进行经营活动承担民事责任。

【新旧条文对照】

2018年《公司法》	2024年《公司法》
第一百九十五条　外国公司在中国境内设立的分支机构不具有中国法人资格。 　　外国公司对其分支机构在中国境内进行经营活动承担民事责任。	第二百四十七条　外国公司在中华人民共和国境内设立的分支机构不具有中国法人资格。 　　外国公司对其分支机构在中华人民共和国境内进行经营活动承担民事责任。

【重点解读】

本条是关于外国公司分支机构的法律地位及责任承担方式的规定。

与2018年《公司法》相比，新《公司法》在条文顺序上进行了调整，将原来的第一百九十五条调整至第二百四十七条。

新《公司法》将"中国"更为准确地描述为"中华人民共和国"。

13.3　活动原则与撤销清算

第二百四十八条　外国公司分支机构的活动原则

第二百四十八条　经批准设立的外国公司分支机构，在中华人民共和国境内从事业务活动，应当遵守中国的法律，不得损害中国的社会公共利益，其合法权益受中国法律保护。

【新旧条文对照】

2018年《公司法》	2024年《公司法》
第一百九十六条　经批准设立的外国公司分支机构，在中国境内从事业务活动，必须遵守中国的法律，不得损害中国的社会公共利益，其合法权益受中国法律保护。	第二百四十八条　经批准设立的外国公司分支机构，在中华人民共和国境内从事业务活动，应当遵守中国的法律，不得损害中国的社会公共利益，其合法权益受中国法律保护。

【重点解读】

本条是关于外国公司分支机构的活动原则的规定。

与2018年《公司法》相比，新《公司法》在条文顺序上进行了调整，将原来的第一百九十六条调整至第二百四十八条。

新《公司法》将"中国"更为准确地描述为"中华人民共和国"。

新《公司法》将"必须遵守中国的法律"调整为"应当遵守中国的法律"。

第二百四十九条　外国公司分支机构的撤销与清算

第二百四十九条　外国公司撤销其在中华人民共和国境内的分支机构时，应当依法清偿债务，依照本法有关公司清算程序的规定进行清算。未清偿债务之前，不得将其分支机构的财产转移至中华人民共和国境外。

新公司法条文对照与重点解读

【新旧条文对照】

2018年《公司法》	2024年《公司法》
第一百九十七条　外国公司撤销其在中国境内的分支机构时，必须依法清偿债务，依照本法有关公司清算程序的规定进行清算。未清偿债务之前，不得将其分支机构的财产移至中国境外。	第二百四十九条　外国公司撤销其在中华人民共和国境内的分支机构时，应当依法清偿债务，依照本法有关公司清算程序的规定进行清算。未清偿债务之前，不得将其分支机构的财产转移至中华人民共和国境外。

【重点解读】

本条是关于外国公司分支机构的撤销及清算的规定。

与2018年《公司法》相比，新《公司法》在条文顺序上进行了调整，将原来的第一百九十七条调整至第二百四十九条。

新《公司法》将"中国"更为准确地描述为"中华人民共和国"。

新《公司法》将"必须依法清偿债务"调整为"应当依法清偿债务"。

第 14 章
法律责任

14.1 虚假、抽逃出资的法律责任

第二百五十条 虚报注册资本的法律责任

第二百五十条 违反本法规定，虚报注册资本、提交虚假材料或者采取其他欺诈手段隐瞒重要事实取得公司登记的，由公司登记机关责令改正，对虚报注册资本的公司，处以虚报注册资本金额百分之五以上百分之十五以下的罚款；对提交虚假材料或者采取其他欺诈手段隐瞒重要事实的公司，处以五万元以上二百万元以下的罚款；情节严重的，吊销营业执照；对直接负责的主管人员和其他直接责任人员处以三万元以上三十万元以下的罚款。

【新旧条文对照】

2018年《公司法》	2024年《公司法》
第一百九十八条 违反本法规定，虚报注册资本、提交虚假材料或者采取其他欺诈手段隐瞒重要事实取得公司登记的，由公司登记机关责令改正，对虚报注册资本的公司，处以虚报注册资本金额百分之五以上百分之十五以下的罚款；对提交虚假材料或者采取其他欺诈手段隐瞒重要事实的公司，处以五万元以上五十万元以下的罚款；情节严重的，撤销公司登记或者吊销营业执照。	第二百五十条 违反本法规定，虚报注册资本、提交虚假材料或者采取其他欺诈手段隐瞒重要事实取得公司登记的，由公司登记机关责令改正，对虚报注册资本的公司，处以虚报注册资本金额百分之五以上百分之十五以下的罚款；对提交虚假材料或者采取其他欺诈手段隐瞒重要事实的公司，处以五万元以上二百万元以下的罚款；情节严重的，吊销营业执照；对直接负责的主管人员和其他直接责任人员处以三万元以上三十万元以下的罚款。

【重点解读】

本条是关于公司登记违法的法律责任的规定。

与2018年《公司法》相比，新《公司法》删除了"撤销公司登记或者"，增加了"对直接负责的主管人员和其他直接责任人员处以三万元以上三十万元以下的罚款"的内容，将"五十万元"调整为"二百万元"。

新《公司法》新增了对直接负责的主管人员和其他直接责任人员的处罚规定，提高了违法成本和责任压力。

（1）该条删除"撤销公司登记或者"的目的在于规范和强化公司登记机关的职责和权限，避免滥用撤销公司登记的权力，损害公司和股东的合法权益，同时也为公司登记机关提供了更有效的监督和惩戒手段，如吊销执照、强制注销等。

该条的删除规避和防范了撤销公司登记可能引发的法律纠纷和社会风险，如撤销公司登记后，公司的财产、债权、债务如何处理，公司的股东、清算义务人的责任如何界定，公司的法律地位如何确定等。

（2）条文增加了"对直接负责的主管人员和其他直接责任人员处以三万元以上三十万元以下的罚款"内容，将"五十万元"调整为"二百万元"，这一变动增加了违法成本，目的是维护市场秩序，保护投资者和社会公众的合法权益，防止和打击公司的欺诈行为，提高公司的诚信水平和法治意识。

第二百五十一条　未依法公示的法律责任

第二百五十一条　公司未依照本法第四十条规定公示有关信息或者不如实公示有关信息的，由公司登记机关责令改正，可以处以一万元以上五万元以下的罚款。情节严重的，处以五万元以上二十万元以下的罚款；对直接负责的主管人员和其他直接责任人员处以一万元以上十万元以下的罚款。

【重点解读】

本条是关于违法公示公司信息的法律责任的规定。

本条是新《公司法》第四十条的补充条款，目的在于阻止公司利用信息不对称的优势，损害股东、债权人、消费者等利益相关者的权益，防止公司通过虚假或者隐瞒的方式逃避债务，欺诈投资者，损害他人的利益。

（1）规范公司行为：此条文要求公司按照规定公示相关信息，以规范公司的经营行为，提高公司的透明度和公信力。

（2）保护投资者权益：公司公示信息可以使投资者更好地了解公司的经营状况和风险情况，让他们作出更加理性的投资决策。

（3）维护市场秩序：规范公司信息公示有助于维护市场秩序，防止市场操纵和欺诈行为的发生，促进市场的公平竞争。

（4）行政监管与处罚：此条文明确了行政机关对于公司违法行为的监管和处罚措施，这有利于打击违法行为，维护市场秩序。

第二百五十二条　虚假出资的法律责任

第二百五十二条　公司的发起人、股东虚假出资，未交付或者未按期交付作为出资的货币或者非货币财产的，由公司登记机关责令改正，可以处以五万元以上二十万元以下的罚款；情节严重的，处以虚假出资或者未出资金额百分之五以上百分之十五以下的罚款；对直接负责的主管人员和其他直接责任人员处以一万元以上十万元以下的罚款。

新公司法条文对照与重点解读

【新旧条文对照】

2018年《公司法》	2024年《公司法》
第一百九十九条　公司的发起人、股东虚假出资，未交付或者未按期交付作为出资的货币或者非货币财产的，由公司登记机关责令改正，处以虚假出资金额百分之五以上百分之十五以下的罚款。	第二百五十二条　公司的发起人、股东虚假出资，未交付或者未按期交付作为出资的货币或者非货币财产的，由公司登记机关责令改正，可以处以五万元以上二十万元以下的罚款；情节严重的，处以虚假出资或者未出资金额百分之五以上百分之十五以下的罚款；对直接负责的主管人员和其他直接责任人员处以一万元以上十万元以下的罚款。

【重点解读】

本条是关于虚假出资的法律责任的规定。

与2018年《公司法》相比，新《公司法》在该条增加了"可以处以五万元以上二十万元以下的罚款"和"情节严重的，对直接负责的主管人员和其他直接责任人员处以一万元以上十万元以下的罚款"内容。

（1）增加"可以处以五万元以上二十万元以下的罚款"。对罚款金额的调整，表明新《公司法》加大了处罚力度，目的是防止发起人或股东的虚假出资行为，提醒所有公司及其股东，出资是公司成立的基础，必须按照约定如实交付。

新增内容进一步规范了相关罚款的计算方式和标准，使得执法机关在处理此类案件时有明确的法律依据。

（2）增加"情节严重的，对直接负责的主管人员和其他直接责任人员处以一万元以上十万元以下的罚款"。增加对直接责任人员的处罚，旨在确保公司内部的各个层级都对虚假出资问题负责。

通过加大对虚假出资行为的处罚力度，新《公司法》希望在源头上遏制这种行为的发生。新《公司法》希望通过严格的法律要求和处罚措施，建立一个更加健康、公平的公司运营环境。

第二百五十三条　抽逃出资的法律责任

第二百五十三条　公司的发起人、股东在公司成立后，抽逃其出资的，由公司登记机关责令改正，处以所抽逃出资金额百分之五以上百分之十五以下的罚款；对直接负责的主管人员和其他直接责任人员处以三万元以上三十万元以下的罚款。

【新旧条文对照】

2018年《公司法》	2024年《公司法》
第二百条　公司的发起人、股东在公司成立后，抽逃其出资的，由公司登记机关责令改正，处以所抽逃出资金额百分之五以上百分之十五以下的罚款。	第二百五十三条　公司的发起人、股东在公司成立后，抽逃其出资的，由公司登记机关责令改正，处以所抽逃出资金额百分之五以上百分之十五以下的罚款；对直接负责的主管人员和其他直接责任人员处以三万元以上三十万元以下的罚款。

【重点解读】

本条是关于抽逃出资的法律责任的规定。

与2018年《公司法》相比，新《公司法》在该条增加了"对直接负责的主管人员和其他直接责任人员处以三万元以上三十万元以下的罚款"内容。

（1）明确直接人员的责任：增加对直接责任人员的罚款和责任追究，有助于更明确地界定各方的责任，防止在违法行为发生时互相推诿。

（2）提高法律的威慑力：新《公司法》加大了对违法者的处罚力度，目的是提高法律的威慑力，遏制抽逃出资的行为。

（3）保护公司和债权人的利益：抽逃出资不仅损害了公司的利益，也可能损害债权人的利益。严厉打击此类行为，有助于提醒和保护整个市场的公平竞争和诚信体系。

14.2 经营中的法律责任

第二百五十四条　另立会计账簿、提供虚假财会报告的法律责任

第二百五十四条　有下列行为之一的，由县级以上人民政府财政部门依照《中华人民共和国会计法》等法律、行政法规的规定处罚：

（一）在法定的会计账簿以外另立会计账簿；

（二）提供存在虚假记载或者隐瞒重要事实的财务会计报告。

【新旧条文对照】

2018年《公司法》	2024年《公司法》
第二百零一条　公司违反本法规定，在法定的会计账簿以外另立会计账簿的，由县级以上人民政府财政部门责令改正，处以五万元以上五十万元以下的罚款。 第二百零二条　公司在依法向有关主管部门提供的财务会计报告等材料上作虚假记载或者隐瞒重要事实的，由有关主管部门对直接负责的主管人员和其他直接责任人员处以三万元以上三十万元以下的罚款。 第二百零三条　公司不依照本法规定提取法定公积金的，由县级以上人民政府财政部门责令如数补足应当提取的金额，可以对公司处以二十万元以下的罚款。	第二百五十四条　有下列行为之一的，由县级以上人民政府财政部门依照《中华人民共和国会计法》等法律、行政法规的规定处罚： （一）在法定的会计账簿以外另立会计账簿； （二）提供存在虚假记载或者隐瞒重要事实的财务会计报告。

【重点解读】

本条是关于公司财务违法行为的法律责任的规定。

与2018年《公司法》相比，新《公司法》在该条删除了关于公司在

依法向有关主管部门提供的财务会计报告等材料上作虚假记载或者隐瞒重要事实的罚款规定。这意味着，对于此类行为，新《公司法》不再直接规定罚款金额，而是将其交由其他法律、行政法规进行处理。

新《公司法》删除了"公司不依照本法规定提取法定公积金的，由县级以上人民政府财政部门责令如数补足应当提取的金额"这一规定。对于不按规定提取法定公积金的行为，新《公司法》不再要求公司必须如数补足，而是采取了其他的处罚措施。

新《公司法》增加了《中华人民共和国会计法》等法律、行政法规的关联规定，更加注重与其他相关法律的协调和配合，以形成一个更加统一和完善的法律体系。

第二百五十五条　公司分立、合并、减资、清算中违法行为的法律责任

第二百五十五条　公司在合并、分立、减少注册资本或者进行清算时，不依照本法规定通知或者公告债权人的，由公司登记机关责令改正，对公司处以一万元以上十万元以下的罚款。

【新旧条文对照】

2018年《公司法》	2024年《公司法》
第二百零四条第一款　公司在合并、分立、减少注册资本或者进行清算时，不依照本法规定通知或者公告债权人的，由公司登记机关责令改正，对公司处以一万元以上十万元以下的罚款。	第二百五十五条　公司在合并、分立、减少注册资本或者进行清算时，不依照本法规定通知或者公告债权人的，由公司登记机关责令改正，对公司处以一万元以上十万元以下的罚款。

【重点解读】

本条是关于公司在合并、分立、减少注册资本和清算中未通知或公告债权人的处罚规定。

与2018年《公司法》相比，新《公司法》在条文顺序上作了调整，将原来的第二百零四条变成现在的第二百五十五条。

本条文旨在确保公司在发生重要变化时能够及时通知债权人，保护债权人的合法权益。同时，它也强调了公司登记机关的监督职责，确保法律的严格执行。

公司登记机关有责任监督公司的行为，确保它们遵守所有相关法律法规。对于发现的违法行为，公司登记机关应当采取行动，责令公司改正，并处以相应的罚款。

第二百五十六条　妨害清算行为的法律责任

第二百五十六条　公司在进行清算时，隐匿财产，对资产负债表或者财产清单作虚假记载，或者在未清偿债务前分配公司财产的，由公司登记机关责令改正，对公司处以隐匿财产或者未清偿债务前分配公司财产金额百分之五以上百分之十以下的罚款；对直接负责的主管人员和其他直接责任人员处以一万元以上十万元以下的罚款。

【新旧条文对照】

2018年《公司法》	2024年《公司法》
第二百零四条第二款　公司在进行清算时，隐匿财产，对资产负债表或者财产清单作虚假记载或者在未清偿债务前分配公司财产的，由公司登记机关责令改正，对公司处以隐匿财产或者未清偿债务前分配公司财产金额百分之五以上百分之十以下的罚款；对直接负责的主管人员和其他直接责任人员处以一万元以上十万元以下的罚款。	第二百五十六条　公司在进行清算时，隐匿财产，对资产负债表或者财产清单作虚假记载，或者在未清偿债务前分配公司财产的，由公司登记机关责令改正，对公司处以隐匿财产或者未清偿债务前分配公司财产金额百分之五以上百分之十以下的罚款；对直接负责的主管人员和其他直接责任人员处以一万元以上十万元以下的罚款。

~~第二百零五条　公司在清算期间开展与清算无关的经营活动的，由公司登记机关予以警告，没收违法所得。~~

~~第二百零六条　清算组不依照本法规定向公司登记机关报送清算报告，或者报送清算报告隐瞒重要事实或者有重大遗漏的，由公司登记机关责令改正。~~

~~清算组成员利用职权徇私舞弊、谋取非法收入或者侵占公司财产的，由公司登记机关责令退还公司财产，没收违法所得，并可以处以违法所得一倍以上五倍以下的罚款。~~

【重点解读】

本条是关于公司违法清算的法律责任的规定。

与2018年《公司法》相比，新《公司法》删除了第二百零五条和第二百零六条的内容。

新《公司法》简化了相关规定，使其更加清晰和明确。这样的调整有助于降低法律的不确定性和执法难度。

本条文的目的是确保公司在清算过程中诚实守信，不损害债权人的利益。公司在进行清算时，应严格遵守法律法规，确保信息的真实性和透明度，避免任何形式的欺诈或不正当行为。

第二百五十七条　资产评估、验资或者验证机构违法的法律责任

第二百五十七条　承担资产评估、验资或者验证的机构提供虚假材料或者提供有重大遗漏的报告的，由有关部门依照《中华人民共和国资产评估法》、《中华人民共和国注册会计师法》等法律、行政法规的规定处罚。

承担资产评估、验资或者验证的机构因其出具的评估结果、验资或

新公司法条文对照与重点解读

者验证证明不实,给公司债权人造成损失的,除能够证明自己没有过错的外,在其评估或者证明不实的金额范围内承担赔偿责任。

【新旧条文对照】

2018年《公司法》	2024年《公司法》
第二百零七条 承担资产评估、验资或者验证的机构提供虚假材料的,~~由公司登记机关没收违法所得,处以违法所得一倍以上五倍以下的罚款,并可以由有关主管部门依法责令该机构停业、吊销直接责任人员的资格证书,吊销营业执照。~~ ~~承担资产评估、验资或者验证的机构因过失提供有重大遗漏的报告的,由公司登记机关责令改正,情节较重的,处以所得收入一倍以上五倍以下的罚款,并可以由有关主管部门依法责令该机构停业、吊销直接责任人员的资格证书,吊销营业执照。~~ 承担资产评估、验资或者验证的机构因其出具的评估结果、验资或者验证证明不实,给公司债权人造成损失的,除能够证明自己没有过错的外,在其评估或者证明不实的金额范围内承担赔偿责任。	第二百五十七条 承担资产评估、验资**或者验证的机构提供虚假材料或者提供有重大遗漏的报告**的,由**有关部门依照《中华人民共和国资产评估法》、《中华人民共和国注册会计师法》等法律、行政法规的规定处罚**。 承担资产评估、验资或者验证的机构因其出具的评估结果、验资或者验证证明不实,给公司债权人造成损失的,除能够证明自己没有过错的外,在其评估或者证明不实的金额范围内承担赔偿责任。

【重点解读】

本条是关于资产评估、验资或者验证机构违法行为的法律责任的规定。

与2018年《公司法》相比,新《公司法》将"承担资产评估、验资或者验证的机构提供虚假材料"的处罚由之前的"由公司登记机关没收违法所得,处以违法所得一倍以上五倍以下的罚款,并可以由有关主管部门依法责令该机构停业、吊销直接责任人员的资格证书，吊销营业执照"调整为"由有关部门依照《中华人民共和国资产评估法》、《中华人民共和国注册会计师法》等法律、行政法规的规定处罚"。这一变化明确了处理相关问题的适用法律。

新《公司法》的这一变化旨在提高法律的透明度和威慑力，强化专业机构监管，保护债权人利益和市场公平交易，防范市场风险，以建立一个更加公平、透明和稳定的市场环境。

第二百五十八条　公司登记机关违法的法律责任

第二百五十八条　公司登记机关违反法律、行政法规规定未履行职责或者履行职责不当的，对负有责任的领导人员和直接责任人员依法给予政务处分。

【新旧条文对照】

2018年《公司法》	2024年《公司法》
第二百零八条　公司登记机关对不符合本法规定条件的登记申请予以登记，或者对符合本法规定条件的登记申请不予登记的，对直接负责的主管人员和其他直接责任人员，依法给予行政处分。	第二百五十八条　公司登记机关违反法律、行政法规规定未履行职责或者履行职责不当的，对负有责任的领导人员和直接责任人员依法给予政务处分。

【重点解读】

本条是关于公司登记机关违法登记行为的法律责任的规定。

与2018年《公司法》相比，新《公司法》将"对不符合本法规定条件的登记申请予以登记，或者对符合本法规定条件的登记申请不予登记的"的情况优化为"违反法律、行政法规规定未履行职责或者履行职责不当的，对负有责任的领导人员"。

新《公司法》将"行政处分"改为"政务处分"。政务处分是针对公职人员的违法行为的一种处罚方式，这表明公司登记机关及其工作人员在公司登记方面的行为将受到更为严格的监督和约束。

通过加大对未依法履行职责或者履行职责不当的处罚力度，新《公司法》有助于提高公司登记工作的透明度和公正性，减少不合法的登记行为。

第二百五十九条　假冒公司名义的法律责任

第二百五十九条　未依法登记为有限责任公司或者股份有限公司，而冒用有限责任公司或者股份有限公司名义的，或者未依法登记为有限责任公司或者股份有限公司的分公司，而冒用有限责任公司或者股份有限公司的分公司名义的，由公司登记机关责令改正或者予以取缔，可以并处十万元以下的罚款。

【新旧条文对照】

2018年《公司法》	2024年《公司法》
第二百一十条　未依法登记为有限责任公司或者股份有限公司，而冒用有限责任公司或者股份有限公司名义的，或者未依法登记为有限责任公司或者股份有限公司的分公司，而冒用有限责任公司或者股份有限公司的分公司名义的，由公司登记机关责令改正或者予以取缔，可以并处十万元以下的罚款。	第二百五十九条　未依法登记为有限责任公司或者股份有限公司，而冒用有限责任公司或者股份有限公司名义的，或者未依法登记为有限责任公司或者股份有限公司的分公司，而冒用有限责任公司或者股份有限公司的分公司名义的，由公司登记机关责令改正或者予以取缔，可以并处十万元以下的罚款。

【重点解读】

本条是关于冒用公司、分公司名义的法律责任的规定。

与2018年《公司法》相比，新《公司法》在条文顺序上作了调整，将原来的第二百一十条变成现在的第二百五十九条。

本条文旨在规范市场行为，确保企业合法注册并维护公众利益，防止出现市场混淆、欺诈行为和市场的不公平竞争。同时，本条文也提醒公众在商业交易中保持警惕，核实对方公司的身份和注册情况，以保护自己的合法权益。

在涉及公司名义被冒用的案件中，本条文为司法机关提供了审判依据，有助于统一法律适用和裁决标准。通过本条文的宣传和普及，可以增强市场主体的法律意识和合规经营意识，提高全社会的法律素养。

第二百六十条　逾期开业、停业、不依法办理变更登记的法律责任

第二百六十条　公司成立后无正当理由超过六个月未开业的，或者开业后自行停业连续六个月以上的，公司登记机关可以吊销营业执照，但公司依法办理歇业的除外。

公司登记事项发生变更时，未依照本法规定办理有关变更登记的，由公司登记机关责令限期登记；逾期不登记的，处以一万元以上十万元以下的罚款。

【新旧条文对照】

2018年《公司法》	2024年《公司法》
第二百一十一条　公司成立后无正当理由超过六个月未开业的，或者开业后自行停业连续六个月以上的，可以由公司登记机关吊销营业执照。 公司登记事项发生变更时，未依照本法规定办理有关变更登记的，由公司登记机关责令限期登记；逾期不登记的，处以一万元以上十万元以下的罚款。	第二百六十条　公司成立后无正当理由超过六个月未开业的，或者开业后自行停业连续六个月以上的，公司登记机关可以吊销营业执照，但公司依法办理歇业的除外。 公司登记事项发生变更时，未依照本法规定办理有关变更登记的，由公司登记机关责令限期登记；逾期不登记的，处以一万元以上十万元以下的罚款。

【重点解读】

本条是关于公司逾期开业、不当停业及不依法办理变更登记的法律

责任的规定。

与2018年《公司法》相比，新《公司法》在该条增加了"但公司依法办理歇业的除外"这一表述，这意味着如果公司依法办理了歇业手续，即使它长时间未开业，公司登记机关也不能吊销其营业执照。

本条文的修改体现了法律对于企业自治的尊重和鼓励。法律为企业的自主经营提供了更大的空间，允许企业合法地歇业而不是无限制地停业。同时，法条对变更登记的规定保持不变，也确保了法律的权威性和稳定性，为企业的正常运营提供了坚实的法律基础。

14.3 公司其他法律责任

第二百六十一条 外国公司擅自设立分支机构的法律责任

第二百六十一条 外国公司违反本法规定，擅自在中华人民共和国境内设立分支机构的，由公司登记机关责令改正或者关闭，可以并处五万元以上二十万元以下的罚款。

【新旧条文对照】

2018年《公司法》	2024年《公司法》
第二百一十二条 外国公司违反本法规定，擅自在中国境内设立分支机构的，由公司登记机关责令改正或者关闭，可以并处五万元以上二十万元以下的罚款。	第二百六十一条 外国公司违反本法规定，擅自在中华人民共和国境内设立分支机构的，由公司登记机关责令改正或者关闭，可以并处五万元以上二十万元以下的罚款。

【重点解读】

本条是关于外国公司擅自设立分支机构的法律责任的规定。

与2018年《公司法》相比，新《公司法》将"中国"更改为"中华人民共和国"。

本条文旨在强调外国公司在中国境内设立分支机构需要遵守的法律要求，进一步明确外国公司的法律责任。这有助于维护中国的国家利益和市场秩序，同时也有助于保障中国消费者的合法权益。

第二百六十二条　从事危害国家安全、社会公共利益行为的法律责任

第二百六十二条　利用公司名义从事危害国家安全、社会公共利益的严重违法行为的，吊销营业执照。

【新旧条文对照】

2018年《公司法》	2024年《公司法》
第二百一十三条　利用公司名义从事危害国家安全、社会公共利益的严重违法行为的，吊销营业执照。	第二百六十二条　利用公司名义从事危害国家安全、社会公共利益的严重违法行为的，吊销营业执照。

【重点解读】

本条是关于危害国家安全与社会公共利益行为的法律责任的规定。

与2018年《公司法》相比，新《公司法》在条文顺序上作了调整，将原来的第二百一十三条变成现在的第二百六十二条。

本条文旨在防止公司从事危害国家安全、社会公共利益的违法行为，确保公司的正常经营行为不会对国家和社会的稳定与安全造成威胁。防止利用公司名义从事危害国家安全、社会公共利益的违法行为，遏止那些试图利用公司结构进行违法活动的个人或组织，确保公司的经营活动符合法律法规和公共利益。

第二百六十三条　民事赔偿优先

第二百六十三条　公司违反本法规定，应当承担民事赔偿责任和缴纳罚款、罚金的，其财产不足以支付时，先承担民事赔偿责任。

【新旧条文对照】

2018年《公司法》	2024年《公司法》
第二百一十四条　公司违反本法规定，应当承担民事赔偿责任和缴纳罚款、罚金的，其财产不足以支付时，先承担民事赔偿责任。	第二百六十三条　公司违反本法规定，应当承担民事赔偿责任和缴纳罚款、罚金的，其财产不足以支付时，先承担民事赔偿责任。

【重点解读】

本条是关于民事赔偿优先原则的规定。

与2018年《公司法》相比，新《公司法》在条文顺序上作了调整，将原来的第二百一十四条变成现在的第二百六十三条。

本条文有助于预防和解决因公司违法行为引发的法律纠纷，强调了公司应当对其违法行为承担责任。

条文明确了民事赔偿责任优先的原则，这一规定增强了法律的明确性和可执行性。同时，这也确保了当公司财务不足以支付所有赔偿和罚款时，民事赔偿责任优先于罚款或罚金，从而更好地保护受害者的权益。

第二百六十四条　刑事责任

第二百六十四条　违反本法规定，构成犯罪的，依法追究刑事责任。

【新旧条文对照】

2018年《公司法》	2024年《公司法》
第二百一十五条　违反本法规定，构成犯罪的，依法追究刑事责任。	第二百六十四条　违反本法规定，构成犯罪的，依法追究刑事责任。

【重点解读】

本条是关于刑事责任的规定。

与2018年《公司法》相比，新《公司法》在条文顺序上作了调整，将原来的第二百一十五条变成现在的第二百六十四条。

本条文是关于刑事责任的规定，表明公司如果违反了新《公司法》的相关规定，并且构成了犯罪，那么应当依法承担刑事责任。这表明了《公司法》对于公司违法行为的高度重视和严厉态度。

本条文的立法目的是维护市场秩序，保护投资者的利益，促进公司健康发展。严格追究刑事责任的规定可以对违法者产生威慑作用，减少违法行为的发生，提高市场的公平性和透明度。

第 15 章
附则

第二百六十五条　本法相关用语的含义

第二百六十五条　本法下列用语的含义：

（一）高级管理人员，是指公司的经理、副经理、财务负责人，上市公司董事会秘书和公司章程规定的其他人员。

（二）控股股东，是指其出资额占有限责任公司资本总额**超过**百分之五十或者其持有的股份占股份有限公司股本总额**超过**百分之五十的股东；出资额或者持有股份的比例虽然**低于**百分之五十，但依其出资额或者持有的股份所享有的表决权已足以对股东会的决议产生重大影响的股东。

（三）实际控制人，是指通过投资关系、协议或者其他安排，能够实际支配公司行为的人。

（四）关联关系，是指公司控股股东、实际控制人、董事、监事、高级管理人员与其直接或者间接控制的企业之间的关系，以及可能导致公司利益转移的其他关系。但是，国家控股的企业之间不仅因为同受国家控股而具有关联关系。

【新旧条文对照】

2018年《公司法》	2024年《公司法》
第二百一十六条　本法下列用语的含义： （一）高级管理人员，是指公司的经理、副经理、财务负责人，上市公司董事会秘书和公司章程规定的其他人员。	第二百六十五条　本法下列用语的含义： （一）高级管理人员，是指公司的经理、副经理、财务负责人，上市公司董事会秘书和公司章程规定的其他人员。

（二）控股股东，是指其出资额占有限责任公司资本总额百分之五十~~以上~~或者其持有的股份占股份有限公司股本总额百分之五十~~以上~~的股东；出资额或者持有股份的比例虽然~~不足~~百分之五十，但依其出资额或者持有的股份所享有的表决权已足以对股东会~~、股东大会~~的决议产生重大影响的股东。 （三）实际控制人，是指~~虽不是公司的股东，但~~通过投资关系、协议或者其他安排，能够实际支配公司行为的人。 （四）关联关系，是指公司控股股东、实际控制人、董事、监事、高级管理人员与其直接或者间接控制的企业之间的关系，以及可能导致公司利益转移的其他关系。但是，国家控股的企业之间不仅因为同受国家控股而具有关联关系。	（二）控股股东，是指其出资额占有限责任公司资本总额**超过**百分之五十或者其持有的股份占股份有限公司股本总额**超过**百分之五十的股东；出资额或者持有股份的比例虽然**低于**百分之五十，但依其出资额或者持有的股份所享有的表决权已足以对股东会的决议产生重大影响的股东。 （三）实际控制人，是指通过投资关系、协议或者其他安排，能够实际支配公司行为的人。 （四）关联关系，是指公司控股股东、实际控制人、董事、监事、高级管理人员与其直接或者间接控制的企业之间的关系，以及可能导致公司利益转移的其他关系。但是，国家控股的企业之间不仅因为同受国家控股而具有关联关系。

【重点解读】

本条是关于本法相关用语的含义的规定。

与2018年《公司法》相比，新《公司法》在条文顺序上进行了调整，将原来的第二百一十六条下拉至第二百六十五条。

在内容方面，新《公司法》条文删除了"股东大会""虽不是公司的股东"，将"以上""不足"修改为"超过""低于"。

本条文进一步规范了控股股东的定义，"超过百分之五十"和"低于百分之五十"的表述更加精确，排除了刚好达到百分之五十的情况，从而明确了控股股东的界定标准。同时，统一使用"股东会"，不再使用"股东大会"，与全文保持一致。

本条文删除了"虽不是公司的股东"这一表述。这一变化意味着实际控制人的身份不再受限于非股东身份，更加符合实际情况。因为在实际操作中，有些实际控制人可能通过代持或其他方式间接持有公司股份，虽然不是直接股东，但仍然能够实际支配公司行为。

本条文主要对控股股东和实际控制人的定义进行了微调。这些变化旨在更加精确地界定相关概念，以适应公司治理实践的需要。

第二百六十六条　施行日期及出资期限过渡期

第二百六十六条　本法自2024年7月1日起施行。

本法施行前已登记设立的公司，出资期限超过本法规定的期限的，除法律、行政法规或者国务院另有规定外，应当逐步调整至本法规定的期限以内；对于出资期限、出资额明显异常的，公司登记机关可以依法要求其及时调整。具体实施办法由国务院规定。

【新旧条文对照】

2018年《公司法》	2024年《公司法》
~~第二百一十七条　外商投资的有限责任公司和股份有限公司适用本法；有关外商投资的法律另有规定的，适用其规定。~~ 第二百一十八条　本法自~~2006年1月1日~~起施行。	第二百六十六条　本法自2024年7月1日起施行。 本法施行前已登记设立的公司，出资期限超过本法规定的期限的，除法律、行政法规或者国务院另有规定外，应当逐步调整至本法规定的期限以内；对于出资期限、出资额明显异常的，公司登记机关可以依法要求其及时调整。具体实施办法由国务院规定。

【重点解读】

本条是关于施行日期的规定。

与2018年《公司法》相比，新《公司法》将原来的第二百一十七条删除，同时在条文顺序上进行调整，将第二百一十八条下拉至第二百六十六条。

在内容方面，新《公司法》删除了外商投资公司适用《公司法》的相关规定，增加了对于出资期限、出资额调整的规定。

本条文删除了与外商投资公司适用法律直接相关的内容，这样的变化体现了我国法律体系的不断完善和整合，使得外商投资公司在适用法律上更加统一和明确。

本条文规定了新《公司法》自2024年7月1日起施行。这一变化显然是因为新《公司法》在经过修订后，需要重新确定其生效时间。

本条文针对本法施行前已登记设立的公司，在出资期限方面作出了过渡性安排，体现了新《公司法》在维护市场秩序和保护投资者权益方面的积极作用。

这样的过渡性安排有助于确保已登记设立的公司在新《公司法》施行后能够平稳过渡，避免因法律变更而产生的不必要的市场动荡。同时，要求公司逐步调整出资期限和出资额，也有助于引导市场形成更加规范、健康的投资环境。